豊かさのなかの自殺

Ch・ボードロ＋R・エスタブレ
山下雅之・都村聞人・石井素子◉訳

藤原書店

Christian BAUDELOT, Roger ESTABLET

SUICIDE, L'ENVERS DE NOTRE MONDE

日本の読者へ——自殺は宿命ではない

私たちは、自殺に関する二人の著書がこれから日本の皆さんに手に取って頂けるようになることをうれしく思います。きわめてフランス的な伝統に則ったこの研究を、新しい読者のみなさんが十分にご理解いただけるようご尽力くださった出版社と翻訳者の方々に感謝とお祝いを述べたいと思います。お読みいただくこの研究は、一九世紀末にエミール・デュルケームによって開始された研究から強いインスピレーションを受けています。

この科学的な手法はとてもシンプルなものです。各国ごとの自殺率を計算し、空間と時間の中で比較を行い、それらの差異や変化を計測し、これを説明しうるような経済的および社会的諸変数を探し求めることにあるのです。ところがこのようにシンプルな方法を遂行することが、そのつど大変な驚きをもたらします。自殺という現象に関し、私たちの研究に先立って人々が抱いている意見やイメージは、非常に多くの場合、集中砲火を浴び間違っていることが判明します。最初から自明と思われていたものは多くの場合、誤りなのです。

そのことは日本の自殺にも当てはまります。さまざまな事実から描き出された日本の自殺に関する実態は、二〇世紀中ごろから世界中に流布された先入見と著しく異なります。この国では自発的な死が、切腹から直接に由来する崇高な価値をもつものとみなされ、これが西欧ではハラキリやカミカゼの名で知られてきました。この国では、自己破壊だけが傷つけられた名誉を回復できると思われたのです。たとえば激しい学力競争に落ちこぼれた若者たちが大量に自殺すると信じられています。したがって自殺という行為は、社会的圧力に抗して闘うことを可能にする、必要な実践として称賛されていると考えられてきました。多くの自殺者たちで評判となった場所が聖地となっているとも言われているのです。山梨県の青木ヶ原樹海や福井県の東尋坊の絶壁、天ケ瀬ダム、和歌山県の三段壁、土佐清水の足摺岬、日光の華厳の滝、そして東京の中央線がそうです。

客観的な調査により、こうした主張は一つ一つその根拠を覆されています。二〇世紀最後のわずか数年間における自殺率の上昇（一〇万人当たり二四）を特徴とする日本は、しかしながら世界で第一位を占めるには程遠いのです。自殺率は以下の東ヨーロッパの国々が大きく勝っています。リトアニア（同三八・六）、ベラルーシ（同三五・〇）、ロシア（同三四・三）、カザフスタン（同二九・二）、スロヴェニア（同二八・一）、ハンガリー（同二七・七）、そしてリトアニア（同二四・三）。しかも日本の第八位という位置はずっとそうだったとは言い難いものです。この増加は最近の変化であり、他の豊かな国々すべてと同様に日本でも、年齢構成が高齢化したのに、一九五〇年から九五年の間に自殺率は連続的に低下して一九・六から一七・三になりました。二〇世紀後半を通じて日本ではフランスより自殺者が少なかったのです。この自殺の減少は年齢ピラミッドのあらゆる層で観察され、とくに若者たちの自殺の減少は国際的な傾向と逆だったため強い印象を残しました。一九八〇年代以降、若者たちの自殺率はすべての先進国で大きく増加しました。日本はドイツとともに、この傾向の唯一の例外として有名だったのです。日本の自殺率が増加に転じたのはやっと一九九五年になってからでした。しかしそれが反転しないとも限らないのです。日本は二年連続で三万人を超えたものの、二〇一一年の自殺者数は、ここ九年間で最低となっています。

自殺率は社会の一般的状態に敏感な指標であり、社会的諸関係の変化に応じてたえず変わります。そうした点から、自殺率がこれらの変化の意味と影響に光を投じてくれます。しかしその意味するところをとらえ解釈するには、変化が生み出される社会をよく知らねばなりません。日本を問題とするのであれば、この社会について細やかな知識を有する同僚たちだけがそのような結果に到達できるでしょう。本書を読むことによって、私たちの仲間である日本の研究者の胸中に、自国のこの問題に関する諸研究を深めようという強い意欲が湧き上がることになれば、私たち二人の願いは達せられたことになります。日本の研究者の皆さん、私たちはいつでもこの解明の努力に協力することをご承知いただきたいと思います。

二〇一二年五月

クリスチャン・ボードロ
ロジェ・エスタブレ

謝辞

われわれはまず、フランスおよび世界各地においてこれほど多くのデータにアクセスすることを可能にしてくれた以下のすべての女性及び男性の皆さんに感謝したい。しばしばほとんど研究されていないようなファイルを調べることを許可して下さった。マルティヌ・ボヴェ（INSERM）、アラン・ブラン、セシル・ルフェーヴルとフランス・メレ（INED）、ステファニー・アブリアル、ダニエル・マッソン（グルノーブル政治学院の政治社会データ情報センターCIDSP）、ポンディシェリの県警察本部、上海の華東師範大学の社会学の学生たち、そしてダヴィッド・レスター（ニュージャージーのリチャードストックトンカレッジ）。

またわれわれが調査したさまざまな文書センターの責任者の皆さんにも感謝したい。われわれの研究の地平を広げることで素晴らしい質の高いサービスを提供して下さった以下の人々である。ドミニク・ショヴェルとマイテ・エリー（INED）、アルレット・アプカリアン（マルセイユのアジア太平洋センター）、ポンディシェリのインド学研究所の図書館員の皆さん、マリー＝エレーヌ・ゴダール（高等師範学校のジャン＝イバネス図書館）である。

ジャン＝フランソワ・サブレとマルティーヌ・メプレとフロランス・ブレテルが日本、ロシア、中国における自殺のさまざまな特殊性についていっそう理解する手助けをして下さった。この作業はこれらの人々に多くを負っている。

われわれの作業全体を通して経済学や統計学の以下の同僚たちから頂いた助言やコメントに大いに感

謝したい。リック・アロンデル、デニ・ブジェ、アレクシス・ディレ、ジェローム・ゴティエ、オリヴィエ・ゴドショ、ミシェル・ゴラック、マルク・ギュルガンである。

モクラーン・アッバー、ブリジット・リムリンガーの両博士とラングドック＝ルシヨン地方の精神分析医地域協会の方々は、自殺に関して精神分析医たちによって今日実現されている作業を読み解き、この現象についてのわれわれの二つのアプローチの違いと相補性を同時によりよく理解するのに必要な鍵を提供して下さった。

ピエール・スュローには、自分の研究すべてをわれわれに伝え下さったことに感謝する。フィリップ・アズレーには、セバスチャン・メルシエの著作を読むようにわれわれに教えて下さったことに感謝する。ローランス・ファゲには忍耐強くいくつかの示唆を与えて下さったことに感謝する。ジャン＝フランソワ・セナールが讃美歌の中の個人と社会の関係についてコメントを下さったことに感謝する。

高等師範学校の社会科学実験所のセミナーでの議論に強い刺激を受けた。その所長であるフロランス・ウェーバーおよび同僚のタニア・アンジェロフ、セシル・ブルス、ジャン＝セバスチャン・エディマン、ジャン＝ピエール・アスン、エマヌエル・サアダに感謝する。これらの人々の疑問がわれわれの調査の多くの面について再考を促しより深めることに役立った。マルセイユのティエール高校のカーニュ準備級の生徒たちが投じた質問を大いに利用させてもらった。またアラン・ベトーネとマルク・ギュルガンがこの原稿の最初のバージョンについてわれわれに下さった非常に有効なコメントも役立った。最後にオルガ・ボードロとコレット・エスタブレの批判、コメント、示唆に感謝する。

豊かさのなかの自殺／目次

豊かさのなかの自殺

凡例

一、本書は Christian Baudelot et Roger Establet, *Suicide: l'envers de notre monde*, Paris, Éd. du Seuil, 2006 の全訳である。

一、原文の（ ）は、そのまま（ ）で示した。

一、原文の« »は「 」に置き換えた。

一、〔 〕は、訳者による補足である。

一、引用文中の［ ］は、原著者による補足である。

一、原文イタリック体の箇所のうち、著書、論文の表題は『 』、「 」により表示した。原著者による強調のためのイタリック体は、傍点を付して示した。

一、引用文のうち邦訳がある場合は参照したが、訳文は必ずしも一致していない。

一、注意を要する訳語に対しては、原語を併記するか、または原語のルビ（振り仮名）を振ったものがある。

一、原注は原著では脚注の形をとっているが、本章では各章ごとに（1）、（2）……の数字で示し、巻末にまとめた。

一、本文中の文献に邦訳がない場合は、わかりやすさを考慮し、適切と思われる日本語タイトルを記した。

序論

自殺という危機に瀕する世界

社会学者が一〇〇年間にわたり、自殺率を算出し解釈し続けてきたなかで、自殺について検討すべき新しいことや揺るぎないことは何か考えられるのだろうか？　自殺は、昨日までと同様今日でも、例外的な現象ではあるが、単なる周辺的な行動と考えられるほど稀なものではない。過去二〇年間、フランスは自殺者数の多さという点で、世界でも有数であり、自殺は公衆衛生の問題と考えられてきた。自殺者数は一九七五年以来ほぼ継続的に増加し続け、二〇〇〇年には年間一万一〇〇〇人に達した。これはつまり、毎時間ひとり以上が自殺している計算になる。自殺者数は同時期に徐々に減少していった交通事故死亡者数を大きく上回っている。(1)誰もが人生の中で知人の自殺を直接あるいは間接におそらく数回経験するほど、フランスにおける自殺者数は多いのである。世界的にみれば、自殺は毎時間およそ一〇〇人の命を奪っている。

一〇万人当たり二〇人という自殺者の割合は、もちろん〇・〇二％の確率にすぎない。これはある一年間で考えると、裸眼では見ることができないほどきわめて小さな割合ということもできる。しかしながら、たとえ一年にたった一回しか起きないとしても、自殺はわれわれの生活全体に大きく影響を及ぼす現象である。もしある同一の世代の人々に対し、一年間に自殺する確率を累積し、一生涯という単位で考えると、より大きな数になるであろう。今日のフランスにおいては、一五歳から七四歳の男性の一〇〇人に二人が自殺し、女性の場合同じ年齢層の一〇〇人に〇・七人が自殺していることになるのである。(2)これは非常に高い割合ではないかもしれないが、無視できる割合ではない。この割合は、宝くじに当選する可能性よりもずっと高いのである。ある年に宝くじに当選する確率は〇・〇〇〇三一%にすぎず、四〇年間にわたり週に二回宝くじを買い続けたとしても、その割合は〇・〇一二%にすぎない。非常に長生きでもしないかぎりは、われわれが個人的に知っている二〇〇人程度の人々の中に幸運な当選者が現れる確率は〇・〇二五%程度であり、限りなく小さいといえよう。

自殺は他の社会現象とはまったく異なる性質を有する問題である。自殺がもたらすトラウマ的な衝撃が強いため、ショックの波はその統計的な稀少性にまったく不釣り合いなほど広域に広がっていくのである。自殺によって生じる悲しみは、他の悲しみとは異なっている。精神分析医であるM・アニュスの言葉を借りると、自殺の悲しみはいつも「深刻な喪の悲しみ」である[3]。それは苦悩の強い表明によって示され、さらにショックの表明でもある。トラウマ的な悲しみは、他のどのような悲しみよりも長く残り、絶望、不安、否定的で悲痛な感情、自責と罪の意識をしばしばもたらす。自殺が近しい人々に残す心の傷は、ぬぐいきれないままである。罪の意識はしばしば非常に辛いものであるため、罪の意識を和らげようとして自らを罰するよう駆り立て、自殺にまで至るということもある。自殺者に近しい人々が最初に影響を受けるが、ショックの波は近しい人々の輪を超えて広範に広がっていく。なぜ自殺したのかという疑問をもたらすので、そして自殺が非常に稀な出来事であるために、あらゆる自殺は多くの人々に直接訴えかけるのである。稀少な出来事は気づかれないままであることがほとんどない。日常生活の流れに杭を打ち込むことにより、自殺はその存在感を主張して止まないのである。

人々に感情的な負担を与えるのとは別に、自殺はとりわけ重大な社会的意味を有しているため、なおさら存在感が大きい。そこで、民族学者や社会学者が次第にそれぞれの方法で、自殺の意味を読み解くようになってきたのである。

民族学者の貢献

民族学者は自殺に関して新しいアプローチをとることを可能にした。民族学者のなかには、死亡として考えられているすべてのケースについて問題とすることにより、基本的な事実を構築しようと試みた者もいる。たとえば、モーリス・ゴドリエとパスカル・ボンヌメールによるニューギニアに関する研究、チャールズ・マクドナルドによるフィリピンに関する研究、ポール・ボハナンによるアフリカに関する研究である(4)。

太平洋地域で研究を行っている社会人類学者は、女性の自殺および自殺という行動の攻撃的な側面に注目している。メラネシア人に関する研究で有名なブロニスワフ・マリノフスキーは、若年女性の劇的な自殺行動を詳述したあとで、トロブリアンド諸島においては、自殺に関してふたつの心理学的な動機があることを示した。それは罪の償いであると同時に、罪を犯した彼らを人前で侮辱し、彼らを耐え難い状況に追いやった人々に対する抵抗と復讐である(5)。中国について研究している歴史学者と社会人類学者は、社会的不正義に対する巧妙な復讐の方法を報告している。不正義による犠牲者の自殺が、不正義を起こした張本人の面目を失わせることにより復讐が成立するのである。この慣習は、配偶者や義理の家族によってなされた迫害に対して復讐するために、中国の若い女性によって今日で

〈コラム〉

あなたのまわりでは、どれだけの人が自殺するのであろうか?

人生を通じて、直接的にあるいは間接的に、われわれが直面する自殺の犠牲者を数えなおすことによって、自殺という現象がわれわれにとってどれぐらい身近なものかをより正確に考えることができる。この「身近な自殺者」は、われわれが知っている人もしくはわれわれが知っている人々に知られている人のいずれかである。報道やメディアを通じてではなく、広い意味での知人から事実を聞くことによって、自殺に接したことは何度ぐらいあるか。

読者は自分自身で計算をし、われわれがネットワークの社会学に着想を得て、近似的な計算の方法を用いて求めた結果と比較してみるとよいであろう。「忘れている」自殺があるので、読者は数日間にわたってこの記憶の呼び起こしを行うよう注意しなければならない。実験を行うときに読者が何歳であるか、いかなる社会的・職業的集団に所属しているか、彼らの社会的ネットワークの範囲、居住地などによって、最終的なスコアが変化することは明らかであろう。

一生涯に少なくとも一度は会ったことがあるという意味では、われわれは五千人と知り合いであるとアメリカ人研究者は推計している。[*] 自殺率を今日のフランスの一〇万人当たり二一人とすると、われわれは四〇年間に、四〇人の自殺者と知り合いであったことになる。議論を親しい知人というさらに限定された範囲に絞ったとしても、アラン・ドジェンヌとミシェル・フォルセの推計によれば、それは数百人に及び、同じ期間に、ひとり、もしくはふたり、もしくは三人の自殺に直面している可能性が高いのである。[***] アメリカ自殺学会は、ショックの波が及ぶ範囲を別の方法で測定している。その学会によれば、アメリカにおける年間自殺者数は、三万人である。[***] それぞれの自殺者に対して、両親や祖父母、兄弟、姉妹、夫、妻、子どもという親密な家族の中に平均六人の遺族がいる。合計一八万人の遺族(六×三万人)ということは、一二五年間にわたって〔原文では「五〇世代の間に」となっているが、文意から「一二五年間」が適切と考え修正した〕アメリカの四五〇万人が近しい人の自殺の影響を直接的に受けたことを意味している。フランスにおけるこれに対応する数字は、三六〇万人である。これはアキテーヌ地域の労働力人口、フランスの上級管理職と知的専門職の合計数、もしくは五五歳から五九歳の男女の人口に相当する数である。つまり、非常に多くの人々なのである。用いられた計算方法がいかなるものであれ、その不確かさがどの程度であれ、自殺は統計的に例外的な出来事ではないことが明らかである。自殺がもたらす感情的な罪責感と影響が広がる範囲の大きさは、自殺が社会生活において注目すべき事象であることを意味している。

＊　Ithiel de Sola Pool, « Contacts and influence〔接触と影響力〕», *Social Networks*〔社会的ネットワーク〕1, 5-51, 1978; L. C. Freeman et C. R. Thomson, « Estimating acquaintanceship〔交際関係を測定する〕», *in* Manfred Kochen, *The Small World*〔スモールワールド〕, Norwood, New Jersey, Ablex Publishing, 1989, p. 147-158.

＊＊　算出結果は、われわれの現実的な経験よりもずっと多いものとなる。というのも、われわれが知っている五千人は、一方で等しく自殺という現象にさらされており（これは事実ではない）、われわれは五千人の代表的なサンプルにアクセスできるとこの算出方法は仮定しているからである。しかし、われわれが生活を営んでいる社会的環境や居住地次第で交際のネットワークの量がかなり変容するから、後者もまた事実ではない。しかしながら、この想像上の計算は、自殺という現象が広範に広がっているその大きさを示し、各人が周囲の人々のなかで数えあげることができる自殺者数の参考として役立つ。示唆的なことに、この四〇人という数は、本書のふたりの著者の個人的な経験による数よりも少し多いだけである。

＊＊＊　Alain Degenne et Michel Forsé, *Les Réseaux sociaux*〔社会的ネットワーク〕, Paris, Armand Colin, 1994, p. 28.

＊＊＊＊　「自殺者の遺族が彼ら自身のために自らの手で書いたニュースレター」である『自殺を受けとめること』(www.suicidology.org: 二〇〇四年夏)。この推計においては、ロビー活動の論理が働いていることを考慮に入れておかねばならない。つまり、遺族の行動の正当性に対する関係者や行政当局の注目を集めるために、ショックの波の及ぶ範囲を過大に推計しようとしている可能性がある。しかし、推計を下方修正したときでさえ、一例以上の自殺によって直接影響を受けた人々の合計数はかなりのものである。

もしばしばとられる方法である。

アフリカにおいては、ポール・ボハナンを中心とする民族学者が、自殺と親族構造の関連に非常に注目している。個人がリネージ〔血統〕のネットワークに適応することが困難である場合に、しばしば自殺が生じるのである。

民族学者は、この現地調査において、インフォーマントの説明に結びついている集合的表象および研究しているさまざまな集団における自殺に対して付与された道徳的・文化的意味を、真剣に考察するよう促される。オーストラリアの社会学者であり、東南アジアの専門家であるリアツ・ハサンは、シンガポールにおける自殺に関する社会学的かつ人類学的な調査のなかで、人口を構成する三つの民族集団（中国人、インド人、マレー人）の自殺率の違いは、これらの集団に特有の宗教哲学と世界観に関係しているに違いないことを例証している。(6) 中国人にとって、自殺がなされるのは、面目を失わせないようにするという配慮、親孝行の心、家族に対する忠誠心、純潔、年長者に対する尊敬によって表象される基本的価値観をめぐってである。自殺がこれらの道徳的価値を遵守する唯一の方法であるとき、自殺は正当な行為となる。自殺に対して比較的寛容な態度をとっているインド人では事情は異なる。肉体は死を免れないとしても、魂は不滅であり、生まれ変わることができる。彼らが自殺する理由は、主にカースト制度、および結婚相手の選択をめぐって親と子の間で生じる家族問題にある。これに対して、イスラム教を信仰するマレー人は、神が定めた秩序への服従（イスラム＝従順）の拒否として自殺を考えている。インド人よりも中国人の方が自殺者が多い。そして、マレー人の自殺率はゼロに近いのである。

「ネイティブの理論」を考慮に入れることにより、民族学者は、自殺という概念を再検討している。チャールズ・マクドナルドは、パラワン州の自殺についての彼の考えを以下のようにまとめている。

本論文は、インド人の suttee〔サティー。妻が夫の死体とともに生きながら火葬される慣習〕、日本人の腹切り、Tao Sung 族の parang sabil〔聖戦において信仰のために自らを犠牲にし、命を落とすこと〕など、文化的に規定されていない行動に焦点を当てる。……自殺に関する理論は、文化的に規定された自殺を含んでいる。……デュルケームは「集団本位的（altruiste）」という言葉を用いている。しかし、本論文はさしあたりそれを考慮に入れない。文化的に要請された自殺は、パラワン州のケースには見られない特別な文化的規範と結びついた明らかに特殊な行動である（……）。ホロの Tao Sung 族の sabil は、神風タイプの玉砕攻撃と関係がある。つまり、戦時に異部族と敵対する文脈において宗教的かつ政治的に承認された行動である。それは単純に「自殺」ということはできず、「自殺的な殺人」もしくは「殺害自殺」として定義されなければならない。それは文化的な規範によって承認された行動であり、個人的な動機のためになされた文化的に規定されていない自殺とはまったく異なるものなのである。それにより、戦争という状況のなかで個人の生命が犠牲にされたバリにおける民衆の集団的な自殺と sabil とが、文化的に同質なものとみなされるのである。

民族学者チャールズ・マクドナルドは、「こうした制度（sabil、amok、他の類似したもの）は、本稿の対象となる個人的で非攻撃的で文化的に規定されていないタイプの行動、すなわち自殺とはほとんど関係がない(7)」と結論づけている。

この分類を行うなかで、マクドナルドは、自殺者がその行動に付与する意味を検討している。自殺という行動の社会的意味を無視したことにより、日本の人口学の著作のタイトルにしたがって、日本を「自殺の国」とすることにつながったのである(8)。こうした全体的な認識のなかで、戦後すぐの時期の多くの通常の自殺と、文化的制度によって要請されるさまざまなタイプの自殺、つまり「自死」を混同することになった(9)。切腹もしくは腹切りは、自死の非常にコード化された形態であり、侍階層に特有のものである。それは、敗退の局面で敵から逃れるための一つの手段であり、主君を追って死を選ぶ、罪の償いをする、侮辱に対抗し侮辱者に相応の行動を喚起するためのものである。これらは、まさしく儀式的行動であり、名誉の掟と分離しがたいものである。第二次大戦時の神風特攻隊における死は、明らかにこうした行動に由来している。日本語表現における文字通りの意味は、「le Vent des Dieux（神）」である。この表現は、一〇世紀の文学や詩の中にみられる。一二七四年と一二八一年に、日本はモンゴルによる海上からの襲撃を二度受けている。その二回とも、台風によって敵の船は追い返された。神様が海上に風を吹かせ、侵略から国を守ったのである。それゆえ、神風は防衛をもたらす神聖なる風なのである。一九四四年一〇月二五日、海軍中将大西瀧治郎は、ゼロ戦闘機の機首に二五〇キロの爆弾を搭載し、片道の燃料のみで、神風特別攻撃隊を出撃させた。二千回の攻撃で、三四隻を撃沈し、二八八隻に損傷を与えた。今回もまた、目的は国家を野蛮な異邦人の侵略から守ることにあった。国土を守ることを命じられるなかで強いられた犠牲的行為は、明らかに通常の自殺とは関係がない。終戦となり、日本の敗戦が確定したとき、大西中将は、切腹という儀式的形態にしたがって、自らの人生を断った。それにより、彼が命じた行動を規定していた伝統が強化されているのである。日本には、他にも自死の形態のロマンティックな伝統がある。それは、能によって広く知られている恋人同士の自殺である。恋心を邪魔された恋人同士が、美しい風景の場所を選び、阿弥陀仏によって守られるなかで、一緒に死のうと決意する。日本人は、この形態の自死を心中と呼び、ふつうの自殺と区別している。二〇世紀には、死亡統計をまとめる警察が、心中を自殺として記録している。しかし、こうした自死の儀式化された形態により、日本における自殺を語り尽くすことはできない。警察庁の自殺の動機の統計を見ると、個々の自殺は、文化的に規定された自殺と異なり、少なくとも切腹や心中のような価値の高いとされる自殺とまったく異なっていることがわかる。「悲観主義、自己嫌悪、病気、心神喪失、将来不安、心配、家庭内の不和、叱責、恋愛、貧困、仕事上の問題、仕事を見つけることの困難さ、自責の念、放蕩、婚外の妊娠、学業挫折、イデオロギー的動機」は、一九五五年に日本の警察によって記録された自殺の理由である。[10] これらの動機を理解したいと望むフランスの読者は、日本の制度の民族学的歴史的説明を参照する必要はない。「共通の人間性」がそこには備わっている。社会学者は他の国よりも日本において自殺がより多く生じているかどうかを知るには、普通の自殺の調査から始めればよいことになる。

社会が自殺を解明するのではなく、自殺を通じて社会が解明されるのである

社会学の創始者であるエミール・デュルケームにしたがい、人口学者、統計学者、社会学者は自殺を研究するために他のさまざまな方法を模索してきた。彼らの方法論は、先に引用した研究よりも、ずっと荒削りであるかのように見える。自殺という現象が恒常的に生じていること、そして現象の変化に規則性があることに驚き、彼らは自殺率を比較的限定された社会的側面に関連づけている。つまり、性別、年齢、職業、収入、地域、婚姻状態、子ども数、月、曜日、時刻などである。彼らの主たる調査ツールは統計である。諸個人が行動に付与した意味に関しては彼らはほとんどあるいはまったく興味がなく、たいていの場合、自殺をした人々があげた理由を検討することを拒否する。こうした状況のもとで、デュルケームと彼の後継者の仕事を捨て去らなければならないのだろうか？　多くの国のそしてあらゆる学問分野の研究者がデュルケームの著作に常に新しい興味を示しているという事実を考えると、われわれがデュルケームの研究を捨て去ることができないのは明らかである。すべてのデュルケームの著作のなかで、『自殺論』は世界中で最も広く読まれている。[11] 過去一〇〇年以上の間に自殺に興味を持ったすべての研究者（社会学者、人口学者、心理学者、疫学者、医師、精神科医……）は、統計データの進歩にもかかわらず、同じ本質的特徴を持ち続けた一つの方法にしたがって、論評し、検証し、反証してきたのである。エミール・デュルケームは自殺という現象を分析するため

のフレームワークを構築し、それにより今日、世界のあらゆる国におけるさまざまな自殺を研究することができる。地域レベルもしくは国レベルのモノグラフ、国際比較、統計により見過ごされてきた国に関する民族学的研究により、一世紀以上の期間にわたり集積されたデータは、デュルケームによって作られたデータベースを非常に充実させた。しかしわれわれは、なぜこのテーマにこれほど多くの関心が集まるのかということを認識する必要がある。自殺は、社会学者が統計的なメスによって、謎を明らかにするような未知の現象ではない。社会学者が、自殺を決定づけ、自殺をさまざまな要素に完全に分解するような社会的要因を提示したとしてもである。考え方を逆転させる必要がある。社会が自殺を解明するのではなく、自殺を通じて社会が解明されるのである。自殺の社会学は、それが個人の悲劇として扱われているかぎり、自殺についてわれわれに何も教えてくれないということをきわめて明確に述べておかなければならない。

その反面、自殺の社会学によって明らかにされた統計的な証拠は、自殺を促進するもしくは妨げる社会的要因にわれわれが目を向けるべきであることを示している。非常に多くの国において、男性よりも女性の自殺の方が三分の一から四分の一少ない。この事実を確認すること自体は、自殺について何も教えてくれない。しかし、女性の方が脆弱ではない理由を問うように導き、男性と女性の社会的条件のなにが異なるために、こうした行動における差異が生み出されるのかを探求するようにその事実は促しているのである。女性の方が抵抗力があるのか、男性の方がより脆いのか？　多くの先進国において、男女の社会的・職業的地位が平等化する傾向は、男女の自殺率の差をなぜ縮小させないのであろうか？　社会的地位のなかの何が女性をいつも守っているのであろうか？　要するに、自殺の社会学は、今日の社会において、男性であることもしくは女性であることについて、新しい問いを立てるようにわれわれに促しているのである。同じことは、自殺に関連する他のすべての変数にもあてはまる。一世紀以上の間、自殺率は年齢とともに規則的に上昇し、高齢者において最も高かった。一九七〇年代以来、若者の自殺率が急速に上昇し、高齢者の自殺率が著しく低下した大半の西洋諸国において、こうした傾向はもはや見られなくなった。この大きな転換は、われわれの社会のさまざまなライフステージにおける社会的な内容の根本的な変化と関係している。いったい何が生じたために、オイルショック以来、若者をこれほどまでに絶望の状態に陥れたのか？　われわれの日々の生活を際だたせる社会的なリズムに関する他の例をとりあげてみよう。日曜日を一週間で最も憂鬱な日として描くロマンティックな表現があるにもかかわらず（ジュリエット・グレコは、ダミアの「暗い日曜日」という有名な歌と同様に、「私は日曜日が嫌い」と歌った）、自殺率は月曜日において最も高く、日曜日まで規則的に低下して最低となる。それは、一週間が進むにしたがって、人々の間の関係がより温かくなっていくかのようである。仕事に復帰する日である月曜日はどのようにして、諸個人のモラールや人間関係の質に影響を与えているのか？　日曜日が近づくことはどのようにして、それらを回復させるのか？　こうして統計に基づいた自殺の社会学は、社会的絆の性質や絆の強さの変化を調べるよう誘うのである。自殺率が社会によって異なることを考えると、社会学者にとって、自殺率はある社会の明確な特徴を識別することを可能にする兆候となるであろう。中国は、とりわけ地方において、男性より女性の自殺が多い世界で唯一の国である。この事実は、結婚した女性が配偶者の家族のなかでおかれる状況、より一般的にいえば、中国の家族の構造にわれわれの関心を向かわせるのである。

自殺——解明すべき謎

それゆえ自殺率の変化をもたらす社会変化に関する社会学的研究は、自殺の「原因」を明らかにすることをもはや期待できないとしても、非常に意義深い企てである。また、結局のところ、われわれがその問題について完全な説明を見出すことはできないことがわかったとしても、非常に意義深いのである。実際、社会的・マクロ経済的変数（豊かさのレベル、失業、社会的経済的文脈……）と自殺との間、言い換えれば社会的環境と自殺との間の現実的な因果関係について絶対的な確信をいだくことはできない。相関関係は同時に起こる変化を示すが、それは因果関係ではない。調査を世界規模に拡大し、調査項目を増やし、一見すると自殺とは関係が薄いと思われる時系列データ（殺人、アルコール依存症、一人当たりＧＤＰ）に関心を向けてみると、統計データは自殺と社会の関係を跡づけることをより困難にした。そしてなによりも、最も「自殺を誘発する」条件が積み重なっても、ほとんどの人々は自殺をせずに生き残っていることを忘れてはならない。社会的現実が自殺に影響力を持っていると確信していても、社会学者はたいていの場合、未解決の犯罪事件に直面した警察の捜査官と同じような状況に自らを見出すことになる。被疑者を狼狽させて、すべてを説明可能にするような「証拠」を捜査官は持っていない。また、状況を理解できるようにするような手段をもたらす方法もない。

社会学者は決して自白を得ることはできない。社会学者の確実性は、証拠の科学的な操作から生じる明白さよりも内的な確信とより関連している。彼らは仮説を構築し、手がかりを積み上げ、照合し、壮大な実験的能力を示すことを強いられている。しかし、どの段階においても、自殺それ自体よりも、自殺を促すもしくは自殺を妨げる変数（ジェンダー、年齢、都市生活……）から社会学者は多くを学ぶのである。

実際、解かれるべき謎は多い。最も豊かな現代社会においては、若者の自殺率が上昇し、高齢者の自殺率が低下しているのに対して、ソビエトブロックの崩壊以後、東側諸国においては反対の傾向がみられる。一般的な傾向が西側諸国と東側諸国で、世代によりまったく正反対の行動をもたらしている。これはなぜなのか？

同様に、自殺と豊かさの関係も、デュルケームが考えていたほど単純ではない。そもそも、自殺は最も豊かな国々において多いのであるが、そうした国々で自らの命を絶つのは豊かな人々ではない。ある一年を見ると、自殺と各国の豊かさの間には相関関係があるが、自殺率の時系列変化は経済成長と必ずしも一致しているわけではない。これはなぜなのか？

デュルケームの最も素晴らしい分析のひとつのなかで、彼は夫婦関係に基づく社会の矛盾を指摘している。しかし、デュルケームはこの問題を熟考するのをためらった。離婚と自殺には密接な相関関係がある。しかしながら、離婚率の上昇の影響は離婚した人々にのみ現れるわけではない。離婚がより一般的となった社会において、既婚男性は自殺から保護されなくなっていくが、既婚女性はより保

〈コラム〉

自殺に関する統計はどの程度信頼できるのか？

自殺の場合、観察やインタビューのような他のアプローチをとることがほとんどできないので、統計データは、自殺の社会学の一次資料であり、分析の主要な道具となる。統計データの信頼性は一九世紀以来常に疑問を投げかけられてきた。女性と男性、若者と高齢者、豊かな者と貧しい者、都市と地方の間に見られる差異は、最初のカテゴリー（女性、若者、豊かな者、都市）の方が単に統計的記録をまぬかれる傾向、もしくは自殺を他の死因、とりわけ事故死に見せかける傾向が強いことを反映しているのではないかとさえ主張する者もいる。

あらゆる国の人口学者、社会学者、統計学者のほとんどの見解は、自殺の絶対的な数は低く見積もられているので正確とはいえないにしても、データをジェンダー、年齢、居住地……などに分類して得られる自殺の構成比は信頼できるということで、現在では一致している。INSERM（フランス国立衛生医学研究所）の一部であるCEPIDIC（医学的死因に関する疫学センター）の協力による欧州委員会の研究は、フランスにおいて実施された統制的な調査によって補完され、次のような結論を出している。「公的な統計により算出される自殺率はかなり過小評価されている（およそ二〇％程度）が、その自殺率を修正しても自殺の社会人口学的、地理的特徴はほとんど変化しない」。

自殺未遂と「成功した」自殺は、そこに関与する諸個人の人口学的・社会的特徴を考えると、ふたつの異なる現象であることも、統制的な調査は示している。女性、知識人、都市居住者は自殺未遂の多数派を構成しているが、彼らは最も自殺をしない傾向にあるカテゴリーである。自殺未遂は週末に最も多いが、成功した自殺は月曜日にピークを迎える。金曜日、土曜日、日曜日は「成功した」自殺が最も発生しない曜日である。

自殺に関する統計データの信頼性、それへの批判、データを上手に利用する方法に関してさらに情報を得たい場合は、下記を参照してほしい。

Christian Baudelot, Roger Establet, *Durkheim et le Suicide*〔デュルケームと自殺〕, PUF, coll. « Philosophies », 5e éd. corrigée, 1999.

Jack Douglas, *The Social Meanings of Suicide*〔自殺の社会的意味〕, Princeton, Princeton University Press, 1967.

Éric Jougla, Françoise Pequignot, Jean-Loup Chappert, F. Rossolin, Alain Le Toullec, Gérard pavillon, « La qualité des données de mortalité sur le suicide〔自殺に関する死亡率データの質〕», *Revue d'épidémiologie et de santé publique*〔疫学および公衆衛生評論〕, 2002, no. 50, p. 49-62.

護されるようになる。極端なことをいえば、既婚男性は独身男性よりも自殺から守られていないのである。それゆえ、われわれは矛盾という点から夫婦関係に基づく社会の展開をとらえ、伝統的な夫婦関係における男女間の不平等を明らかにする必要がある。したがって、自殺は、社会的絆の性質を葛藤という側面からとらえることを可能にし、同時に葛藤は結合の源にもなりうることをわれわれに気づかせるのである。双方の陣営の結合力を高める戦争は、古典的な例を示しているのである。

社会というものは、人口学的な断片を並べたものでも、資源が経済学的に相乗効果をなしたものでも、まして法的なルールや政治的な慣習にしたがって熟慮の末に組みたてられた構築物でもない。社会はともに暮らすための一つの手段である。社会は生き生きした、しかしミステリアスな手段なのである。デュルケームが好む表現を用いると、社会とは独特の現実である。社会は意図的もしくは功利主義的な構築の影響に還元することはできず、その構成要素に分解することもできない。社会をとりまく不透明さは、その現実性と一心同体である。そのため、社会の巨視的な転換と自殺という稀少で重要な現象の間で織りなされる関係性を、デュルケームのように綿密かつ緻密な方法で観察することによって、多くを得ることを期待することができる。

過去一世紀以上にわたり蓄積・分析されてきた膨大な量のデータを総合することを試みるために、デュルケームの著作において決定的に重要でありながらマージナルであった分析視角から始めよう。それは、自殺と豊かさの関係である。デュルケームが執筆していたのは、人類がかつて経験したことのない一世紀に及ぶ経済成長の後であった。今日彼の著作を読むわれわれは、そのプロセスがさらに加速化したことをよく知っている。デュルケームの著作において、彼が自殺との関係を分析した社会現象の大半は、ヨーロッパ社会の急速な富裕化（都市化、出生率の変化、宗教的慣行の変化、離婚率の上昇……）とほぼ直接的に関連している。それにもかかわらず、デュルケームは、自殺と豊かさの関係を側面的に研究したのみであり、「貧困が自殺から人々を保護する」という興味深く逆説的な命題を支持した。自殺と年齢、ジェンダー、都市化の間の関係を見過ごさずに、豊かさと豊かさの拡大を分析の中心において、われわれはデータの総合を試みたい。

驚くべきことに、現代のデータは、デュルケームの診断をまったく裏付けるものではない！　これは、単に社会学的知見が進歩し、データが改良されたからというだけでなく、自殺と社会現象の間の関係に根本的な変化が生じたからである。一九世紀の自殺に関する社会的一覧表と二〇世紀のそれは、非常に部分的にしか一致しないのである。

第1章　貧困は自殺から人々を保護するのか?

記憶や書物による知識だけをもとにして、豊かさと自殺の関係を解きほぐすことは容易ではない。インドの新聞には、借金で苦しみ自殺した農民についての記事が満ちあふれている。中国の新聞には、姑によって過剰に搾取されたために除草剤を飲んだ地方出身の貧困な若年女性についての記事が見出される。二〇〇五年三月、自ら命を絶つ前にクラスメートたちを虐殺した、ミネソタ州のインド生まれのアメリカ人少年は、祖父母が自殺するのを見たことがあり、お金に苦労していた。フランスでも同様に、妻子を射殺したあと、今度は自分自身に銃を向けた自殺者は、財産税〔ISF: impot sur la fortune〕の課税対象者であるよりも、社会参入最低所得手当（RMI: Revenu minimum d'insertion）〔生活保護〕と近い関係にある。つまり、彼らは貧困なのである。貧困、とりわけ突然の困窮から、絶望へ、そして絶望がもたらすすべての行動へと導くシナリオを想像することができる。すなわち、暴動、酒やドラッグへの逃避、自殺である。ときには現実と一致するこうしたイメージに、まったく反対の、しかしおとらずリアルな他のイメージが重なり合う。

デンマーク王の後継者〔ハムレット〕になり、実存についての問いを全世界に尋ねてみよう。金銭的に不自由なく暮らしていた元首相〔ピエール・ベレゴヴォワ元仏首相〕は、自らの頭に弾丸を撃ち込んだ。日本は自殺が多い国であることが非常によく知られているが、日本は貧困な国ではないし、貧困がはびこっている国でもない。スウェーデンに関しては、得意気に多くのことが語られてきた。栄光の三〇年〔一九四五年から一九七五年のフランスにおける高度経済成長期のことを「栄光の三〇年」という〕の間に、「スウェーデンモデル」は南ヨーロッパの国々の羨望の的となっていた。スウェーデンにおいては、公正と効率が両立し、男性と女性の関係が自由であったからである。それにもかかわらず、フランスや他の国において大流行したスウェーデンの映画は、人生のあらゆる側面に関わる実存的な苦しみにより、暗い影を帯びていた。『彼女は一夏しか踊らなかった』（アルネ・マットソン監督による一九五一年のスウェーデン映画）は、かつてない大胆さで愛とセクシュアリティを描き、すべてのヨーロッパの欲求不満の若者を映画館に集めた。この映画は、天罰にも思える死亡事故で幕を閉じる。『野いちご』（イングマール・ベルイマン監督、一九五七年）は、著名な大学教授が、決して孤独から逃れられないという悟りにも似た感情とともに、過去の場所を再び訪れるという物語である。ベルイマンはスウェーデンの最も有名な映画制作者であり、彼のすべての作品の中心には、夫婦の分裂、孤独に対する強迫観念、男と女、大人と子どもの相互理解の失敗が置かれている。その結果、豊かさ、社会的正義、個人の自由は、憂鬱と同義になり、実存的な苦悩をもたらすのである。南ヨーロッパのラテン系の人々は、タブーを上手に犯し、税をごまかし、失業と闘い、法の目をかいくぐり、逆説的なことにバイタリティを得ている。ラテンもしくはカトリックのパラドクスなのであろうか？「ヨーロッパの驚異」を紹介する『レアリテ（Réalités）』シリーズの出版物（一九六三年）は、美しいスウェーデン人少女の写真を付して、このことをきわめて率直に述べている。

　生まれつき憂鬱で瞑想的であるため、スウェーデン人はいわば魂の不安に苦しんでいる。アウグスト・ストリンドベリからイングマール・ベルイマンまで、芸術家はときおり彼らを摑んで離さないノスタルジックな絶望に対してひとつの名称を与えようと努力してきた。特に彼らがスウェーデンの澄み切った風景を見るときには、そうしてきたのである。おそらく世界で最も組織化され、用意周到で、賢明で、強迫的な社会は、完全に幸せになるために、太陽だけが欠けているのである(1)。

そして、たいていの地域が貧困なイスラム圏では、自殺が多いわけではないこともよく知られた事実である。

世界における自殺と豊かさ

ひとりあたりGDPによって測定される各国の平均的な豊かさと自殺率を示す非常に単純なグラフを描くことにより、自殺と豊かさの関係について考え始めることができる。さしあたり、通常は女性より高い男性の自殺率をとりあげることにしよう(2)。

図1を見ると、ふたつの雲の形があるのがわかる。ひとつは、図の左側にみえるルーマニアとチェコ共和国の上に垂直に立ちこめ、かつてのソビエトブロックのほとんどすべての国を含んでいる積乱雲である。もうひとつは、横軸にそってなだらかにふくらみ、エジプトからスイスまでの世界で知られた国のほとんどを含む層積雲である。ソビエトブロックの国々によって形成される積乱雲は、相対的に貧困でしかも自殺率が高い国々のグループがあることを示している。一人あたりGDPからみる

図1　男性の自殺率とGDP（国内総生産）の関係

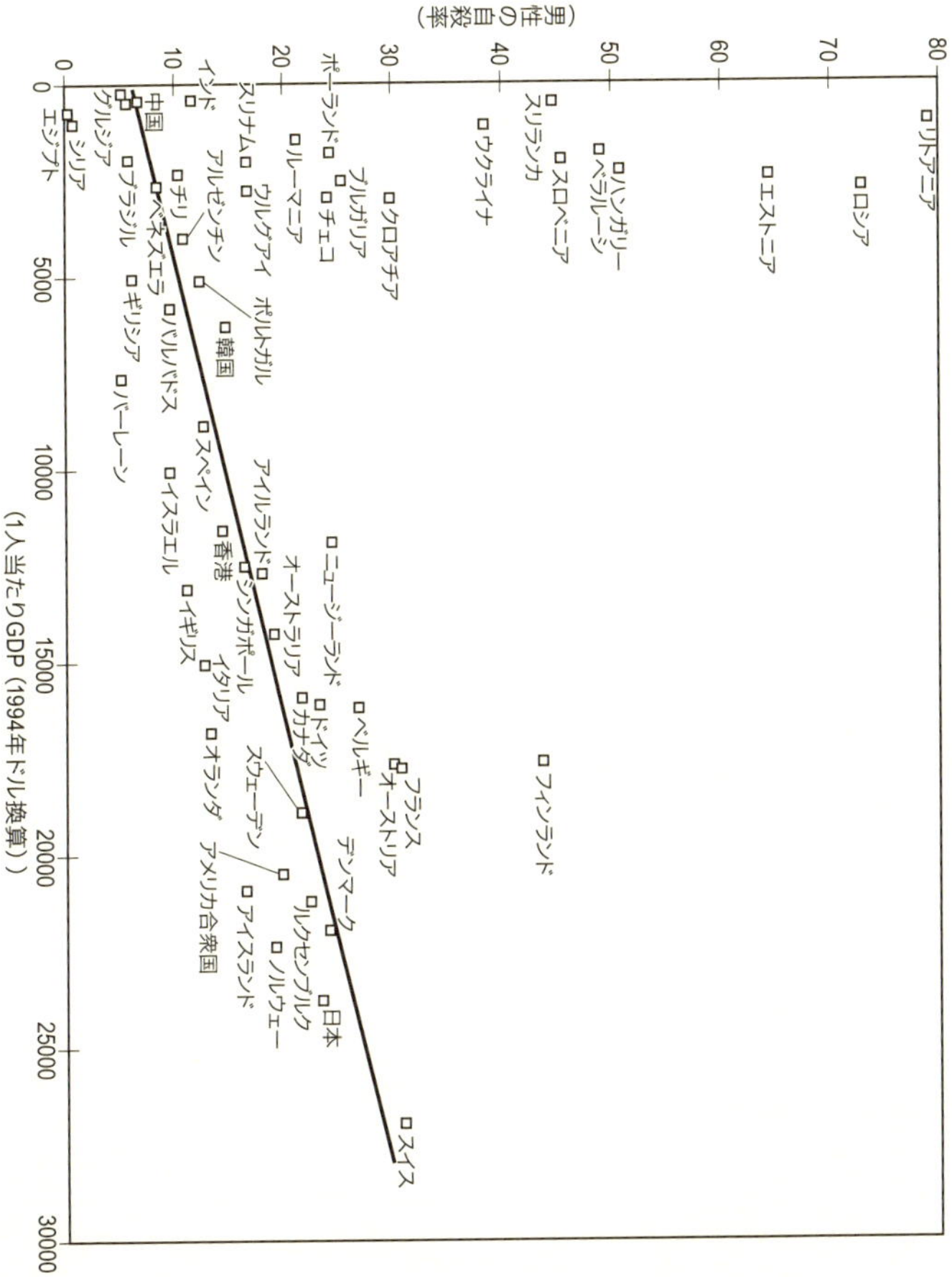

資料：World Health Organization〔世界保健機関〕（1995）、PNUD〔国連開発計画〕（1997）。

と、これらの国々は貧困な国に位置づけられる。GDPは市場で得られる富を測定する指標であり、保健や教育のような無償で得られる富を過小評価している。そのことを考慮すると、かつての社会主義ブロックと結びついている積乱雲は、グラフの右方向つまりチリや韓国の上に移動するであろう。しかし、この雲が図のなかで融合することはない。結論は明確である。豊かさを測定するのにどのような基準を用いようとも、かつての社会主義ブロックの国々は異常なほど高い自殺率を示している。この国々は特に分析する必要がある。

横軸にそってなだらかに上がっていく層積雲に焦点を当てると、自殺率は豊かさにしたがって上昇していると考えることができる。積乱雲の国々を無視すると、こうした印象はよりはっきりする。自殺が豊かさと結びついている明確な傾向が直線によって示されている。注意深くグラフを見ると、日本とスウェーデンは、豊かさのレベルに比して相対的に自殺率が低い。両国は先の傾向を示す直線の下側に位置している。反対に、この文脈ではめったに議論されない国々は、その国の発展のレベルから予想されるよりも高い自殺率となっている。これらの国々は直線の上側に位置している。それは、豊かさの順にあげると、ニュージーランド、カナダ、ドイツ、ベルギー、フィンランド、オーストリア、フランス、スイスである。

しかし、こうした多少の偏差に目をつぶると、全体としての傾向は非常に明確である。つまり、国が豊かであるほど、自殺率は高い傾向にある。したがって、高い自殺率を、豊かさそれ自体（怠惰、退屈、欲望の飽和……）もしくは一般的に豊かさと関連づけられる以下の社会的現実に帰することができる――都市化、競争心、個人主義の台頭、人口の高齢化……。最も貧困な国々――エジプト、ペルー、シリア、ニカラグア、エクアドル、中国、そしてインドまでも――においては、自殺率が最も低い。自殺に関するデータがないため、アフリカ諸国は示されていない。しかし、アフリカでも、自殺は生じている。ポール・ボハナンによってまとめられたナイジェリア、ウガンダ、ケニアに関する研究が、それを証明している。[3] 一部の人口に対する自殺率を算出すると、自殺率は低い。自殺率は、一〇万人あたり五人から一〇人である。それゆえ、デュルケームと同様に、「貧困が人々を自殺から守る」ということができる。自殺率の多様性は、この世において豊かさが悲惨なまでに不平等に分配されていることに対するある種の道徳的な代償であるかのようである。Ex egestate nascitur virtus――美徳は貧しさから生まれるのである。

豊かな国々においては、貧困な地域で人々が自殺する

しかし、この教訓的な見方は、最も豊かな国々のデータによっては支持されない。そうした国々においては、自殺率が最高となるのは、中心部や都市部ではなく、最も貧困な都市周辺部においてである。たとえばアメリカでは、最も都市化し、最も経済的に恵まれたシカゴ、サンフランシスコ、ロサンジェルス、ニューヨーク州の自殺率が最も低い。他方、「アメリカ的な生活様式」の典型からほど遠い、経済的に恵まれない州において自殺が猛威を振るっている。アメリカ国内においては、自殺率は豊かさに反比例しているのである。

イギリスでは、産業の衰退により疲弊し、ケン・ローチの映画作品で有名になったマンチェスターやバーミンガムにおいて、最も自殺率が高い。フランスでは、最も豊かな県の自殺率が最も低い。同じことは日本の四七都道府県にもあてはまる。そして、自殺者の職業データが入手できるところではどこでも、今日、自殺は社会的地位の低い層で最も多いことがわかる。われわれは後にこの問題に戻ることにしよう。

統計データは、われわれを一つの矛盾と対峙させる。つまり、国際的な統計データを信用するなら、豊かさは自殺に対して非常に大きな影響力を有すると容易に結論づけることができる。経済発展は、直接的もしくは間接的に、進歩と最も直接的に関係している道徳的な力によって引き起こされる生活に関する不満や絶望をもたらす。それは、一九世紀末の近代社会の発展に、「自殺を誘発する傾向」を見出したデュルケームの説明と関心に一致する。そうした傾向は概ね、教区、家族、村落のような伝統的なコミュニティによって保障されていた庇護を失うことにより、勢いを増した。そしてまた、豊かさ、セクシュアリティ、思想を含む人生のあらゆる領域において、抑制がきかないほど期待水準のレベルを高めてしまった個人の自律性の増大によっても、勢いを増したのである。しかし、最も豊かな国々に関して入手できる国レベルのデータは、まったく反対の結果を示している。つまり、進歩から取り残された地域や社会的カテゴリーにおいて、自殺が最も多いのである。

不平等は拡大しているのか？

この問題に答える手短な方法は、たしかに最も高度に発展した社会は最も不平等を拡大した社会でもあると仮定することであろう。富の集中に関する最も信頼できる尺度のひとつを開発したコッラド・ジニが、この仮説に向かわせる。一九世紀終盤と二〇世紀初頭のオーストリア＝ハンガリーとイタリアのデータを用い、近代産業資本主義社会の発展は、豊かさの基盤を変え、富の集中を強化していることをジニは見出した。これが社会改革の最も明白な影響であり、急速な富裕化と同様に急速な貧困化がそこから生みだされた。ジニの研究に刺激を受け、同じイタリアの政治経済学の教授であるフランコ・サヴォルニャンは、オーストリアにおいて一九〇三年から一九一〇年の間に、富の集中が進んだことを明確に実証している。富の集中は最も豊かな地域や大都市においていっそう大きいことを明白に示した一九〇八年の一連のスナップショット的な測定により、広域にわたる通時的な測定は補強された。同じような対比は、地方の中心都市と地方それ自体の間でも見出される。(4) 金融における投資や都市部の土地の価値の上昇は、地方の荒廃、農民のプロレタリア化、支配エリートの交代とともに進んだ。彼が行った富の集中に関する測定は、シンプルに社会全体の富のうち一定の割合を独占している人口の割合を算出したもの〔ジニ係数〕である。富が平等に分配されているとき、ジニ係数はゼロになり、すべての富が人口のほんのわずかな部分により独占されているとき、ジニ係数は一となる。ジニ係数が一に近づくほど、富はより集中している。ドル、ルピー、中世フランスのトゥール・リーヴルというように、富を最初に測定した貨幣に依存しないため、これは非常に効率的な測定方法である。

ジニによって二〇世紀初頭に見定められた傾向を経済発展がたどったなら、われわれは自殺統計を帳尻が合うようにわかりやすく説明することができるであろう。経済発展は平均的な豊かさを高めたものの、格差を拡大させた。それゆえ、われわれがデュルケームの理論のほこりを少し払ったなら、ネオリベラルな社会の命運に関してよくある社会学的な嘆きに予定調和した、明確ではっきりした説明を得るであろう。経済発展は満たしうる欲求の水準を向上させたが、それは同時に期待水準をさらに高め、上層と下層の間で資源の格差が広がるのと同時に、社会的ピラミッドの底辺において欲望と現実の間の隔たりを拡大したということである。

残念なことに、この巧妙な理論的組みたてに対して、二〇世紀の発展の道のりは、ジニによって見定められた曲折をたどらなかった。最も豊かな国々においては、消費、所得、さらに資産の集中も、時を経るにしたがって小さくなる傾向にある。そして、一定の時期をとりだしてみると、国がより豊かであるほど、豊かさの集中は小さくなっている。

表1（一九九五年における豊かさの集中）は、二〇世紀末のデータをもとに作成されたものであるが、豊かさが増大するにつれて、所得の集中が規則的に小さくなっていることを明確に示している。最も貧困で、最も不平等な国々としては、ラテンアメリカのすべての国とアフリカの多くの国があげられる。これらはすべて自殺率が非常に低い国々である。反対に、貧困で不平等度が低い国の中には、

表1　豊かさの集中(1995年)

	豊かさの集中：低	豊かさの集中：中	豊かさの集中：高
	6カ国	16カ国	15カ国
1人当たり GDP：低	ルワンダ パキスタン モンゴル ブルンジ ウズベキスタン イエメン	バングラデシュ ヴェトナム ネパール コートジボアール ラオス モーリタニア ウガンダ インド タンザニア モザンビーク ガーナ エチオピア ギニア カンボジア モルダビ セネガル	アルメニア ケニア マダガスカル ガンビア ブルキナファソ マリ ニジェール ナイジェリア ザンビア レソト ギニアビサウ ボリビア ホンジュラス ニカラグア パプア
	9カ国	13カ国	15カ国
1人当たり GDP：中	ベラルーシ ブルガリア ルーマニア エジプト ウクライナ インドネシア ラトヴィア リトアニア クロアチア	スリランカ アルジェリア カザフスタン アゼルバイジャン ジャマイカ ヨルダン グルジア モロッコ ギアナ 中国 キルギス トルクメニスタン タイ	トルコ チュニジア エクアドル フィリピン ペルー ドミニカ共和国 パナマ ベネズエラ エルサルバドル グアテマラ ジンバブエ コロンビア パラグアイ ブラジル スワジランド
	22カ国	8カ国	7カ国
1人当たり GDP：高	スロバキア オーストリア ハンガリー デンマーク 日本 スウェーデン ベルギー チェコ共和国 フィンランド ノルウェー ルクセンブルグ イタリア スロベニア ドイツ カナダ ポーランド 韓国 スペイン オランダ ギリシア フランス スイス	オーストラリア イスラエル ポルトガル アイルランド イギリス エストニア トリニダード・トバゴ アメリカ	ウルグアイ コスタリカ ロシア マレーシア メキシコ チリ 南アフリカ

資料：PNUD〔国連開発計画〕、*Rapport mondial sur le développement humain 2001*〔人類発展に関する世界レポート2001〕、表1と表12。

かつての社会主義圏の国のほとんどを見出すことができる。[5] そして、すでにみてきたように、これらの国はすべて自殺率が非常に高い。自殺率が概して高い北側の国々では、豊かさの配分はかなり平等である。要するに、少なくとも確かなことがひとつある。社会的格差の拡大による説明は、有効ではないということである。

豊かさの進展に関するあらゆる国内データは、二〇世紀末のすべてのスナップショットを確認するものである。以下の知見は、一九七八年にCNRS〔フランス国立科学研究センター〕によって開かれた国際シンポジウムにおける主たる成果のひとつであった。[6] アメリカにおいて、一九五三年から一九七三年の間に、最も豊かな層の取り分はわずかに減少した。これはタウシッグが、一九二二年以来実証した結論である。最も説得的な実証は、アトキンソンとハリソンによる一九二二年から一九七二年の間のイギリスに関する研究である。一九二九年、コッラド・ジニは、フランスにおける富の集中が〇・八四であると自ら推計した。[7] 一九八六年には係数は〇・六六に下がり、[8] 一九九一年には〇・六三まで低下した。[9]

近年の統計データは、豊かさが増大するのに伴って、豊かな国々内部の格差が小さくなっていることを示している。フランスにおいては、一九〇〇年から一九九八年の間に、ブルーカラー労働者の平均所得に対する全体の平均所得の比率は、一〇〇から一三〇に上昇した。このことはたしかに不平等の拡大を意味しているが、一〇〇年間にわたる期間の拡大と考えると相対的に小さなものである。[10] 反対に、過去一世紀の資産の集中の進展は不平等の著しい縮小によって特徴づけられる。一九〇〇年には、上位一〇％の高所得者がすべての課税所得の四五％を独占していたのに対し、一九四五年には四三％、一九五〇年には三一％、一九六〇年には三六％、一九八〇年には三一％、一九九八年には三二％を占めるにすぎなくなった。フランスにおいて観察された富の集中の低下傾向は、あらゆる先進国においても見出されるものである(11)。

それゆえ統計データは、豊かな国における自殺率の上昇の原因を国内の不平等の拡大に帰するような、一見したところ魅力的なア・プリオリな仮説を強固に否定している。

さらなるパラドクスが、この仮説の妥当性を明らかに退ける。すでにみたように、ある特定の国が豊かになるにしたがって、国内の不平等が縮小しても、反対に豊かな国と貧困な国の間の不平等は、国際的なレベルにおいて著しく増大する傾向にある。一九六〇年には、上位二〇％の豊かな国々が、世界の富の七〇・二％を所有していた。そうした豊かな国々は、一九七〇年には七三・九％、一九八〇年には七六・九％、一九八九年には八二・七％を独占するようになった。過去四〇年間にわたり、ジニ係数は〇・六九から〇・八七に上昇した。他の尺度を利用すると以下のようになる。貧困な二〇％の国々と豊かな二〇％の国々の間の平均的な格差は、一九六〇年には一対三〇、一九七〇年には一対三二、一九八〇年には一対四五、一九八九年には一対五九に広がった(12)。あらゆる予想に反して、自殺が最も少ないのは貧困な国々においてであるが、これらの国々では豊かさの格差が今日最も大きい。最も貧困な国々において、豊かさの格差が今日では最も大きいとしても、貧困な国々の自殺率は予想に反して最も低い。

したがって、自殺と豊かさの関係は、当初想定したよりもずっと複雑であることが明らかになった。この謎を解く唯一の方法は、一歩ずつ着実に歩みを進め、歴史の道のりをたどることである。その結果、一九世紀と二〇世紀の自殺のパターンの間に存在するいくつかの大きな違いを明らかにすることができるであろう。

第2章　離陸

自殺増大の初期段階

国の豊かさと自殺率の間にはある一定の関係があるということができる。国が豊かになればなるほど、自殺の数も多くなる。多くの国々の特定の年代におけるマクロ経済的データの根拠に基づいて発見されたこの関係が、最初の知見である。しかし、そのこと自体は、問題を解決するよりも、より多くの問題をもたらした。さしあたり、経済発展に関する世界的な指標であるＧＮＰと自殺率というふたつの重要な統計の間の関係についてのみとりあげ、俯瞰してみよう。豊かさが個人の自殺に対して、どのように影響を及ぼしているのか、あるいは影響を及ぼしていないのかは、まったく謎のままである。より明快に関係を捉えるためには、一歩ずつ着実に考えていくしかない。最初は、自殺率とＧＮＰの関係という同じ分析ツールを用いておこう。しかし、空間と時間の両方の点で観察の規模を変えてみよう。この関係性を国別に検証するために、グローバルなものの見方はさておくことにする。ある特定の年における豊かさと自殺の密接な相関関係についてスナップショットをとるような共時的なアプローチを採用することはせず、時間の流れの中でこの関係を研究する。それはいつでも同じような関係なのであろうか？

いや、そうではない。歴史に立ち戻ることにより、このふたつの重要な統計の関係は一九世紀と二〇世紀で同じではないことが明らかになるであろう。一九世紀においては、物事はきわめて明快であった。つまり、豊かさの進展と自殺の間には、正の相関関係がみられ、安定していた。しかし、二〇世紀になると、物事は明快ではなくなった。

最初の統計が公刊された一八三〇年代から、第一次世界大戦前夜まで、ヨーロッパ諸国の大半において、自殺は急激に増加した。このような自殺の増加現象は、著しい経済発展と対をなして進行した。また、自殺率のレベルに関わりなく、ほとんどすべての国において、自殺の増加がみられた。自殺率が低いイタリアとイギリスにおいては、一八七〇年から一九一四年の間に、自殺率がそれぞれ二・五倍と一・六倍となった。同じことは、そもそも自殺率がより高いフランス、ベルギー、スウェーデン、オーストリア、オランダにもあてはまった。ノルウェーとデンマークという例外を除いて、一八七〇年から一九一四年の間に、すべての国々において、豊かさの進展と自殺率の上昇には強い正の相関関係があった。自殺率と国家の豊かさは、同じ歩みで上昇していった。**図2、3、4**は、フランス、イギリス、イタリアに関し、このことを明確に示している。GDPの成長はグレーの線で、自殺率の上昇は黒い線で表示されている。

まさしくこの両者の関係が最もデュルケームを不安にさせたのである。デュルケームが『自殺論』を執筆した時代は、ヨーロッパとアメリカのすべての国において、成長が加速度的に進展していた時期であった。そしてそれは、一連の社会変化を伴っていた。つまり、都市の発展、近代的な交通機関つまり道路や鉄道の導入、地方からの人口の流出、産業と市場経済の拡大である。先の五〇〇年間と比して、一人当たりの生産量は急速に上昇した。このような状況の下、豊かさの拡大が自殺の直接的もしくは間接的原因であると結論づけることは理にかなっている。こうした印象は、各国内の自殺に関する地理的分布によって実証された。フランスにおいては、経済発展が最もダイナミックであった地域で、自殺が最も多かった。パリ盆地と都市部の県（ローヌ県、ブーシュ・デュ・ローヌ県）であ

図2　フランスにおける自殺率とGDPの推移（1871年＝100）：
1871～1913年

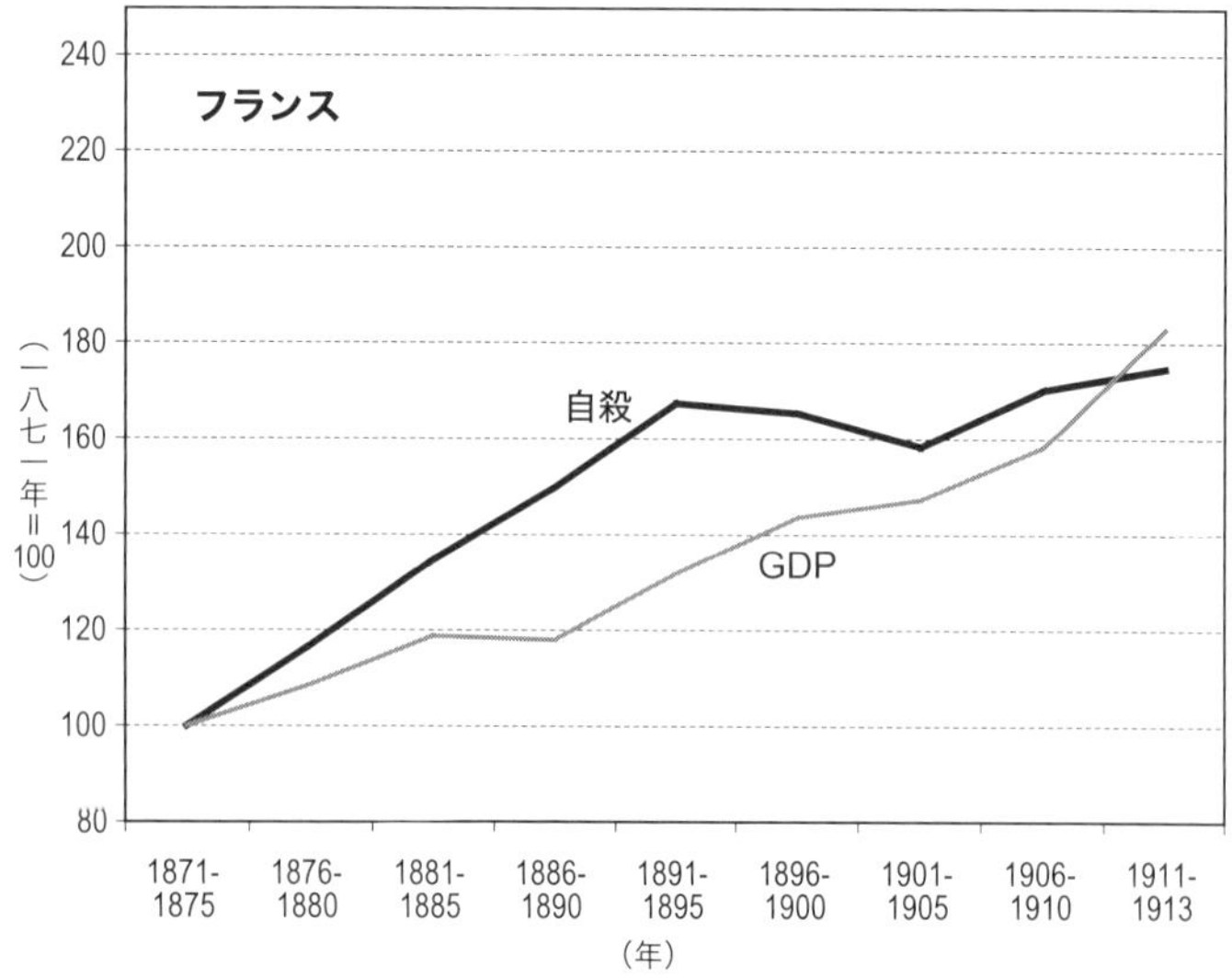

資料：自殺率に関してはDurkheim（1897）、Halbwachs（1930）、GDPに関してはMaddison（2001）。

る。反対に、農村地域は、自殺の増加を免れていた。近代の社会関係の増大の影響が集中し蓄積される大都市は、自殺が最も打撃を与えた場所である。都市と地方のこうしたコントラストは、まったく一般的な特徴である。スウェーデン、チェコスロバキア、ベルギー、ロシア、ドイツ、ハンガリー、オーストリア、アメリカ、イタリアにおいてもみられる現象である。デュルケームが構築した自殺と宗教的帰属の間の関係について議論するときに、モーリス・アルヴァクス[1]は自殺と都市社会の関係から常に着想を得ている。プロテスタントは単にプロテスタントであるだけでなく、都市の居住者でもある。反対に、カトリック信仰者は地方居住者でもある。今日、より充実したデータを

図3　イギリスにおける自殺率と GDP の推移（1871 年＝100）：1871 〜 1913 年

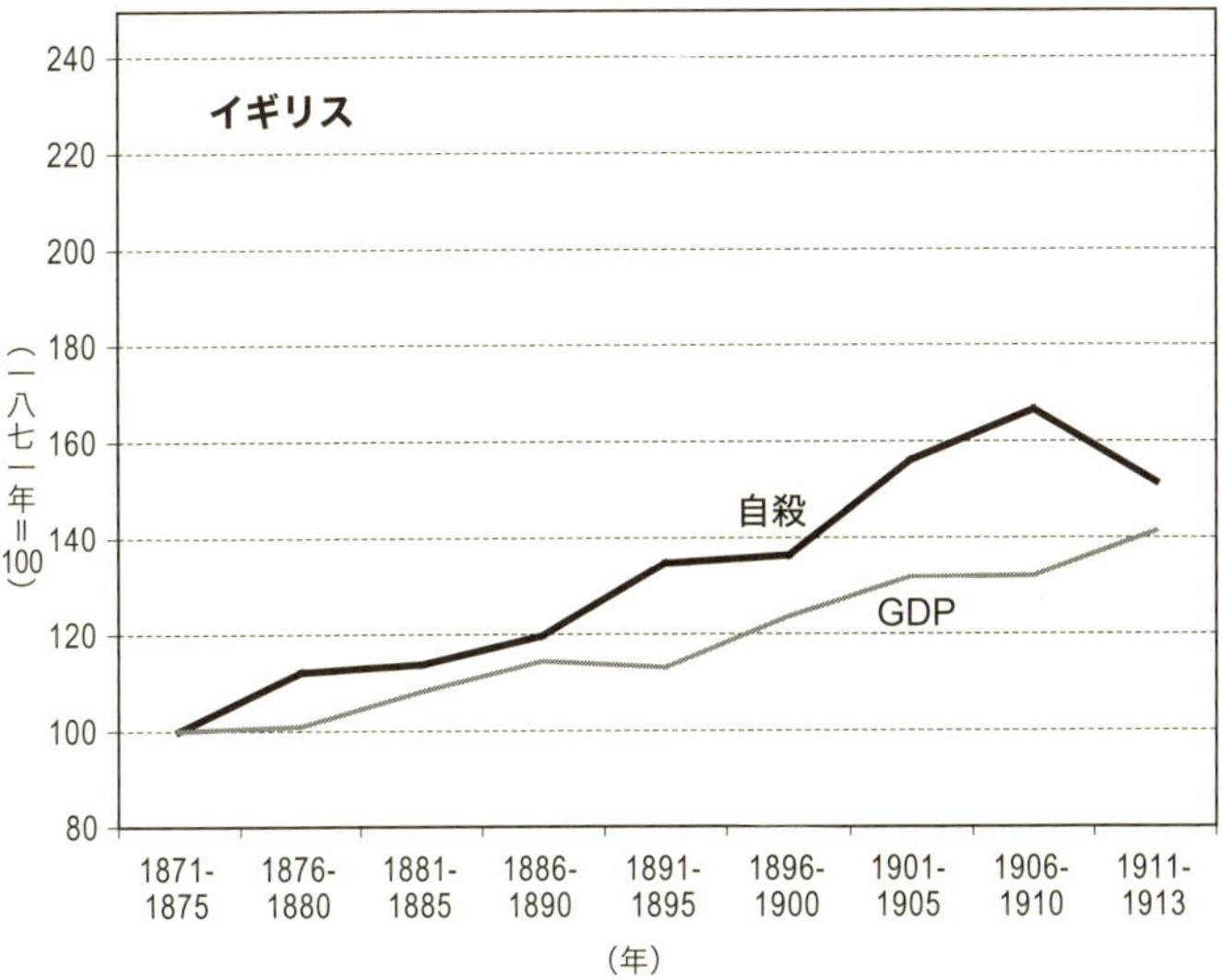

資料：自殺率に関しては Durkheim（1897）、Halbwachs（1930）、GDP に関しては Maddison（2001）。

用いて、ひとりあたりGDPと現代の自殺率の相関関係を測定すると、両者の間に非常に緊密な関係性を見出すことができる。それゆえ、経済発展ととりわけそれが生み出す社会組織の新しい形態は自殺率の上昇の原因と思われる。

デュルケームはこのことを確信していたため、フランスの自殺率が歴史的なピークのひとつに達した一八九七年に出版された、彼の著名な研究である『自殺論』は、非常に統制された方法論により、不安を取り除く試みといえるものであった。産業における分業のために利用できる力を解放する大規模な経済的、社会的転換は、個人を脆くしてしまうようにデュルケームには思えた。個人主義、信仰を主体的に決める自由（libre examen）、

図4　イタリアにおける自殺率とGDPの推移（1871年＝100）：1871〜1913年

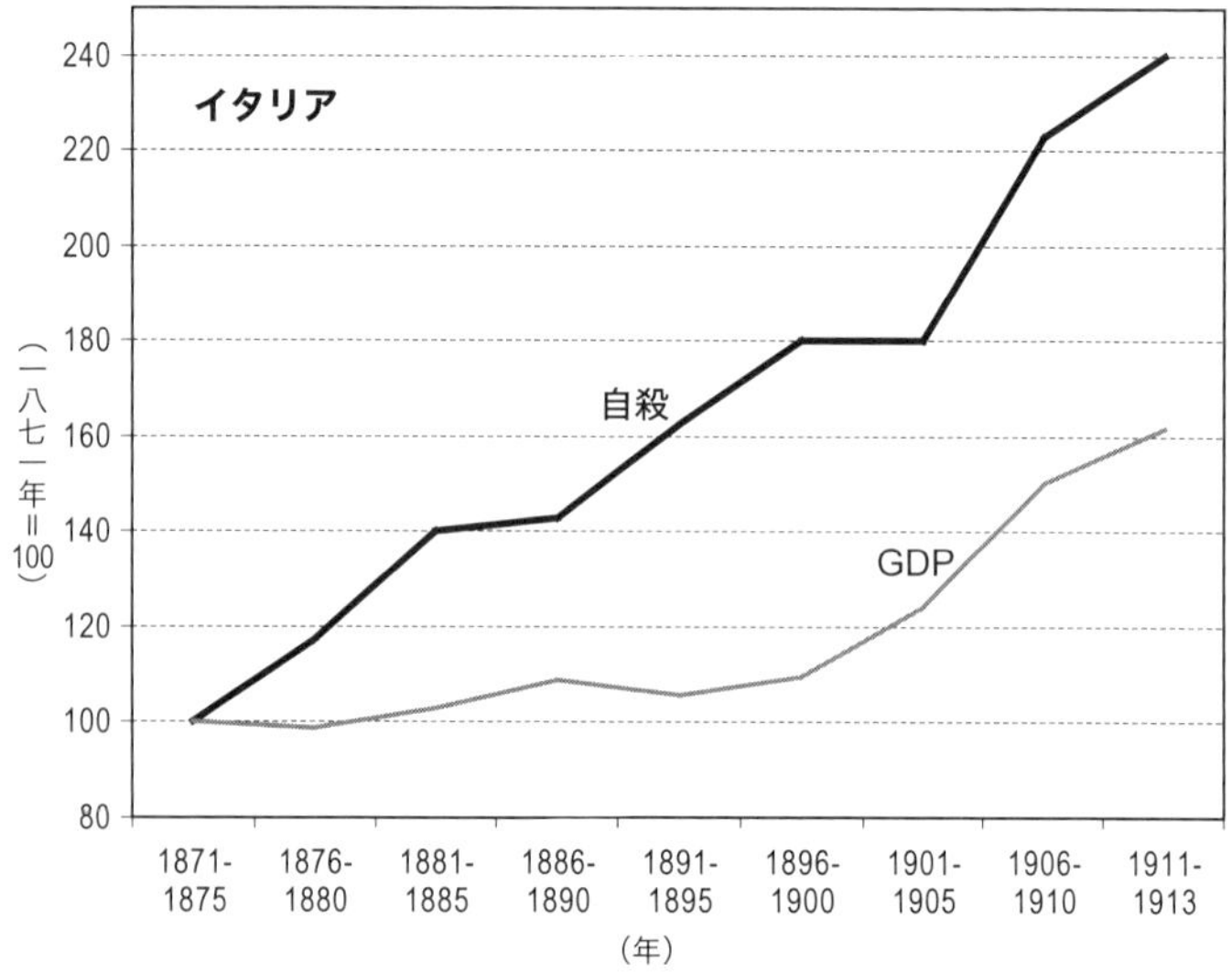

資料：自殺率に関しては Durkheim（1897）、Halbwachs（1930）、GDP に関しては Maddison（2001）。

多様化した経済、家族的な社会のなかに保持されてきたものが選択の自由として急速に発展したことは、目も眩むような自殺率の上昇の原因となりうるものである。デュルケームは、多くの図表を提示して、このことを示した。統計から得られた知見に起因する不安は、デュルケームが懐古趣味の社会学者ではなかったために、なおさら強烈だった。反対に、近代社会を特徴づける解放と豊かさがさらに進展する傾向の多くに彼は非常に好意的であった。デュルケームは、古き良き時代にノスタルジーを抱く陰気な人間ではなかった。彼は、とりわけ教育学にみられる「新しいもの嫌い」の蒙昧な影響を幾度となく言い立てていた。

デュルケームが有機的連帯と呼んだも

の、すなわち近代社会における個人化された基盤といえるものに大きな価値を見出していたことを、ある非常に感動的なテクストが示している。それは、ドレフュス事件にデュルケームが介入した際のものである。デュルケームはそこで、「今後必要とされる教義」である個人主義を称賛している。(2)

個人主義は無秩序ではなく、今後国家の道徳的な統一を保証できる唯一の信念体系である。〔……〕なぜなら、個人主義の進展を中断させるためには、人々がますます互いに分化することを止め、個性を均質化し、かつての古びた体制順応主義に連れ戻し、結果として、社会がより拡張しより中央集権化するような傾向をおさえつけ、分業の絶え間ない進展を妨害しなければならないからである。そうした企ては、望ましいか否かにかかわらず、人間のあらゆる能力を大きく超越している。

デュルケームは、学者として、事件への自らの介入を長々と正当化している。われわれが生きる社会において、(推定無罪の状態で、立証を必要とし、弁護される権利を有するような)裁判中の個人の権利は、国家官僚団(グランコール)の利害より重いことをデュルケームは思い出させる義務があった。「無秩序よりも不正義を好む」というスローガンによって反ドレフュス派の嘆願書を飾ったポール・ヴァレリーに答えるかのように、エミール・デュルケームは、彼の時代のフランスにおいては、不正義こそが重大な無秩序を作り上げていることを的確に示すために、あらゆる社会学的知識を動員した。

デュルケームは、決して反軍国主義者ではなかった。一九一四―一八年の大戦中に、ナショナリストの知識人集団に参加することにより、彼はそれを示している。ドレフュスに対する彼の態度は、ユダヤ人としての彼の出自によって導かれたものでは決してない。ドレフュス陣営に合流したユダヤ人と同様に、デュルケームは普遍的な社会学的価値の名において、彼を擁護したのである(3)。

彼に倫理的な内省と政治参加の基礎をもたらした当時の社会それ自体が発展するにつれ自殺率が上昇していたのだから、最も不安を生み出すものであることが明らかになる。このことは、非常に深く彼が愛着を持っていた社会を脅かす社会的事件に対して対応策を見出そうとする社会学者の努力を説明している。人里離れたへき地や農村社会、画一主義的なカトリシズムが支配する地域、貧困な地域において、自殺率が最も低いことを統計データが発見したとしても、個人の差異を無視して規範を押しつけるような社会に後戻りすることは、たとえ想像であったとしても論外であった。

一九世紀に異例の規模で富を蓄積することを可能にした経済的な転換は、行動、価値観、メンタリティの点で大きな変化を明らかに求め、もたらした。個人とそのイニシアティブの役割が著しく増大した道徳的な変化のなかに、自殺の増加に関する説明を当然探し求めることができる。

ヨーロッパ諸国が一九世紀に経験した経済社会生活の激しい転換を、他の国々は現在経験している。とくにインドや中国がそうだが、離陸期のヨーロッパ社会よりもずっと高いこれらの成長率は、とりわけ経済生活の著しい変貌と市場経済への移行に対応している。このふたつの国では、豊かさのめざましい増大に付随して、自殺率の上昇も生じているのであろうか？

一九五〇―二〇〇〇年のインド――経済大国の誕生と自殺の飛躍的増大

インドに関していえば、答えは明らかに「イエス」である。インドにおいては、自殺は公衆衛生の問題として公的に認識されてきた。国立犯罪統計局によれば、公的な統計により測定され、国家規模ではおそらく過少に算出されている自殺率は、一九八五年から一九九五年の一〇年間に、一〇万人当たり六・八から九・九に上昇した(4)。

おおむね、インド亜大陸における自殺の一覧表は、デュルケームに熟考をうながした一九世紀の諸傾向を想起させる。最も高い自殺率は、独立後の加速度的な産業発展の結果として発達した都市において記録されたのである。バンガロール：三〇・三、インドール：三〇・一、ナーグプル：二二・一、コインバトール：二〇・一、カーンプル：二一・四、ボパール：一八・三、プーナ一三・四、ジャイプル：一三・四。

ジャイプルを例外として、これらの都市はどれも、古くからの観光ルートの一部に入っているわけではない。かつてはイギリスの駐屯地でゴルフコースとテニスコートばかりの快適な本物の田園都市であったバンガロールは、二、三年の間に、インドのシリコンバレーの中心都市となった。インドールは、繊維産業の大中心地であり、自動車産業の中心都市のひとつである。ナーグプルは、多くの多国籍企業の本拠地である。カーンプルは、航空機産業、化学産業、農産物加工業を主たる産業としている都市である。コインバトールは水力発電で潤っている都市である。よく知られているように、ボパールは、産業による非人道的な犯罪（一九八四年〔化学工場事故〕）の場所であった。これらの都市は、インドが単なる「映画産業（Bollywood）、マハラジャ、貧困、精神的世界」の国ではないことをわれわれに思い起こさせるのである。最も高い自殺率を経験しているのは、グローバリゼーションにまきこまれ、このように産業化に成功したインドである。一九世紀のヨーロッパのように、これらの州の一人当たり豊かさと自殺率の間には正の相関関係（〇・三〇）がある。次のような追加の指標もある。教育レベルが高いほど、自殺率が上昇している。

デュルケームに学ぶと、二〇世紀末にインドの自殺率がこのように上昇した理由を理解することは困難ではない。インド亜大陸において最も豊かな南部の諸州において、経済発展と自殺がコントラストを描いていることにインドの研究者も衝撃を受けている。ナタラージャ教授の議会への報告書に対するコメントのなかで、V・シュリダールは「発展それ自体が社会を自殺に対してより保護的にすることはないようだ」と述べている[5]。たとえば、自殺率はケララ（三〇・五）、カルナタカ（二四・二）、タミル・ナードゥ（一八・六）のような南部の州で最も高い。とりわけポンディシェリ（五八・〇）はこの国の中で最も高い自殺率により、際だっている。これらの州の人々がとりわけ保健、教育といった社会的セクターの施設を高いレベルで享受している状況を考えると、これは逆説

表2　性別・教育レベル別にみたインドの10万人当たり自殺率（2000年）

	男性	女性
非識字	8.4	5.0
初等教育	9.7	8.9
前期中等教育	22.7	20.9
後期中等教育・高等教育	19.8	18.4
全体平均	12.8	8.8

的に見える。ナタラージャ教授は、これらの州の社会的特徴から逆説を説明しうると示唆している。これらの社会は多様性の程度が高く、人々がより高い期待水準を有しているとナタラージャ教授は述べる。加えて、地方と都市の交流が頻繁で、「都市的価値観やメディアの広範な伝播」が促進されやすい。ナタラージャ教授によれば、制度としての市場が最も広範にこれらの州に浸透していることもまた鍵となる要因である。ケララが世界市場と直接的な関係を持っていることを彼は強調する。ペルシア湾の国々にはケララ出身者が多く、プランテーション耕作が支配している。このことが、高額の借金と結びつきが強い農民の自殺に関するいくつかの論文でも指摘されている。[6] これらのことはすべて、社会をより不安定にし、そしてよりリスクを高めるのである。

非常に信頼できる統計に基づき、今日のインド亜大陸の経済成長と自殺率の間に非常に強い関係があることを二人のオーストラリア人研究者のピーター・メイヤーとターリー・ジアイアンが指摘している。[7] 結婚はインドの女性には自殺に対する保護をまったくもたらさないという事実に興味を持ち、他のすべての要因を統制したうえで、自殺を最も促す要因を特定することを彼らは試みている。彼らは、男性の非常に高い自殺率を説明する強力な三つの要因を見出している。それは、電力消費量で測定される産業化の程度、平均寿命の伸び、そしてとりわけ教育水準の上昇である。最も教育が高い層で自殺は最高度に達する。すべてのこうした相関関係は、一九世紀末のヨーロッパにおいてデュルケームが描いたのと非常に似た自殺の図表を思い起こさせる。急速な市場経済の進展によってもたらされた社会関係の突然の転換は、個人の自律性を十分に拡大させる。諸個人は、自らの生活をひとりでやっていかざるを得ず、もはや伝統的なコミュニティの支援や援助を享受することはできない。最も高い教育を受けた人々は、知識と理性により、集合的な構造の支配から最も自由になっている人々である。彼らは自立的に生き、行動することを可能にするような個人としての知識と能力を蓄積している。個人主義化されるほど、個人はより傷つきやすくなる。教育は、個人主義化の原因であると同時に、結果でもある。

一九八〇―二〇〇〇年――中国が目を覚まし、自殺率も上昇した

中国はどうなのであろうか？　中国もまた明らかに「目を覚ました」。ここ一五年間に、中国は大規模な経済的離陸にともなう大きな混乱を経験している。中国の離陸は、一九世紀のヨーロッパや現代のインドにおける経済的離陸と同じような影響を自殺率に与えているのであろうか？

統計的な記録に多くの欠落があるため、知見はあまり明快ではない。市場の論理による経済発展のきっかけとなる最初の改革は、一九七八年にさかのぼる。しかし、死因に関する信頼できる統計は、一九八七年からしか得られない。一九八七―九九年について得られたデータは、男性の自殺率が一〇万人当たり一三もしくは一四人、女性の自殺率が一〇万人当たり一四―一七人の間で変動し、現象としてかなり安定していることを示している。しかし、これらのデータには、質を大きく損なうようなバイアスがかかっているという欠点がある。二〇〇二年のイギリスの学術雑誌『ランセット（Lancet）』に掲載された論文において、ハーバード・メディカルスクールの社会医療専攻の教授と北京にある自

殺予防研究センターの二人の中国人研究者は、世界保健機関（WHO）の一連の数字に疑問を投げかけ、訂正している。(8) 他の多くの国と同様に、自殺者数に関する網羅的な調査が進められていない。死因に関する統計は、人口全体のたった一〇％について、有意抽出されたサンプルに基づいて集計されている。それだけでも、一億人以上をカバーしているのであるが！　しかし、このサンプルは、信頼でき、よく組織化されたデータを集めることができる地域に割り当てられており、必然的に都市部が過剰に代表される結果となっている。このバイアスは、自殺に関するかぎり特に重大である。利用できるデータに基づくと、自殺は都市よりも地方において三倍多いことになるからである。この最初のバイアスのために、公式統計において自殺率が大幅に過小評価される結果となる。第二のバイアスもある。自殺事例の大部分は理由不明として届けられ、「自殺」項目のなかで報告されていない。いかなる出典のデータを利用するかにより、現象の規模を推計するときに大きな差があることもわかっている。WHOの統計年報に中国の衛生部が提供した数値は最も低く、年間自殺者数が二五万人となっている。世界疾病負荷（Global Burden of Disease）によって行われた研究において発表された数値は三四万三〇〇〇ケースにのぼっている（一九九〇年の場合一〇万人当たり三〇・三人の自殺率に相当する）。他方で、『世界保健報告』は、一九九八年だけで四一万三〇〇〇人の自殺者数を記録している（自殺率は三二・九人に相当する）。こうした数値の違いは、補正や調整の方法の違いによって説明される。その方法は、中国予防医療研究院によって構築された国民の健康状態を監督するネットワーク（医療情報センター［China's Disease Surveillance Point System］）が、領土のさまざまな地点で実施された観察にもとづいている。

『ランセット』誌の論文の著者たちは、バイアスを修正し、一九九五―九九年の中国の自殺率に関して新しい推計を行った。彼らによれば、そのバイアスは自殺現象を過小評価する官庁の公的データに偏りをもたらすだけでなく、自殺を過大評価する傾向にある他のふたつの研究にも偏りをもたらしていた。彼らは、都市と地方の間にウエイトを与えてバランスをとり、自殺と認められているものの、年齢、ジェンダー、居住地が適切なカテゴリーに登録されていないケースを再コード化することにより、公的データを修正した。そして、他のふたつの研究が、死因不詳のケース、とりわけ「暴力的なその他の死」もしくは「死因不明の事故死」のケースを再割り当てするためにとった方法は、あまりに再割り当ての方針が寛容にすぎるため、自殺のケース数を過大評価する傾向にあることを彼らは示した。彼らはまた、都市と地方の地域を分ける際に、異なった基準を用いることにより、データによる差異が生まれていることも指摘した。こうした検討と新しいウエイト付けの結果、彼らは合理的と思われる推計に到達した。それによれば、一九九五―九九年の一〇万人当たりの平均自殺率は二三・二人である。この割合は、同時期のフランスのそれよりも高い。

データの出典によって自殺に分類される数が異なっていることがあるとしても、現在の中国の自殺率は高い水準にある。実際、衛生部は、自殺が中国の重大な公衆衛生の問題の四番目に位置すると認識している。というのも、中国のすべての死亡者数のうち四・四％が自殺であるからである。自殺は地女性の死因のうち、地方においては四番目に多く、都市部では八番目に多い。男性の場合、自殺は地方ではやはり八番目に多い死因であり、都市部では一四番目に多くなっている。中国の一五歳から三四歳の人々において、自殺は主たる死因となっており、この年齢層では全死亡者の一九％を占めている。地方においては、若年女性の自殺による死亡率は、妊娠中・出産時・出産後の感染症の合併症による死亡率の七倍高くなっている。前者は一〇万人あたり三七・八人であり、後者は五・二人である。

自殺現象の広がりと経済発展の勢いとの間の関係が見定められなければならない。長期的な時系列データを欠いていることが、この問いに対する明快な解答を妨げている。信頼しうる時系列データが得られる他のアジア諸国および東欧諸国についてのデータは、自殺率の大きな変動を明らかにしている。その変動は、社会的・経済的な転換と一致しているように見える。それゆえ、中国の「近代化」を導いた経済基盤および社会生活における重大な転換は、自殺率に影響を及ぼしている可能性がある。しかし、それはどのような影響であろうか？　文化大革命の時期をピークとして、それ以来、政治的安定と経済的繁栄は自殺率の引き下げに貢献してきたのであろうか？　もしくは、経済改革によってもたらされた新しい圧力の結果として、自殺率は上昇したのであろうか？　データをもとにして明確な結論に達することは誰にもできない。しかし、現代の中国において、自殺率と経済成長の間に関連を指摘することができるのは確かである。今日では、何百万人という多くの中国人は、「流動的な人口」を形成している。彼らは生まれ育った村から都市の工事現場や工場地帯に集団として移動させられたが、死亡すると彼らは出身の地方で記録される。自らの生まれ育った環境とはまったく異なる社会経済環境に急激に直面させられた移住者の自殺率をより正確に検討することは、現代中国における非常に高い自殺率と目眩がするほどの成長率の間の関係を解明する糸口をもたらすであろう。

一九世紀のヨーロッパ、二〇世紀のインドおよび中国という三つのデータは、デュルケームの分析と予測を完全に裏付けているように考えられる。デュルケームは、近代性が個人主義をもたらし、個人主義が自殺をもたらすと考えていた。デュルケームの社会学的分析に後の時代の経済的背景を加えると、いかに補足的説明をすればよいかが明らかになる。経済発展が個人主義をもたらし、今度は個人主義が高い自殺率をもたらしたのである。彼が指摘した因果連関は、さらに二〇世紀の先進国で実証された。二〇世紀は先の世紀を上回る成長を経験し、個人主義は社会生活のすべての領域において肥大化し続けた。これはまさに「諸個人の社会」というノルベルト・エリアスによる診断の通りである。[9]

文明化の物質的次元に着目した歴史家は皆、物質的豊かさの増大が、諸個人に、より自由で自立した生活を可能にさせると指摘していた。住宅の例は数世紀にわたるこうしたトレンドを示している。[10]拡大家族のすべての構成員は共有された一室（しばしば同じベッド）に押し込められた。その部屋は、キッチン、寝室、リビング、ダイニングというすべての用途に使用された。生活水準が向上するのに伴って、徐々に空間的な分化が生じていった。キッチンとダイニングが分かれ、リビングと寝室が分かれ、両親の寝室と子どもの寝室が分化した。豊かな家族においては、各人が自らのスペースと設備を持ち自由に使うようになった（寝室、テレビ、電話……）。さらなる個人主義へと向かうこの止まることのない進展のなかで、上層階級は最も恵まれない社会階層の人々よりも、いつも数歩先を歩んでいた。個人主義が根付き、最も急速に発展したのは上層階級においてである。女性は、家族や夫に奉仕する補助的労働力ではなく、完全な個人として認められるべきだと要求するフェミニズム運動が、先進国の最も高い教育を受けた階層において最初に出現したことは当然である。こうした住宅環境における非常に目に見えやすいトレンドは、他の多くの領域においてもまた見出すことができる。もちろんこれらは物質的なトレンドである。豊かさの全般的な拡大の原因であり結果でもある、地方的生活から都市的生活への移行は、季節・畑仕事・市場のサイクルによって地方の生活に課されたカレンダーに諸個人がさほど左右されないようにした。月、週、日は、いまやそれほど束縛しないものとなり、多様な個人的解釈とさまざまな使い道に開かれた時間的空間なのである。しかし、非物質的なトレンドもまたある。都市や生活について考えを巡らし、自らの意見を形成する自由は、教育拡大と進学率の上昇にともなって増大した。豊かさが一定のレベルに達したときに初めて、学校と教育は発展し、人口の大部分にとって利用できるものとなるのである。教会によって押しつけられたドグマと信仰を無批判に受け入れることは、もはや自明ではない。それゆえ、国家の全体的なレベルおよび家族や個人のレベルの双方において、態度と行動の個人主義化は、豊かさの増大とともに進行しているのである。

したがって、二〇世紀のすべての先進社会において、それに比例した――それゆえに大変な勢いの――自殺率の上昇を予想すべきである。とりわけ、個人主義化に向かう顕著で継続的な傾向の影響が、経済危機によって強化される際にはなおさらそうであろう。近代社会の経済は、あらゆる規制を欠き、自殺を生み出すような経済危機によって周期的に出現するアノミー状況が拡大するなかで生きることを人々に強いているとデュルケームは確信していた。そして、景気の危機こそが他の何よりも自殺に人々を追い込む危険性を有していると彼は考えていた。貧困が人々を殺すのではない。危機が貧困をもたらすか繁栄をもたらすかに関わりなく、危機それ自体が人々を殺すのである。「貧困が増加していなくても、自殺の増加が生じる。ある国に突然繁栄をもたらすような幸運な危機も、経済的な悲劇と同様に、自殺に影響を及ぼすのである」(11)とデュルケームは説明している。

産業的・財政的な危機が自殺の増加をもたらすとすれば、それは危機が貧困をもたらしたからではなく、繁栄の危機が同じ影響力を持っていたからである。集合的な秩序を混乱させる危機であるからこそ、自殺は増加したのである。それゆえ、デュルケームは、経済的な困窮が自殺率を悪化させる影響を有しているという仮説を強く否定している。ネガティブな社会的帰結を規制システムの弱体化や衰退に帰するアノミー理論にしたがい、個人の欲望や期待水準を彼らがおかれた条件に適したレベルに制御し限定するようにさせる、かつての規制システムが崩壊したことにあらゆる危機の原因をデュルケームは帰した。彼は、一八八二年の株式市場の暴落、倒産に関する統計、そしてとりわけ物価指数の変動について考察し、「貧困が殺すのではない」と結論づけた。「というのも、豊かさが広がり、物価が上昇しているときに、自殺は増加しているからである。プロシアにおいては、トウモロコシの値段が上昇しても、下落しても、自殺が増加している」。デュルケームは、今では有名になった次の文章で、さらにこのことを明確にしている。

しばしば自殺増加の原因とされる経済的困窮に、実はそのような影響力がないということを例証しているのは、むしろ経済的困窮が反対の結果を生み出しているという事実である。アイルランドにおいては、自殺者数は非常に少なく、カラブリアには自殺者がまったくいない。そしてスペインはフランスの一〇分の一ほどの自殺者数である。貧困が人々を保護してくれているとさえ言うことができる。フランスのいくつかの県においては、自己の収入で生計を立てている人が多いほど、自殺者数が多くなっている……。

状況の急激な変化ということに関しては、二〇世紀は、一九世紀のそれに並ぶか、もしくはそれを大きく追い越してしまったほどである。つまり、一九二九年の恐慌、栄光の三〇年、オイルショックである。二〇世紀には自殺者数が際限なく上昇するというデュルケームの予測を確かにするようなあらゆる条件が揃ったのである。しかし、それは事実とはほど遠いものであった。

第3章　大転換点

デュルケームや彼に先駆けてイタリアで研究を行っていたモルセリの警告とも言える予言があったにもかかわらず、自殺率の上昇はある日止まった。国によって一九一〇年もしくは一九二〇年以降、自殺率の上昇が止まり、多くのヨーロッパ諸国においては低下すらし始めた。イタリア、イギリス、フランスにおいては、一九七五年の自殺率が一九〇〇年のそれを下回った。オーストリアでは、自殺率が一九二五年に最も高くなり、その後低下し始めた。スウェーデンとデンマークにおいては、一九〇〇年以前に自殺者数が減少し始めたあと、一九〇〇年から一九五〇年の間、自殺者数は安定していた。とくに先進地域と残りの地域の間にあるコントラストがあらゆる国において逆になる傾向がみられる。一九世紀、自殺は都市的な現象であった。今日では、ロンドン、パリ、ニューヨークといった中心都市の自殺率は最も低い。それはあたかも二〇世紀が諸個人の関係を保護する新しい形態を発明したかのようである。それゆえ、一九世紀は、社会的行為の大変化の一段階であり、それに見合った「生活習慣の文明化」がいまだ伴っていなかった時期であったかのように思われる。古い生活様式を覆した後で、近代的な都市的産業文明は、新しい生活様式を打ち立てた。それは直接にはわかりにくいものであったが、自殺率の低下はそれらが現実であることを証明した。実際、最も高度に発展した社会は、最初にそうした社会が生み出した予期せざる効果を弱める方法を見出したかのようである。少なくとも、自殺に関してはそういえるであろう。

一九世紀と二〇世紀のフランスおよびイギリスにおける自殺率の変動を示した**図5**を詳しく見ていただきたい。

図5　19～20世紀のイギリスとフランスにおける自殺率の推移（男女）

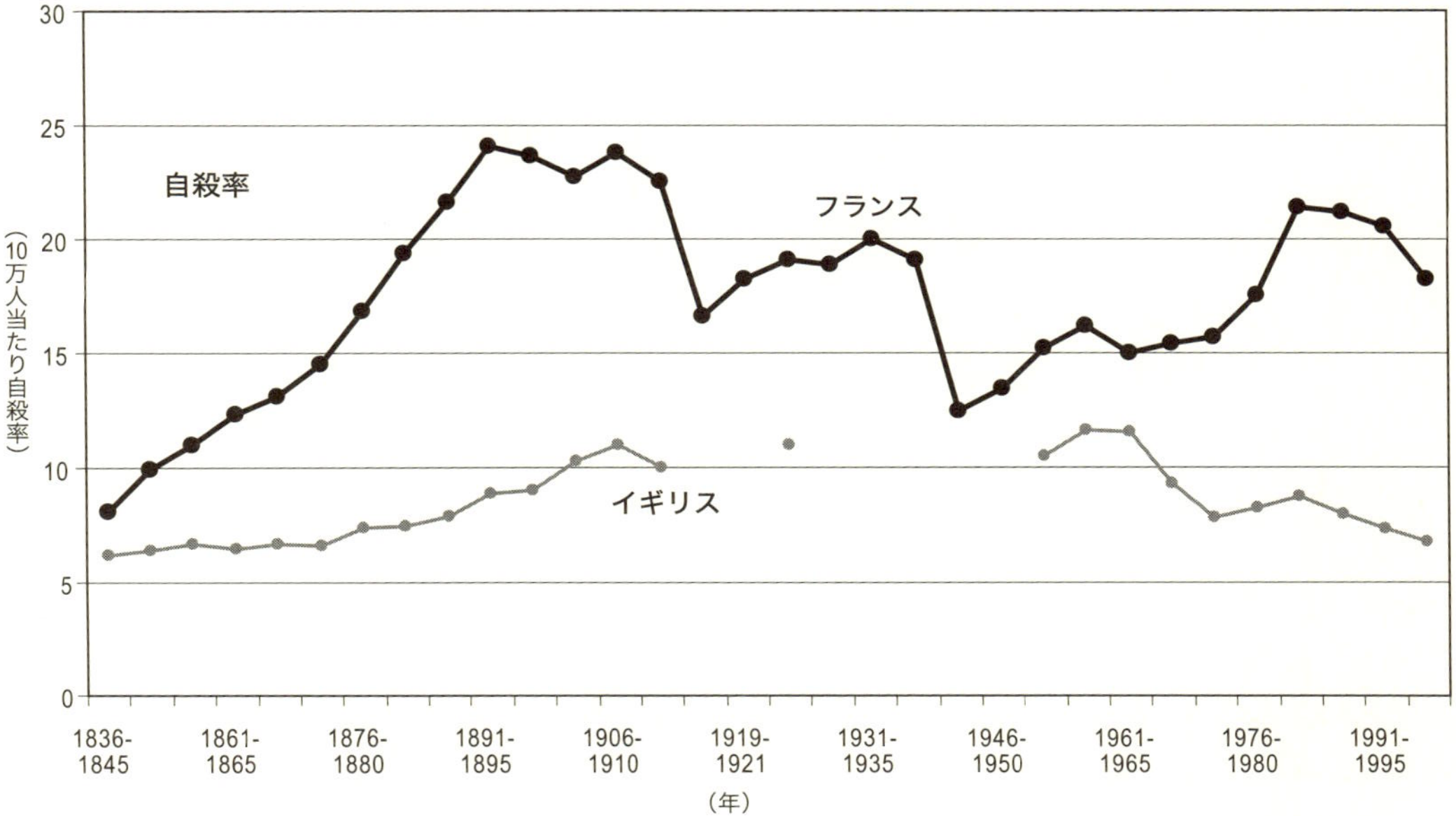

資料：フランス：INED〔国立人口学研究所〕、イギリス：Office for National Statistics〔国家統計局〕。

違いは非常に明白である。イギリスの自殺率はフランスと比較して常に低く、その変動の幅はより小さい範囲に収まっている。フランスの自殺率は一九世紀前半の一〇万人当り五人という最も低い割合から始まり、一九世紀終盤と二〇世紀初頭に一〇万人当り二五人に達している。イギリスの自殺率は一〇万人当り六人から一二人の範囲を安定して推移している。したがって、フランスの平均自殺率はイギリスのそれよりも高く、変動の幅も大きい。二〇世紀末には、グラフの曲線が分岐している。フランスの自殺率は、一九七〇年代から再び上昇し始めたが、同じ時期にドーバー海峡の向こう側の国の自殺率は低下している。

こうした差異があるにもかかわらず（これについては後ほど再検討する）、全体としてのグラフの形にはかなり類似性がある。両国とも、一九世紀を通じて自殺率は上昇傾向にあり、二〇世紀になると多かれ少なかれ低下もしくは横ばいの傾向になっていることが明確である。

二〇世紀初頭と終盤を直接比較すると、あらゆるヨーロッパ諸国において、自殺率が低下していることが明らかである。しかし、ヨーロッパの人口は全体として高齢化しているから、この自殺率低下はかなり過小評価されている。一九世紀においては、二〇世紀と同様に、自殺率は年齢とともに上昇している。人口の高齢化は、年齢を調整していない粗自殺率を自動的に上昇させる傾向にある。一九〇一年から二〇〇一年までの一世紀間のフランスの例をとりあげると、一〇万人当りの自殺率は、二二・六人から一七・六人に低下している。自殺率が低下していることは明白である。もしフランスの二〇〇一年の人口の年齢構成が一九〇一年と同じ状態であったなら、自殺率は一〇万人当り一四・四人となったであろう。これは同一年齢における自殺率が、かなり低下していることを意味している。人口の高齢化はあらゆる先進諸国における明白な事実であるから、フランスで見出された傾向はすべての国に当てはまる。

自殺の社会学の創設者たち（イタリアのモルセリとフランスのデュルケーム）は、一九世紀に深く根をおろしていたので、この仮説を排除していた。個人の自律性に基づく近代社会の到来は、自殺者数の増加を必ず招くであろうと、ふたりとも確信していたのである。

イギリスがわれわれに驚きをもたらした！

一九三〇年、モーリス・アルヴァクスはこうした不幸な予言に対して、最初に異を唱えた。「自殺率が継続的に限度なく上昇していると、信じられることがままあるが、それは実証されていない[1]」と彼は述べている。アルヴァクスは、デュルケームやモルセリよりも長期間の時系列データを入手し、グラフの曲線の屈折と平均値周辺の自殺率の分布に注意を払い、一八三〇年から一九一三年の間に、ノルウェーとデンマークというふたつのヨーロッパ諸国においてすでに自殺率が低下し始めていたことを示した。デンマークのケースが彼の関心を引きつけた。一八八〇年頃、「ハムレットの祖国、伝統的な自殺の国」（モルセリ）と呼ばれたデンマークは、最も自殺者数が多い国であった。一八五六年から一八八〇年の間に、一〇万人当り二八・四人、二七・七人、二六・七人という三つの歴史的なピークを迎えていた。このことは、最も自殺者数が多い一一のヨーロッパ諸国全体の平均の二・五倍以上、デンマークの自殺率が高いことを意味していた。そして、おおよその予想に反して、ヘルシンゲル台地の自殺率は、一八七六―一八八〇年以降継続的に低下しはじめた。一九二六年、アルヴァクスの最後の観測によれば、デンマークの自殺率はピーク時の半分ほどに低下し、スウェーデンの水準まで下がった。デンマークは、自殺率が最高レベルまで上昇した後で、急激な低下を記録した最初の国であった。

これは、特異な例ではなく、二〇世紀に一般的となる傾向を先取りしたものであった。モーリス・アルヴァクスは、それがまさに始まりかけたときのわずかな兆候に気付き、このことを見出すことができた。フランス、イタリア、ドイツ、イギリスのさまざまな地域の自殺率の変化を詳細に検討し、この四カ国において自殺の地図が変化していることを知った。自殺率が最も高い地域において、自殺現象の増大のスピードは低下し、自殺率が最も低い地域において、自殺の増加は加速化した。フランスでは、北部地域で自殺率の増大の速度が弱まり、中央地域で自殺が急速に増加した。プロシアでは自殺が急激に増加し、ザクセンでは増加の速度が弱まった。ロンドン、マンチェスター、リバプール周辺においては自殺の勢いが弱まり、かつては自殺の少なかったウェールズで自殺が増加した。こうした反対向きの傾向と地方から大都市へと多くの人が流入した人口移動の間には関係がある。一八八〇年から一九一四年のフランス、ドイツ、特にイギリスにおいて、人口が減少する地域で自殺率が急速に上昇し、人口が増大する地域で、いいかえれば大産業都市圏で自殺率の上昇のスピードは緩慢になった。大都市はその影響力を維持したが、諸個人は大都市の圧力にそれほど屈することはなくなったのである。

モーリス・アルヴァクスの慧眼によって、自殺と発展の間のまったく新しい関係が始まる。世紀の転換期に、イギリス同様、フランス、ドイツやイタリアにおいても、大都市中心部や産業都市という大規模な人口集中地帯は、根無し草の個人にとって次第に命を落とす場所ではなくなった。経済発展の新しい拠点は、社会生活の新しい中心地となった。「人口が減少している地域の小規模都市や農業従事者の集団は、その生活の糧の大部分を失っている。伝統はそれに置き換わる何かを見出せないまま、動揺している。そして、経済生活はより困難になっている。他方、人口が増加している地域においては、生活水準が向上している」とアルヴァクスは述べている。経済発展の直接的な指標である都市人口とそれがもたらす社会の密度の高まりは、自殺の増加に歯止めをかける要因になりつつあった。そして、デンマークに続いて、この領域において、産業革命が最初に始まったイギリスが、道を切り開く立場となった。自殺と経済発展の関係に関する重大な転換の前兆となるこうした変化の影響力をモーリス・アルヴァクスは見逃さなかった。「イギリスはわれわれを驚かせている!」彼はある章の冒頭でそう述べている。

都市と地方の間の格差は小さくなってきていた。都市が自らその中心を構成するような地域全体に対する影響力を拡大していったからである。

大規模都市、中規模都市、小規模都市、そして地方村落は、もはや全体的なシステムの中に包含された。……鉄道、郵便、電信、電話、銀行とデパートの支店が、大規模・中規模都市から小規模都市へと拡張し普及していったとしても、小規模都市が隣接する都市を模倣したわけでも、そうした制度を隣接都市から取り入れたわけでもない。小規模都市は模倣したのではなく、むしろ同化されたのである。この違いは大きい。

自殺率が国家レベルで均質化されるという診断を、後の歴史は完全には裏付けていない。一九三〇年代以降、イギリス同様フランスにおいても、都市と地方の格差は再び拡大し、今度は都市中心部よりも自殺率がずっと高かった地方に被害が及んだからである。しばらくこのことはおいておこう。二〇世紀初頭の自殺率の曲線が反転し、大規模都市においてライフスタイルが均質化したことが重要である。「都市文明」の出現は、イギリスの場合にきわめて明確である。

イギリスのある歴史家によって一九八七年に出版された研究は、こうした傾向の反転に関するまとまった分析を提供し、説明に役立つ材料をもたらしている(2)。

過去二世紀、とりわけヴィクトリア時代（一八三七―一九〇一年）、エドワード七世時代（一九〇一―一〇年）のイギリスの自殺統計を分析し、オリーブ・アンダーソンは互いに関連する二つの事実に着目した。一方では、若年者と高齢者の自殺率の差がこの時期に拡大している。とくに大都市、なかでもロンドンにおいて、他の都市よりも差が際だっている。五五歳から六四歳の男性は、若者より一〇倍から二〇倍多く自殺する。他方、この時期の最初には産業化の進んだ大都市圏で非常に自殺率が高かったが、大都市と地方の自殺率の差は、次第に縮小し、ついには逆転した。とりわけ、若年男性においては、都市の自殺者数は地方のそれよりも非常に少ない。

エドワード七世時代（一九〇一―一〇年）、ロンドンは、地方よりも、若年女性の自殺が少なかった。これは六五歳以上の男女の自殺と同様の傾向である。こうした逆転現象は、個人にとって堕落の場所とも考えられる不健康でしかも無秩序に広がった大都市地域は自殺との結びつきが強いという、ヴィクトリア時代に流行した伝統的な説明を覆した。オリーブ・アンダーソンは、たとえばランカシャーの繊維産業が盛んな地域においては、産業の環境が高齢者よりも若年者にとって望ましいものになっていることを示し、この逆転現象を説明した。若年者は、たやすく仕事を見つけ、購買力を高めるような賃金を稼ぎ、当時の社会において若年の労働者として尊敬される社会的地位を享受した。産業経済の新しいテクノロジーとヴィクトリア時代の好景気は、若年者には有利に作用したが、新しい状況に適応することが難しい中高年の労働者には不利益をもたらした。

大都市は、次第により人間的かつ文明的になっていった。大都市の人々は、他の地域の人々よりも、豊富に上質な食物を食べることができた。幼い子どもたちは学校に通い始めた。死亡率は低下していった。ロンドンにおいて、生存者全体（人口全体）に比して自殺者数は減少する傾向にあったが、年間の全死亡者数と比較すると増加傾向にあるとオリーブ・アンダーソンは指摘することで、示唆的な尺度を利用している。自殺以外の死亡原因（病死など）の重要性が低下し、人々の健康状態が改善されていったので、死亡原因に占める自殺の割合は大きくなっていった。エドワード七世時代、イギリスの中で、ロンドンは最も自殺者数の少ない都市となった。若年者と高齢者の間の自殺率の格差は拡大していた。一九一一年から一九一三年の間に、六五歳の男性は一五歳から二四歳の女性の七倍自殺している。この時期の好景気は、ロンドンにおける若年労働人口と彼らの家族に、先の時期とは比較にならないほどよい生活条件を保障し、労働者階級は確固とした尊厳を享受していた。オリーブ・アンダーソンによれば、エドワード七世が王位についていた一〇年間は、「若い人々にとって、ロンドンの楽園が出現した時期」と一致している。彼女によれば、これが、ヴィクトリア時代とエドワード七世時代の間に、若年者および大規模都市居住者における自殺率が低下したことの理由である。六五歳以上の男女において自殺率の差が拡大したことは、所得が低下し高齢の男性労働者の価値と地位が下がったことと、他方家庭にとどまった女性はそうした経験をしなかったことによって説明される。オリーブ・アンダーソンはさらに、デュルケームによって直接的に影響された解釈を加えている。つまりそれは、高齢女性が、高齢男性に比べて容易に、子どもの世話や家事を行うことができたということである。また、母親は父親よりも子どもたちから支えられることが多く、愛情の絆も強かった。寡婦に対する年金は、貧困な女性にとって、より手厚かった。部屋に閉じこもった（飾り気のないふたつの部屋と樹木のない庭に閉じこめられる）退職生活に耐えることは、人生の大部分を「家庭の外」で過ごした男性にとって、女性よりも難しいものであった。

一〇〇年以上にわたって社会生活を解体させた後、イギリスの産業革命は結局、地方の荒廃をもたらしたが、それ以上に若年者、都市居住者、労働者に、物質的・道徳的な資源を与えた。二〇世紀の最初の数年間に、新しい自殺のパターンおよび自殺と経済発展の新しい関係が、イギリスにおいて徐々に構築された。こうしたパターンや関係は、一九七〇年代にオイルショックが先進諸国を揺り動かすまで続いたのである。

一九世紀から二〇世紀のフランス――自殺の展開の曲折

フランスは、一般的な傾向からはずれているわけではない。ただ、フランスは他の国とは異なるねじれによって特徴づけられる。過去二〇〇年以上にわたって、自殺の展開のカーブは、いくつかの異なった傾向をみせている（次頁の**図6**を参照）。

一八七〇年の戦争の時期を除き、一九世紀を通じて、自殺率は急速にそして継続的に上昇している。自殺率が最も高くなった時点で、デュルケームが着想し、『自殺論』を著した（一八九七年出版）ことは重要である。一九世紀の最後の数年をみると、一八九八年から一九〇四年に自殺がわずかに減少し、その後再び上昇している。一九〇六年から一九〇八年には、自殺率が一〇万人あたり二五人前後に達した。一九八五年、一九八六年、一九八七年という二〇世紀終盤の短期間に、自殺率が一〇万人当たりおよそ二三人となり、同水準に近づくことはあったものの、この歴史的記録は、その後も塗り替えられていない。

二〇世紀の自殺現象の展開は、一九世紀よりも線形から離れ、起伏のある動きになった。二〇世紀初頭から第二次世界大戦の終戦まで、自殺率は全体として低下傾向であり、一九〇八年の一〇万人あ

図 6　1827 ～ 2000 年のフランスにおける自殺率の推移

資料：INED〔国立人口学研究所〕。

たり二五人から一九四六年の一一・二人まで低下した。しかし、それは連続的というわけではなく、不規則な低下傾向は、散発的な上昇によってときおり変動している。一九一四年から第一次世界大戦の終戦まで自殺率が急速に低下し、一九二〇年から一九三〇年の間には全体として上昇し、第二次世界大戦の間には再び大幅に低下した。

戦後、自殺率は少し上昇し、「栄光の三〇年」の間、一九七〇年代の終盤にかけて、比較的安定する。一九八〇年代は、自殺率の上昇が急激かつ急速であった。その後、一八九四―九八年、一九〇六―〇八年というふたつのピーク前後の期間に近いレベルまで自殺率は再び低下した。

過去二〇〇年間にわたる自殺率の不規則かつ大規模な変動を、経済発展との関連においてどのように説明すべきか。その説明要因を、自殺した個人の直接的な環境や個別の家庭環境のなかに求めることは意味がない。というのも、自殺率のグラフが示す曲線と、フランス社会が過去一世紀に経験したいくつかの大きな転換に関して巨視的なレベルにおいて見られる傾向との関係を検討せざるを得ないからである。

まず第一に明白なことがある。デュルケームがすでに明らかにしていたように、戦争が自殺率の低下をもたらすことは、一八七〇年、一九一四年、一九四〇年にフランスが経験した過去の三つの「大戦」期の自殺率の急落により広く確認されている。デュルケームは、一八七〇年の戦争のときに、この現象に着目していた。ザクセン、プロイセンと同様に、フランスにおいて、一八六九年から一八七一年にかけて、自殺が著しく減少していたのである。この戦争から免れていた一八七〇年のイギリスにおいては、決して自殺の減少は見られなかった。「大きな戦争のような社会的大混乱は、集合的感情を活性化させ、愛国心や党派的精神、国家への信仰心や政治への信念を刺激し、同じ目的に向け行動を集中化させることによって、少なくともある一定の期間、社会の統合性を高める」(3)とデュルケームは述べている。

しかし、社会全体を揺り動かすような中長期の展開をとらえるとなると、経済的基盤について、(戦争の時期を除いて)生活の物質的条件、生活水準、利用可能な豊かさの総計と配分に関する指標を、探さなければならない。

すでにみたように、エミール・デュルケームは、危機こそが、自殺と経済成長の関連を説明する主たる要因であると考えている。三〇年後、モーリス・アルヴァクスは、デュルケームが用いた指標、財政危機を考慮に入れない物価指数をとりわけ批判した。アルヴァクスはまた、経済が自殺にもたらす純粋な影響力のみをとりだすことは非常に難しいということを強調した。一八八〇年以降の経済成長期(一八八〇—一九一三年)のドイツ、副次的にフランスに関して検討し、自殺と物価の関係は、このふたつの国において同じではないことを示した。ドイツにおいては、様相は明らかである。物価が上昇しているときに自殺者数は減少し、物価が下落しているときに自殺者数は増加している。フランスの場合、物価が下落しているときに自殺率が上昇することもあり、傾向は明白ではない。とりわけ、危機を唯一の主たる説明要因としてとらえるデュルケームの分析の原則そのものをモーリス・アルヴァクスは非難している。

危機それ自体ではなく、危機に続く景気後退の時期が自殺の増加を規定している。失業する労働者の困窮、倒産、破産は多くの自殺の直接的な原因ではない。ぼんやりとした抑鬱的な感情が、あらゆる人々の重荷になっている。一般的な活動性がなくなり、人々を超越する経済生活に対する参加が少なくなり、もはや彼らの関心が外には向かず、単に苦悩や物質的貧しさのみではなく、死を希求する個人の動機に関心が向けられているからである(4)。

アルヴァクスによれば、自殺をもたらすという意味で経済危機から大きな苦痛を受けるのは豊かな人々のみではない。

トマ・ピケティ(5)は、税に関するデータにもとづいて、二〇世紀全体について質の高い一連の経済指標を再構築した。一人当たり平均所得によって測定された購買力、平均世帯収入、所得分布において最も豊かな世帯により占められた割合、ブルーカラー労働者の平均賃金、一般平均賃金、消費者物価指数などである。GDPの時系列データよりも直接的なこれらの指標は、われわれの目的にまさに合致している。

こうしてピケティによって構築された一連のデータは、二〇世紀を通じて、「購買力のめざましい上昇」を明らかにしている。一九九八年のフランで調整された一人当たり平均所得は、一九九〇年から一九九八年に六・五倍に増加している。世帯収入は四・五倍に増加している。二〇世紀初頭には、平均的な世帯は一九九八年の社会参入最低所得手当（RMI: Revenu minimum d'insertion）〔生活保護〕と同程度の収入であったが、二〇世紀の終わりには、世帯規模が縮小したにもかかわらず、平均世帯収入は四・五倍に増加した。

しかしながら、購買力の上昇の割合（年平均およそ一・五四）は一定していなかった。それは、時期によって、GDPと同じ動きで変化していた。購買力の変化を示す曲線は、平均所得の増大に、いいかえれば一九〇〇年から一九九八年のフランス人の生活水準の上昇に、三つの主たるステージがあることをトマ・ピケティに区別させるものだった。

第一の時期（一九〇〇—四八年）は、二〇世紀の前半をカバーしている。この時期は、一人当たり平均所得の伸び率が〇・四二であり、平均所得がほぼ停滞していた時期といえる。

第二の時期（一九四八—七八年）は、第二次世界大戦後の幸福な三〇年間であり、一人当たり平均所得の伸び率は例外的ともいえる五・〇を記録した。

第三の時期（一九七八—九八年）は、一九七〇年代中盤以降の成長が大きく減速した時期である。一人当たり平均所得の伸び率は一・二二に落ち込んだ。

この三つの時期に関し、購買力と自殺率のグラフの曲線を重ね合わせ、曲線の動きと相関係数に注意を払うと、いくつかの結論が得られる（図6、7参照）。

図7　1900～98年のフランスにおける自殺率と購買力の推移

（自殺率＝1億人当り、購買力＝1人当り平均収入（1998年フラン換算））

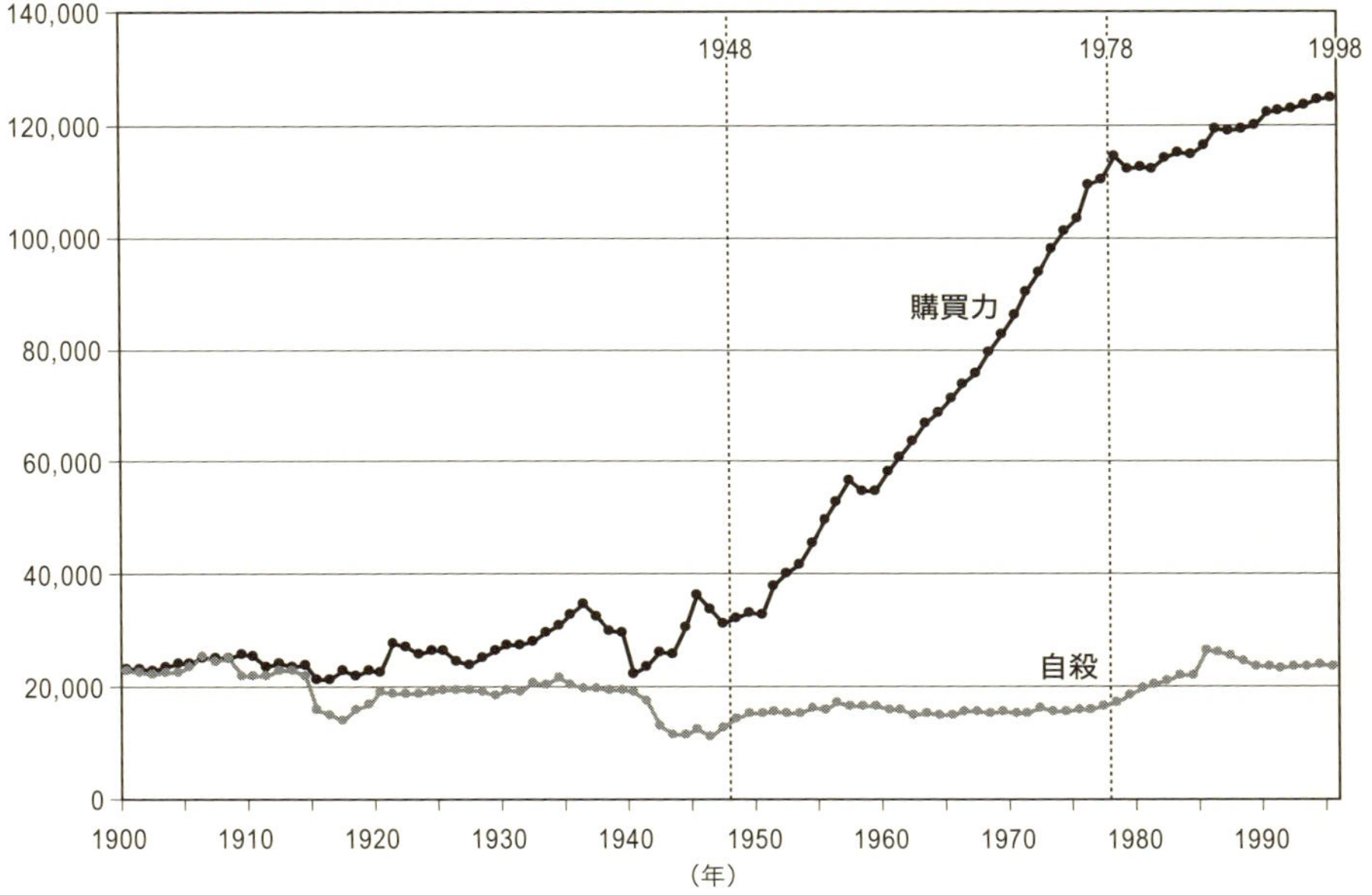

資料：自殺率：INED〔国立人口学研究所〕、購買力：Piketty（2001）。

自殺率が最も高くなったのは、二〇世紀の初頭と末期であった。自殺率が一〇万人当たり二五人にほぼ達したもしくはその水準を超えたふたつのピーク期（一九〇六年、一九〇七年、一九〇八年、および一九八五年、一九八六年、一九八七年）の経済状況は、まったく対照的であった。つまり、GDPで測定しても平均所得で測定しても、第一のピークの購買力の水準は二〇世紀で最も低く、第二のピークの購買力の水準は最も高かった。二〇世紀において、フランス人が最も貧しかった時期と最も豊かであった時期に、自殺率はほぼ同じ水準で最高レベルに達していた。給与所得者の購買力（一九九八年のフランで換算）は、二〇世紀初頭には二万五〇〇〇フランであったが、二〇世紀末には一二万フランに上昇した。それゆえ、自殺と絶対的購買力との関係は直接的なものではない！

最も低い自殺率（一〇万人当たり一〇―一五人）は、基本的に戦争の時期と戦争直後の時期に一致している。つまり、まず一九一六年、一九一七年であり、次に一九四二年、一九四三年、一九四四年、一九四五年、一九四七年、一九四八年である。第一次世界大戦よりも第二次世界大戦の時期には、自殺率と購買力がともに急激に低下している。一九四〇年の戦争は購買力を最も低い水準まで急落させた。この戦争は自殺率にも同じ影響を与え、一九四三年と一九四四年に自殺率は二〇世紀で最も低い水準となった（一〇万人当たり一一人）。自殺率と購買力の低下は同時に進行していた。つまり、戦争は購買力よりも大きな影響力を有していると考えられる。

トマ・ピケティが区分した三つの時期の間の自殺率と購買力の関係は、どれも等しく示唆に富んでいる。この時期を全体としてとらえると、自殺率と購買力にはほとんど相関がない（〇・一九）。購買力の変化をＧＤＰに置き換えたとしても、相関関係の向きは同じであり、係数も同じような大きさである。グラフの曲線を見ると、経済生活のリズムと自殺率のリズムは、まったく同じではないにしても、関連しているように思われるが、自殺率と豊かさの増大の関係は、直ちには認められない。

表3　自殺率と購買力の関係（1900〜98年）

1900-1948年		1949-1978年		1979-1998年	
購買力	自殺率	購買力	自殺率	購買力	自殺率
＝	−	＋	＝	−	＋

三つの時期それぞれにおいて、購買力と自殺率の関係は異なっている。

一九〇〇―四八年は、「混乱」の時期であるが、全体としてみると、購買力はほぼ停滞しており、自殺率は低下傾向にある。したがって、負の相関となり、相関係数はマイナス〇・三三となっている。

一九四九―七八年には、購買力が急激に上昇し、自殺率はほとんど変化しなかった。正の弱い相関であり、相関係数は〇・一四となっている。

一九七九―九五年は、成長のスピードが低下した時代である。しかし、一人当たり購買力はきわめてわずかではあるが上昇している（同時に一世帯当たり購買力は低下している。マイナス〇・〇一）。この時期に、自殺率は著しく上昇した。強い正の相関が認められ、相関係数は〇・六二となっている。

この一世紀の時系列データの興味深いところは、自殺と購買力の関係のさまざまな想定されるケースを明らかにしていることである。購買力が一定しているときには、自殺率は低下している。購買力が急速に増大しているときには、自殺率はほとんど変化していない。購買力が低下しているときには、自殺率が上昇しているのである。こうした知見から、「貧困が自殺から人々を保護する」というデュルケームの決定的な主張が二〇世紀のフランスには当てはまらないこと以外は、確かな結論を引き出すことが難しい。繁栄の危機が自殺のリスクを高めるとすれば、栄光の三〇年の間に自殺数は大きく増加し、のちに減少したはずであろう。しかし、データはまったく反対の結果を示している。三〇年間の高度成長の時期に自殺率がほぼ横ばいであることは、国際レベルのGDPと自殺率の共時的な関係(国が豊かであるほど、自殺率が高い)から引き出される結論に異議を唱えている。二〇世紀のフランスにおいて、自殺から人々を守るのは購買力の上昇であり、購買力の低下が、自殺率の上昇をもたらしている。二〇世紀の前半に購買力が安定しているのは、それが突発的な変動に満ちた経過を表わした平均としての傾向だからである。したがって、事実をより詳しく見るべきである。そして、経済発展の三つの時期のそれぞれに対して、グラフの曲がりくねったカーブを詳細に検討すべきである。

一九〇〇—四八年——自殺と経済成長の平行関係が壊れた時期

この時期はおそらく最も問題をはらんでいる時期である。最も長期間であり、経済的には最も低迷した時期であり、社会・政治的には最も異質性が高い時期であった(二つの世界大戦、景気後退、人民戦線……)。全体として、自殺と購買力の負の相関関係によって特徴づけられ、両者の関係のさまざまな想定されるケースを明らかにするので、われわれの目的にとっては最も興味深い時期である。

平均すると、購買力はこの期間を通じて停滞したが、全体としてみると購買力の停滞は一定でも、継続的でもなかった。購買力は一進一退を繰り返し、グラフの曲線にはでこぼこがあり、安定していない（図8参照）。購買力の混沌とした展開は、二つの世界大戦と一九三〇年代の経済危機によって引き起こされたさまざまな混乱によって説明される。一九〇〇年から一九一四年の間に、世帯収入の平均がわずかに上昇した。大戦期の生産の落ち込みは、世帯収入の平均を再び低下させた。一九二〇年代の復興と大きな成長は、戦前期と比較して、購買力をおよそ一五％上昇させた。一九二六年に再びインフレとなり、ポアンカレ政権が通貨安定策をとったこともあり、再び戦前期の水準まで購買力は低下した。経済は一九二八―三〇年に再度成長を始めたが、一九三一年からの経済危機はまたしても購買力を低下させた。ただし一九三〇年代は、購買力の完全な低下というよりも、購買力の停滞によって特徴づけられる。「第二次世界大戦とそれに伴う生産の低下により、平均的な収入レベルの購買力は二〇世紀フランスにおける最低水準を記録した(6)」。第二次世界大戦の結果、一九九八年フラン換算の平均的な世帯収入は、一九一四年の第一次世界大戦以前とほぼ同水準となった。第二次世界大戦以前の水準に戻るには一九四五―四六年まで、その水準を決定的に超えるには一九四八―四九年まで待たねばならなかった。購買力の進展に浮き沈みがある原因は明らかであるが、その各期間において購買力と自殺率がどのように関連しているかを詳細に検討しなければならない。

二〇世紀の前半に関して、トマ・ピケティが購買力の展開を分類した各時期を再び取り上げ、それぞれの時期について自殺率と購買力の関係を検証してみよう。

図 8　1900 〜 48 年のフランスにおける自殺率と購買力の推移

（自殺率＝ 1 億人当り、購買力＝ 1 人当り平均収入（1998 年フラン換算））

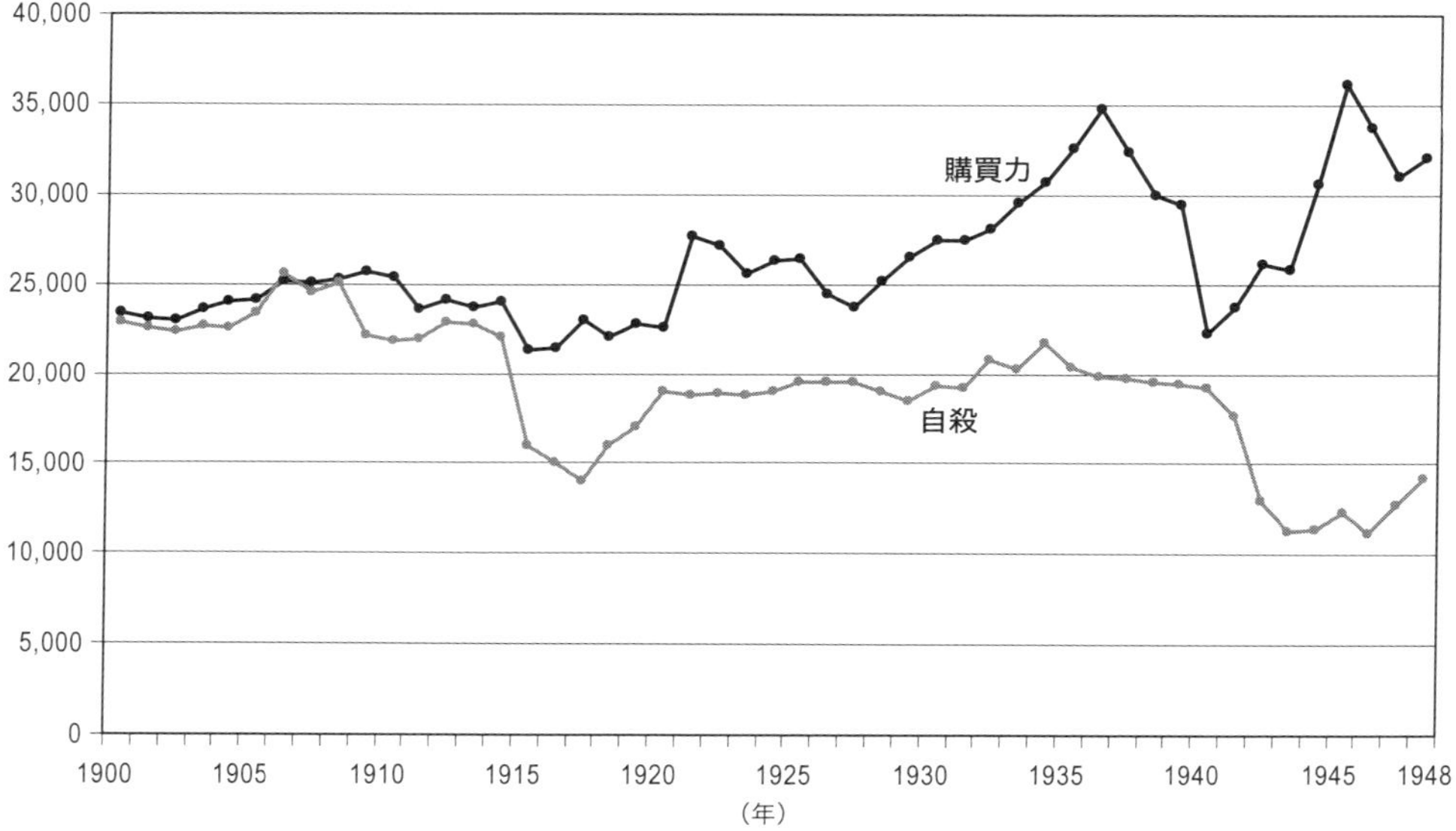

資料：自殺率：INED〔国立人口学研究所〕、購買力：Piketty（2001）。

一九〇〇―一三年：購買力はわずかに上昇。自殺率は上昇した後に低下。
一九一四―一九年：購買力は低下。自殺率も同様に低下。
一九一九―二五年：購買力は上昇。自殺率は横ばい。
一九二六―三〇年：購買力は上昇。自殺率は横ばい。
一九三一―三九年：購買力はわずかに上昇。自殺率は横ばい。
一九四〇―四八年：購買力は低下した後に回復。自殺率は低下。

二つの大戦の期間中、自殺率は低下し、購買力も低下している。つまり、二つの戦争は、二〇世紀の前半における自殺率急低下の唯一の原因である。なぜなら、二度とも戦後の自殺率は決して戦前の水準には戻っていない。この期間に、自殺率と購買力の間に最も大きい相関係数が記録されており、戦争は明らかに購買力よりも大きな影響力を有している。この非常に特徴的な期間を除くと、平和な時期は、自殺率と購買力のより良好な関係を促進しているようにみえる。購買力が上昇しているときには、自殺率はほとんど変化していない、もしくは低下している。それゆえ、豊かさは有益な影響力を持っていると考えられる。豊かさは自殺率の上昇を妨げ、ときには低下させるようだ。国家の豊かさが増したときに自殺率も上昇していた一九世紀には反対の状況であったので、この関係は新しいものである。

表4　自殺率と購買力の相関係数：同一年度および自殺率を1年ずらした場合（1900～48年）

	1900-1913年	1914-1919年	1919-1925年	1926-1930年	1931-1939年	1940-1948年
自殺率と購買力（同一年度）	0.39	0.67	－0.05	－0.50	0.06	－0.68
自殺率と購買力（自殺率を1年ずらした場合（N＋1））	0.60	0.22	0.93	－0.93	0.60	－0.85

同じ年の二つの変数の相関係数を算出する代わりに、自殺率の時系列データを一年間ずらすと、この傾向はより明確になる。そうすることにより、購買力の上昇や低下が、翌年の個人の道徳や行為に及ぼす影響を測定することができる。経済状況は自殺率に対し即時的な影響というよりもむしろ少し遅れた影響を及ぼすことを仮定しており、より現実に適合した仮説といえよう。測定方法の変更は観察された傾向を修正するわけではなく、自殺率と購買力という二つの現象の関係をより緊密にし、傾向を際だたせるのである。

この期間全体で見ると、購買力と自殺率の相関関係（相関係数は、二つの現象を同じ年において測定するとマイナス〇・三三、自殺率を一年間ずらすとマイナス〇・三七である）は、購買力の上昇と低下により変化し、断続的に弱まっている。より短期で、経済的に同質的な時期――傾向は上昇であれ、安定であれ、低下であれ――に関し、自殺率と購買力の相関を検討すると、両者の相関関係はより明確になり、デュルケームが考えていたのとは反対の方向になるのである。他の二つの期間ではどうであろうか？

一九四九―七八年――めざましい成長と自殺率の横ばい

自殺率と購買力の関係は、この高度成長期全体を通じて明確になり、直線的に推移した。購買力のめざましい上昇と自殺率の横ばいという先の時期に認められた傾向をはっきり確認するものであった（図9参照）。

まさしくそれゆえ、この成長期のもたらす社会的影響について考えなければならない。デュルケームの直観は否定され、一九世紀末のドイツに関するモーリス・アルヴァクスの見解が立証された。自殺者数は減少したわけではなかったが、平均して一〇万人あたり一五人という水準で安定していた。いいかえれば、戦争の時期を例外として、一八七〇年代末以来フランスが経験したことのない低水準で推移していたのである。戦間期の混乱の後、（フランスにとって）低水準で自殺率が安定したことは大きな転換を意味し、経済状況の特別な性格に関連づけて考えない訳にはいかない。購買力は三〇年間に四倍以上になっている。

一九五八年頃のインフレが再来した短期間には、自殺率がわずかではあるがはっきりと上昇していたが、[7] その時期を除いて、一九四八年から一九七八年の三〇年間にわたり購買力は安定して毎年上昇していた。栄光の三〇年に特有の経済成長の状況は、安心（福祉）と未来に向けた計画可能性を高める多くの要因を確かに蓄積した。これは、個人（完全雇用、生活水準の向上、就学率の上昇、キャリア、昇進）、世帯（出生力、不動産へのアクセス）、全体としての社会（社会保障、計画的な経済、共

図 9　1949 ～ 78 年のフランスにおける自殺率と購買力の推移
（自殺率＝ 1 億人当り、購買力＝ 1 人当り平均収入（1998 年フラン換算））

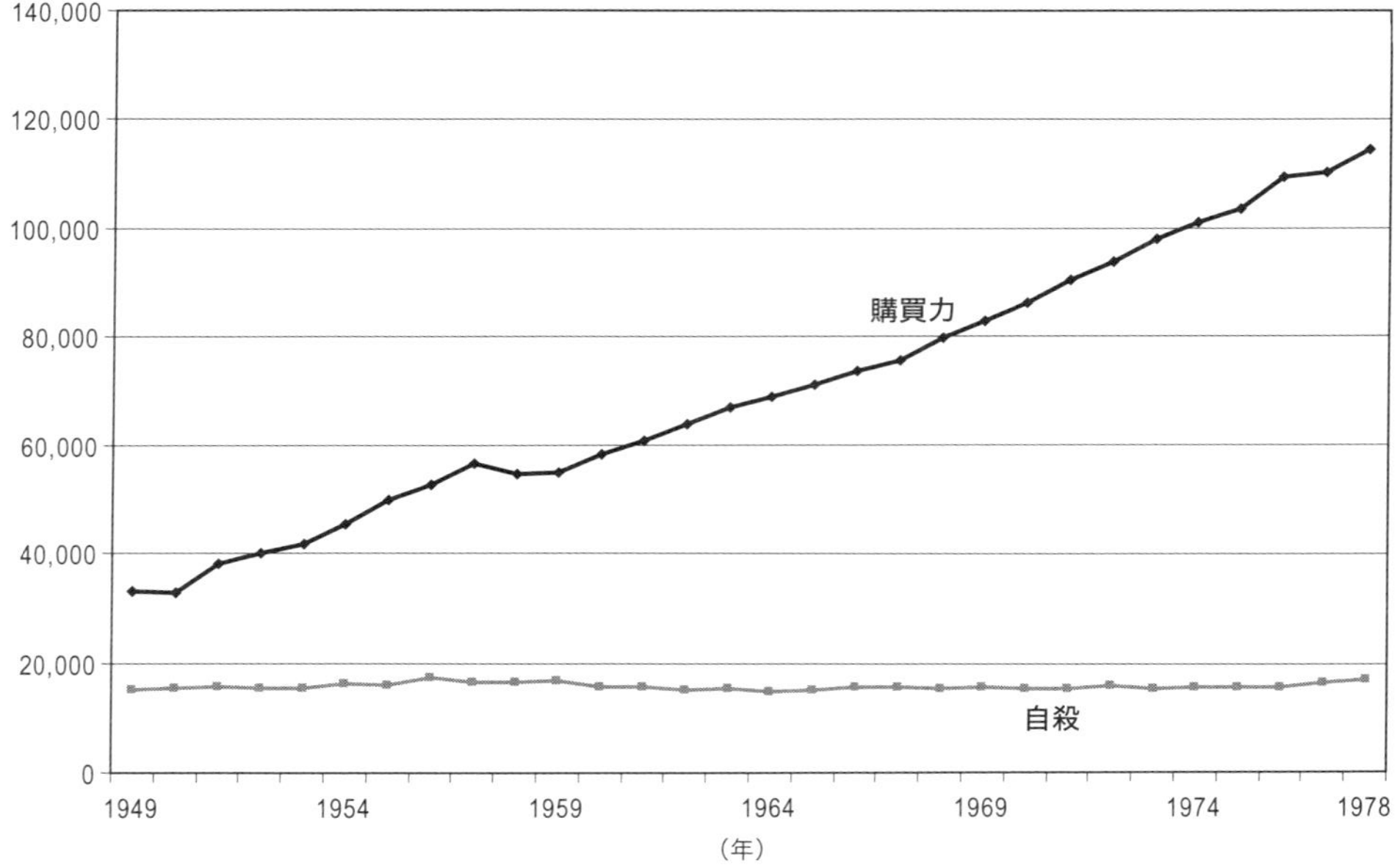

資料：自殺率：INED〔国立人口学研究所〕、購買力：Piketty（2001）。

同政府綱領、政党・社会集団・政治グループの枠内でなされるさまざまな社会的プロジェクト、社会的葛藤……）にあてはまる。こうしたすべての条件は個人を自殺から守るのである。

一九七九―九五年――経済成長が緩慢になり、自殺が再び増加した

経済成長と購買力の停滞、自殺率の急上昇によって特徴づけられる次の時期にはいると、事態は大きく異なることになった。自殺率は一九七〇年代半ばの一〇万人当たりおよそ一五人から、一九八五年には一〇万人当たり二三人以上となり、一九八六年には歴史的なピーク（一〇万人当たり二六人）が記録された。購買力に関しては、「上昇トレンド（傾向）が完全に止まったようである。……前の時期と比較して、生活水準の上昇のスピードが低下していることが現実となったのであり、なぜあれほど強く影響力が残り続けたのかを説明している。……一人当たり平均収入は、一九四八年から一九九八年に年五％の割合で増加しているが、この時期は一・二％にまで落ち込み、前の時期の四分の一という水準であった」[8]（図10参照）。

自殺率と購買力の相関係数は、非常に高い正の値をとっている（相関係数は〇・六二であり、二〇世紀で最も高い。自殺率を一年間ずらすと相関係数は〇・六八となる）。購買力は一〇〇から一一一に上昇し、自殺率は一〇〇から一二七に上昇した。したがって、両者ともパラレルに上昇しているのであるが、ひとつ異なる点がある。購買力はゆっくりではあるが安定した上昇を示しているのに対し、自殺率は一九八六年にピークを迎えるまで上昇し、以後低下し、一九九五年には一九九〇年のレベル

図10　1979〜95年のフランスにおける自殺率と購買力の推移

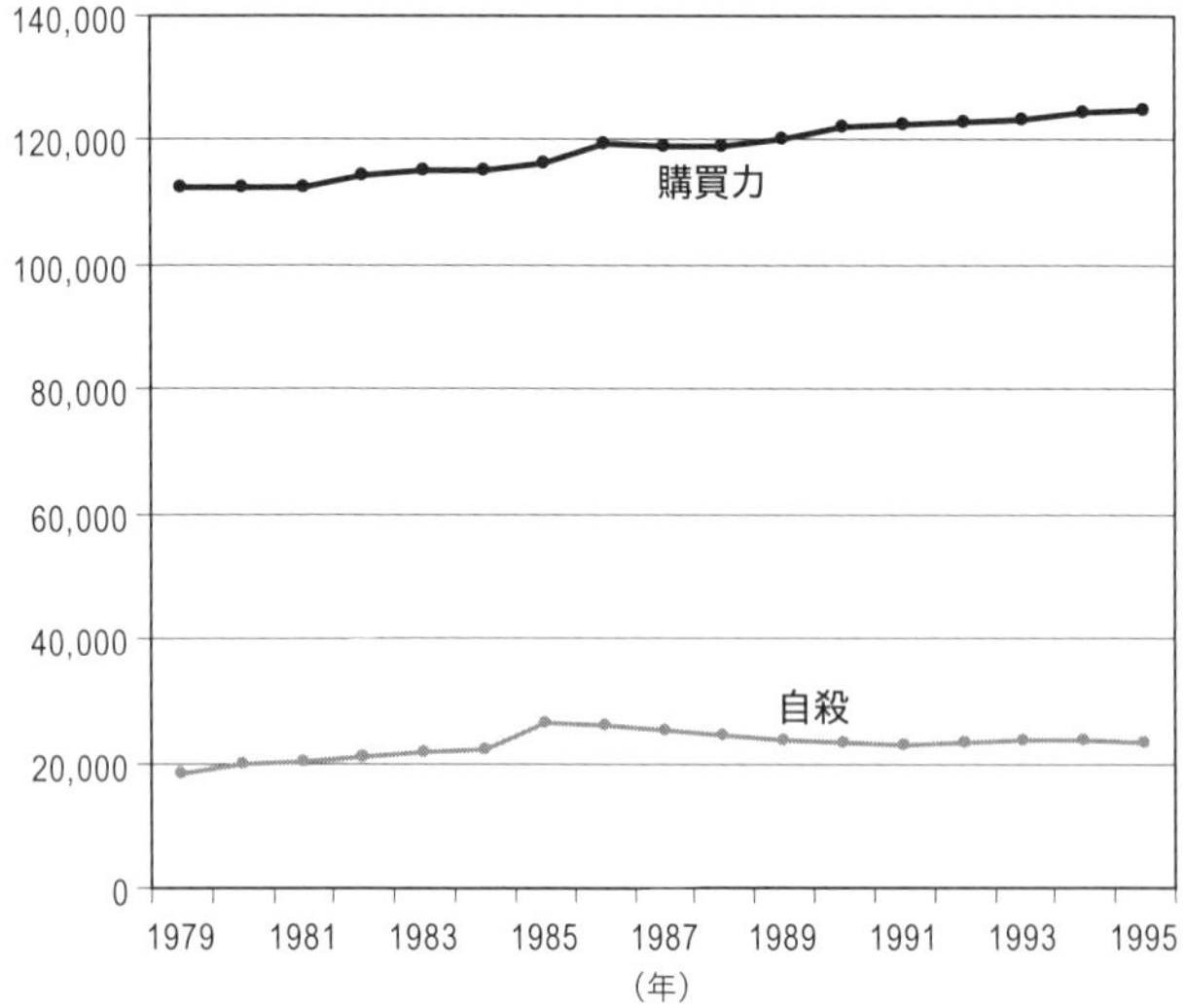

資料：自殺率：INED〔国立人口学研究所〕、購買力：Piketty（2001）。

に戻った。自殺率の上昇は購買力の増大の速度低下と結びついており、購買力の増減というよりもむしろ増加にストップがかかったことと結びついているようにみえる。他にどのようにしてピークとその後の一九八五―八七年の急激な変化を説明できるであろうか。購買力がゆっくりと安定して増加しいかなる中断もみられないときに、自殺率が最も高くなってから、低下傾向を示しているのはなぜであろうか。

この時期の自殺率の急激な上昇と一九七〇年代中盤のオイルショックに続いて経済生活が転換し、フランスに新しい社会環境がもたらされたことを関連させないわけにはいかない。一九七〇年代末は、経済成長の三〇年間に労働者が享受していた保護や社会保障の多くがとくに揺らぎをみせた新しい経済的な時期の始まりであった。長期的で一段と高水準の大規模失業が生じたことは、間違いなくこの時期の最も明白な特徴のひとつであろう。失業を背景として、経済生活の主たるファクターが混乱に陥った。国際的な競争と市場のグローバル化は、企業に新しい状況を受け入れさせた。つまり、一方では、企業の閉鎖や移転、解雇の大きな流れが生じ、他方では、労働の集約化、雇用の不安定化、労働時間の柔軟性の増大がもたらされたのである。さらにそのうえ、金融資本と株式投機の要請が、より専横的なものとなった。新しい経済状況のネガティブな影響力を分析し、コントロールしようとする人々の世界（社会学者、経済学者、ソーシャルワーカー、労働組合の活動家、政府顧問、政治家）において、排除というテーマが姿を現し、流行しはじめたのはこの時期であった。左派政権も右派政権もリベラルな措置をとった結果として、労働者を軸として給与により生活する社会全体を保護し、統合してきた絆にひびが入り、崩壊し始めたのもこの時期であった。ロベール・カステルは、こうした社会モデルが徐々に崩壊していく段階を詳細に分析した(9)。ひとことで言えば、社会経済生活の根本的な転換は全体として、不安定さと不安な感情を増大させるという効果をもたらしたのである。ひとつの新しい世界がまさに生まれようとし、同時にそれは不確かさの増大をもたらした。いずれにしても、社会経済生活の新しい方向性が苦悩と不安定さを生み出したことを、自殺率の著しい上昇が示していた。疑う余地のない次のような兆候もあった。二〇世紀を通じて、不平等は次第に縮小していたのである。しかし、オイルショック以後、この縮小傾向はスピードを落とした。上昇する自殺率と不平等の指標（上位一〇％の高所得者が占める課税所得のシェアによって測定される）の相関は、この最後の時期に、正の強い関係を示している。

フランスにおける統計データの再検討により、大戦の期間を除いて、自殺と購買力に明確な関係があることが明らかになった。まず第一に、分類したすべての時期において相関係数が高いことは、自殺が経済活動や購買力の変動に非常に影響を受けやすいことを明らかに示している。二〇世紀においては、購買力が増大しているときに、自殺率はほとんど変化していない、もしくは低下している。そして、購買力が低下、もしくは停滞したときに、自殺率は上昇している。

イギリスにおける変化の古典的な性格

イギリスについて利用可能なデータは、フランスのデータに比べると質が劣っている。年度別の自殺率の変化は、一九五〇年以降しか入手できない。一九世紀初頭から一九二五年までに関しては、五年間もしくは一〇年間ごとに集計されたデータを利用せざるを得ない。一九二五年から一九五〇年に関しては統計が欠落しており、われわれが見出したデータは後の年度のそれと容易に一致しないものであった。豊かさの指標に関しては、アンガス・マディソンによって計算されたGDPの再構成に依拠している。[10] この時系列データは尊重に値するものであるが、トマ・ピケティにより二〇世紀全体に関して構築された均質な購買力データの質には及ばない。したがって、ここで示す図表（**図11**参照）は、明らかな近似値を利用するという問題がある。

しかし、ひとつの傾向がはっきりと見出せる。一九世紀を通じて、そして一九二五年ごろまで自殺

図11　1820～2000年のイギリスにおける自殺率とGDPの推移

（GDP（1913年＝100）はアンガス・マディソンによる推計、自殺率＝1千万人当り）

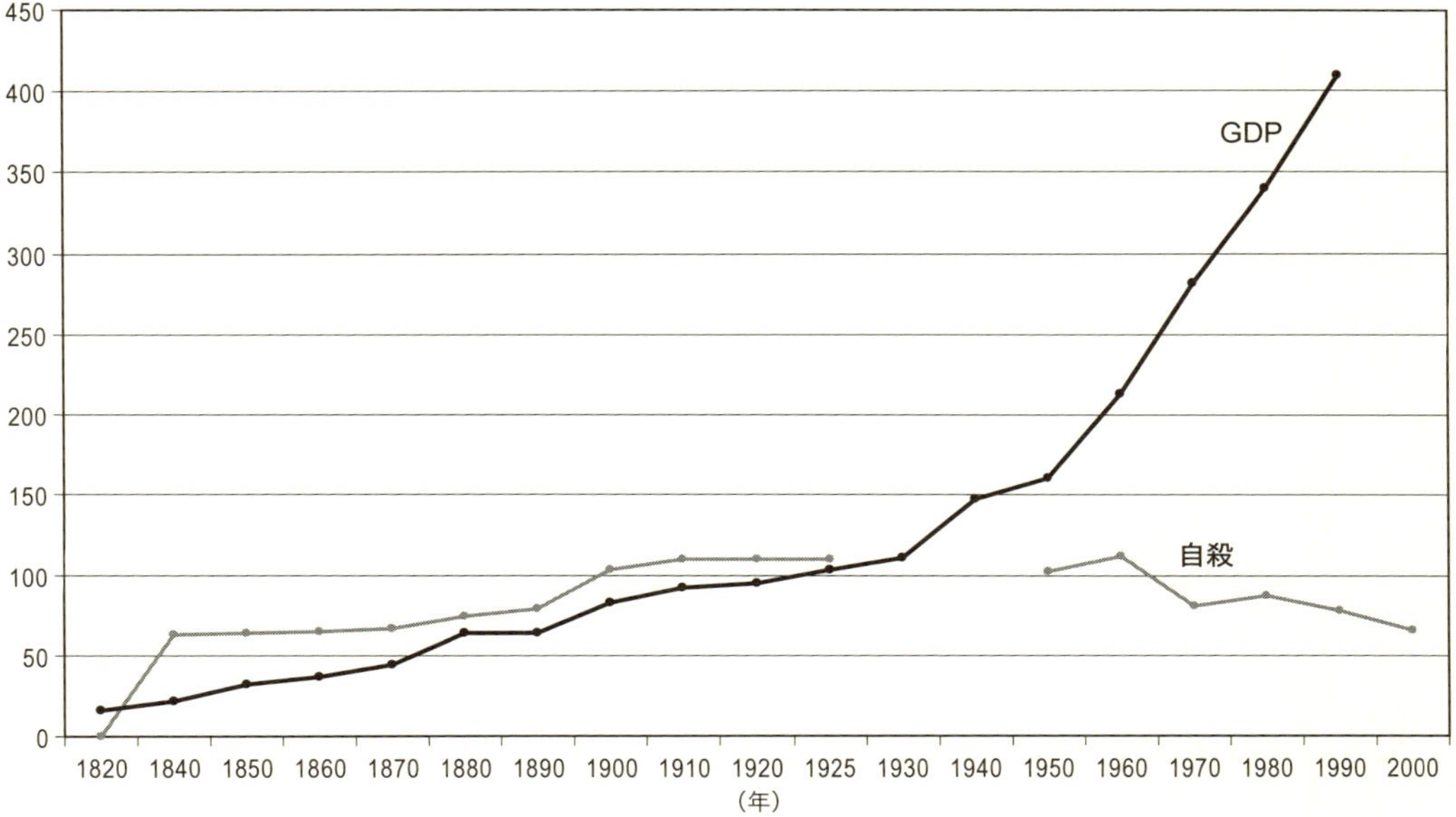

資料：自殺率：Office for National Statistics〔国家統計局〕、GDP：Maddison（2001）。

図 12　1950 ～ 2000 年のイギリスにおける自殺率と GDP の推移

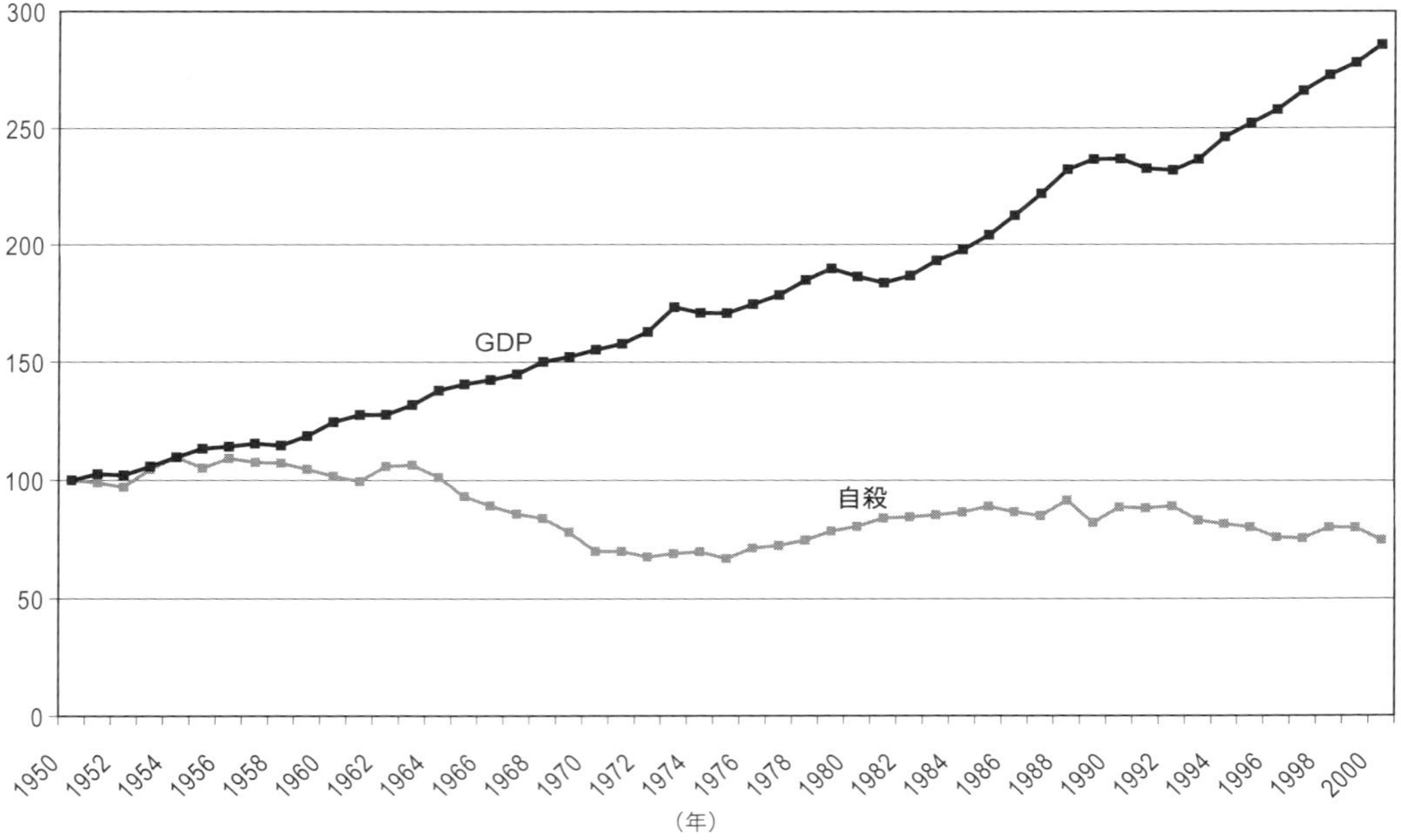

資料：自殺率：Office for National Statistics〔国家統計局〕、GDP：Maddison（2001）。

率と経済成長は対になって進行していた——国が豊かになるにつれて、自殺率は上昇している——が、その後両者の関係は反転した。一九二五年以降、イギリスがより豊かになるにつれて、自殺率は低下しているのである。

この現象は、二〇世紀の後半において、とりわけ顕著になった（図12参照）。それは、イギリスが絶え間なく成長していた時期にあたる。自殺率は一九五〇年代に少し停滞した後、明らかに低下し、フランスとは異なって、オイルショックの時期にも特に変化することはなかった。そして、それ以降、豊かさと自殺率は、相異なる道を進んでいった。

第４章　栄光の三〇年間

一九四五年から一九七五年の間に、産業化した国々の大半はかつて経験したことのない速度で豊かになった。この三〇年間で、オーストラリア、ニュージーランド、カナダ、スイス、スウェーデン、デンマークでは、国民一人当たりの富が二倍になった。ベルギー、フィンランド、ドイツ、フランスでは三倍になり、イタリアとオランダでは五倍になった。日本では八倍以上になった。一九七五年には、これらの国々はすべて、かつて伝説的だった米国の水準に追いついた。戦前にはこれら諸国の三ないし四倍あった米国の富は、一九七五年には三分の一だけ高いにすぎなくなっていたけれども。

さて、ダイナミックな経済成長で祝福されていた……と後からは目されるこの時期においては、一九世紀のデータから推定できるような自殺率の継続的かつ一般的な上昇はまったく観察されない。一九五〇年から一九七五年にかけて、オーストラリア、オーストリア、ベルギー、デンマーク、アイルランド、フランス、ノルウェーでは、自殺率は実質的に変化しなかった。スウェーデン、オランダ、アメリカでは、きわめて微弱な速度で上昇し、イタリアではわずかに下降し、日本とイギリスでは大幅な下降をみた。フィンランドは、この期間に自殺率が国民一〇万人当たり一五・五から二五・〇へと大幅に上昇した唯一の豊かな国である。

このような頭打ち、またこのような下降でさえもが、かなり高い水準で記録されているのは確かである。ある年について諸国全体を比較するとき、自殺率は豊かさの水準と明らかに連関している。つまり自殺率は、最も豊かな国々において確実に高い。しかし、これらの豊かな国々において、自殺率と豊かさの水準が、一世紀前のように同じ歩調で上昇することはなかったのである。

国家によって組織された経済成長

一九世紀の特徴は、古い伝統と地域的慣習の世界のなかに、生産と社会生活の新しい諸形態が突然出現したことであった。戦後の急速な経済発展は、かなりの程度準備され、また多くの場合計画されてさえいたものである。インフラストラクチャーを組織して新しい諸部門の成長を刺激しようとする国家の介入は、至るところでみられた。ジョン・メイナード・ケインズの思想は、国家の教義となっていた。その最重要の目的の一つであった完全雇用は、この時期ほぼ完全に達成された。ケインズは、完全雇用が市場の均衡から自動的に生まれるものではないということを明らかにしており、公的資源は、この目的に集中的に投下された。フランスでは、経済成長の速度と雇用の水準は、連続した四つの経済計画を通じてずっと中心的な優先事項だった。福祉国家の諸装置がこの枠組の一部となった。すべての行為者をいくつかの不測の事態から保護することで、彼らが経済成長の中で積極的な役割を演じることを可能にしたのである。最も貧しい世帯の収入の一部が、耐久消費財や住居の取得へと向けられることが可能となった。フォード社の生産労働者というアメリカ式モデルが一般的になった。それは労働者は生産労働力であると同時に、近代的産業の顧客となり、その資格で社会全体の需要を担う中心的な主体となるということである。そして経済危機の脅威は至るところで追い払われたように見えた。それで、ヴァレリー・ジスカール・デスタンは一九六〇年代に、主導的な経済計画と適度のインフレによって経済危機は完全に遠ざけられたと保証することができた。ほとんどの社会カテゴリーにとって、経済成長は予測可能な将来の一部となり、戦略を立てることが可能となった。このことは家族に関する調査でも示されている。自分の子どもたちは自分たちよりもよい条件で人生のスタートを切ることができると確信していた親たちは、この方向に向けての物質的・象徴的支援を行うことに専念した。多少なりとも長期にわたって変化による脅威にさらされていた社会カテゴリーは、転換の戦略を用いる、または国家が来るべき災難を部分的にでも吸収してくれるよう圧力団体を結成するという可能性を有していた。「栄光の三〇年間」の過程では、この予測可能性は本質的なものである。たとえばイタリアのように奇跡が起こる場合は、それはいつも告知された奇跡なのだ。この連続的経済成長の本質的な特徴として最後に挙げられるのは、それが本質において各国民国家の内部で展開したということである。数世紀にわたる市民共同体の構築によって、個人は社会そのものの行為者へと変容を遂げた。そして、国家が主だった経済大国となったとき、市民は経済世界の発展にはたらきかける現実のあるいは想像上の可能性を手にする。賃金鉄則〔平均賃金は一国において慣習的に必要とされる生活必需品に局限されるのが鉄則とするラサールの説〕はもはや過去の遺物のように思われる。国家が良い方向に向けて投資を行うよう個人あるいは集団の資格で闘うことで、望ましい変化は可能であり、かつそれは政治的決定次第だという感情をもつ。経済は、市場の不変の法則のみに委ねられているのではないのだ。経済は一般化されたアノミー状態におかれているというデュルケームの考えは、資本主義の荒々しい出現と、主たる社会的主体たちの無知の両方を反映するものであった。国家はそれまでに、大規模店舗規制、家賃の凍結、関税の引き上げ……などといった最も容赦ない直接的な影響を、無秩序的かつ票目当てのやり方で管理する羽目に陥っていた。経済学と統計学をもっとよく知ることで、市場経済の知的な統制が可能になった。つまり経済成長は、一九世紀の社会的文脈とは対照的な社会的文脈において起こったのである。一九世紀には、社会構造の変動は、経済成長のすべての局面を自殺率の上昇に関与させていた。しかし二〇世紀の後半において、もはやこれはあてはまらない。我々は、経済成長に関連するある種の変化は自殺を促進するが、ある種の変化は自殺を抑止するという仮説を立てることさえできる。それらが何であるかをこれから突き止めていくことにしよう。

自殺を促進する諸要因……

ある国がより豊かになれば、諸個人は物質的豊かさによってもたらされる最大限の自由を享受し、自分自身の生活をもっと自分でコントロールしようとする。彼らは、貧しさによって課されていた集合的桎梏から解放され、自分の運命をよりよく支配しようとする。彼らは、宗教よりも理性に信頼を置き、理解し合える配偶者とだけ人生を分かち合いたいと考え、欲しい数の子どもしか持たず、長生きするために、労働条件と医学の進歩を享受する。これらは、一般的な経済成長が個人の行動に直接もたらす影響であり、ある程度以上の水準の経済発展を経験したすべての社会で観察されるものである。ノルベルト・エリアスは、行動と振舞いの個人化へ向かう傾向が、「文明化の過程」と彼が呼ぶものといかに緊密に結びついていたかを、このようにして示したのである。

ところでデュルケームの自殺の社会学が明らかにしたのは、一九世紀においては、出生率の低下、離婚の増加、人口の高齢化と宗教的実践の減少、すなわち社会がより豊かになることで解放されたすべての諸力が、自殺を増加させる要因であったということである。これら諸要因は今日もなお、勢いを弱めるどころか、大いに力を増し世界中のますます多くの人に影響を与え続けているのだろうか？この問いに対する答えは、イエスでもありノーでもある。イエスというのは、これらの傾向の一つ一つを取り上げてみれば、それぞれは今なお自殺の増加の要因であり続けているからである。ノーであるというのは、二〇世紀の後半においては、豊かさによってもたらされた、直接・間接に自殺から保護する他の諸効果によって、それらが部分的には相殺されているように見えるからである。

伝統的な家族の紐帯の力を弱めるようなあらゆる変化は、自殺に有利に働く。これは、戸籍状況に関するデュルケームの統計学で最も確実な知見である。結婚と子どもの数は、自殺から保護する役割を果たす。一九五〇年から一九七五年に起こった変化によって家族は破壊されはしなかったものの、その制度的な見かけは変化した。しかしその保護の役割が家族から取り去られてしまうことはなかった。

すべての先進国において、出生率は終戦時に上昇した後に下がった。豊かさと出生率の関係は明らかにされている。さらに自殺と出生率の関係も、一九七五年について作成された図13で示されているように、同じ向きのグラフとなる。

出生率と自殺率の関係は、非常に重要である。この関係はＧＤＰが等しければ、はっきりと維持される。子どもの数が多いほど、自殺は少なくなる。この図13を見ると、ソビエトブロック諸国の積乱

図13　1975年における出生率と男性の自殺

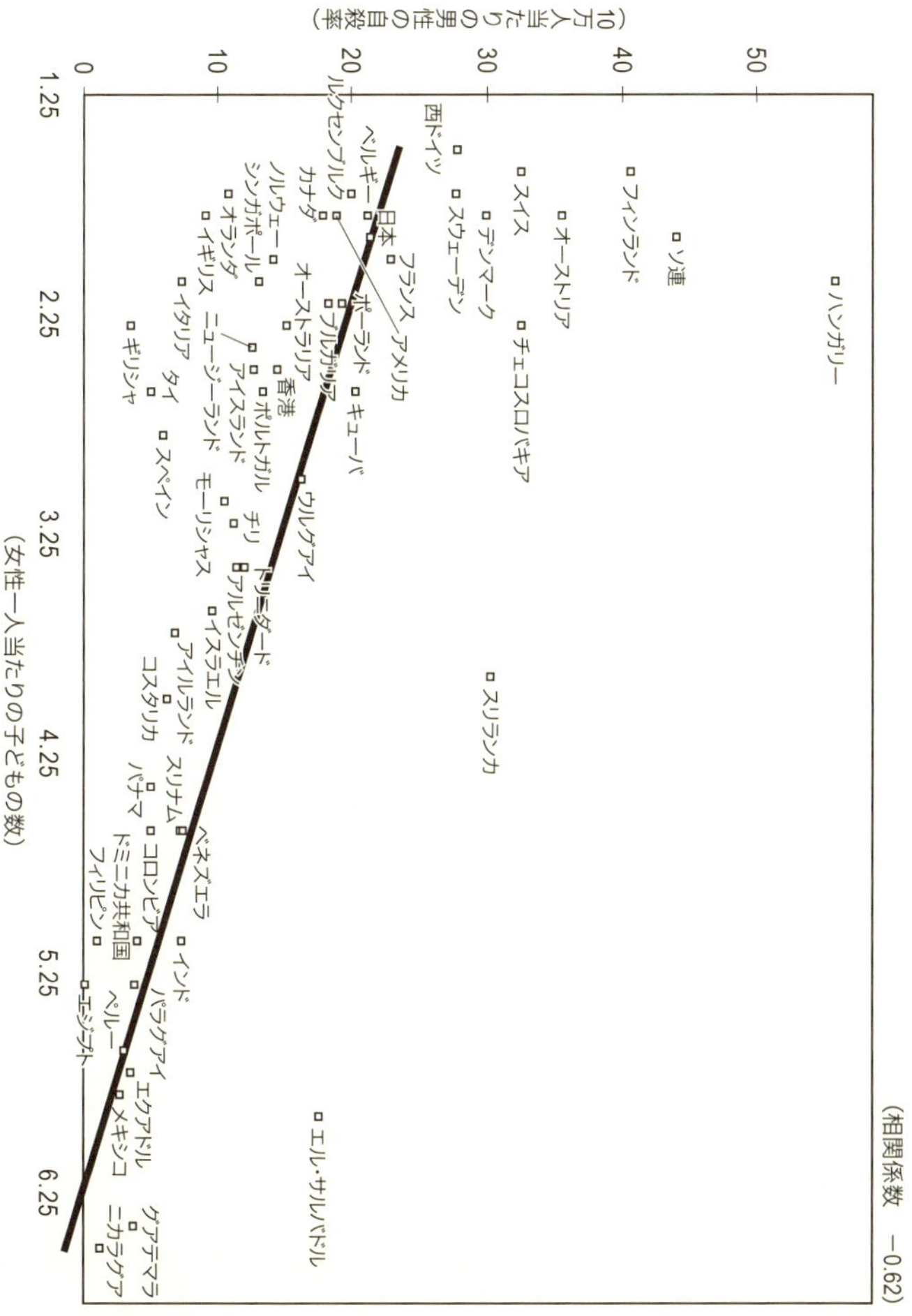

出典：PNUD, 2002.

雲が新たに浮かんでいるのに気づく。この国々は、低い出生率と比較的低いGDPという自殺を促進する二つの要因の影響を受けているようだ。実際、イギリス、オランダ、ノルウェー、アメリカ、日本といった豊かな国々は、東側諸国と比肩するほど出生率が低い(女性一人につき子ども一・五人)が、自殺率はずっと低い。経済成長の人口学的効果はリスク要因であるが、豊かさそれ自体は効果的な保護を保証しているようだ。二〇世紀においては豊かさと自殺の関係はもはや直接的なものではない。

つまり、経済成長が人口に与える影響は、出生率だけには限らないということである。個人の自発性と利害関心が集団のそれを凌駕するような社会的関係へと変化する動きは、西洋社会においては非常に長期にわたってみられる傾向であるが、それはまた離婚の一般化という形をとって、家族構造を弱めようとする。さて、離婚と自殺の関係(図14参照)は、一九世紀には打ち立てられていたのだが、二〇世紀においても同じ強さで維持されている。この連関は非常に強い。というのも一九九五年においても、これら二つの現象の連関は百年前と同程度に強固だからである。しかし、社会主義圏の諸国がここでも示しているように、自殺に直接影響を与えているのは豊かさではない。経済成長の水準が並以下でも離婚の頻度が高ければ、自殺率は非常に高くなるのである。

最後に、経済成長は、自殺に最も規則的に結びつけられる諸変数の一つ——人口全体の年齢——に対してほとんど機械的な影響を与える。ほとんどすべての国と時代において、後ほど言及することになるいくつかの例外と最近起こった変化は認められるにせよ、自殺率は年をとるにつれて急激に上昇

図 14　1975 年における離婚と男性の自殺

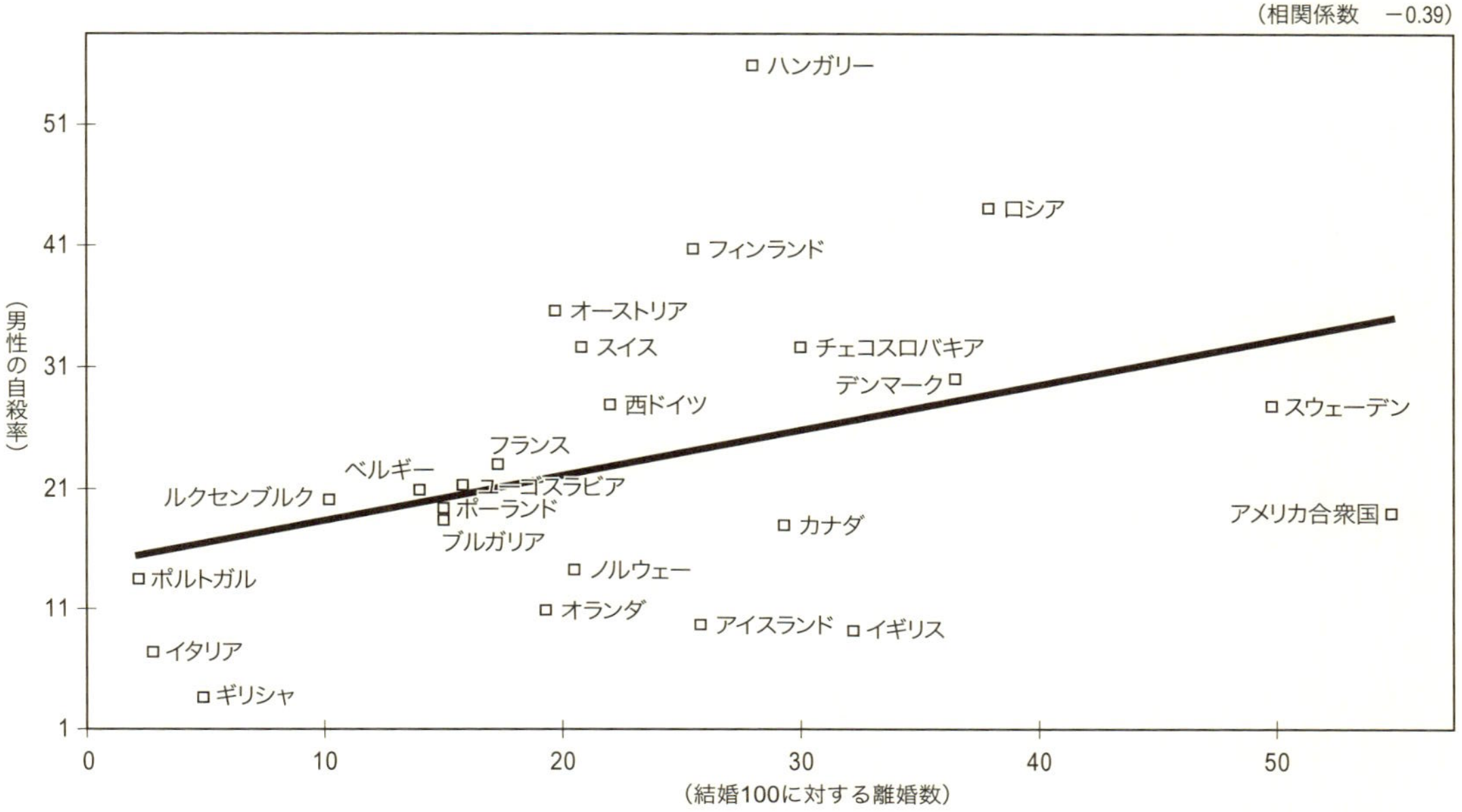

出典：J.-P. Sardon, INED, *Population*, 2004.

する。経済成長は、子ども一人の限界費用を増やすため、世帯あたりの子どもの数を減少させる傾向にある。その際、医学の進歩が有効な手段を提供している。他方、生活条件の改善と大規模な社会保障の実施によって、平均余命が延びた。こうして、両端で起こっていることの帰結として人口は高齢化する。つまり、若者は減少し高齢者は増加する。たとえばイタリアでは、一九五〇年と一九八〇年の間に一四歳から二五歳の男性の人口は三五％から三二％になった。この変化だけで、一年につき二四七の自殺増、つまり一〇万人当たり一がプラスされることとなった。この二〇年ずっとゆっくりとした速度で上昇してきた後、イタリアの男性の自殺率は一〇万人当たり一〇・一人で安定していたので、これは無視できない数値である。イタリアの人口の高齢化は一九八〇年から二〇〇〇年の間に再び加速し、一四歳から二五歳の人口は二二％に下落し、六五歳以上は一五％へと上昇した。これはすべての豊かな国に共通するメカニズムである。経済成長のもたらした効果が年齢ピラミッドの変容だけに限定されると仮定すると、すべての豊かな国において自殺率が増え続けることとなっただろう。ところが事実は大いに異なる。つまり、経済成長には、その正体を突き止められるべき自殺からの保護効果があったのだ。しかし、もうしばらく自殺を促進する諸要因の検討を続けてみることにしよう。

定期的な宗教的実践には、自殺を抑止する効果がある。デュルケームや同時代の社会学者たちは、一九世紀における宗教の保護的な役割を強調していた。今日の選挙に関する世論調査から、フランスで宗教的実践のあり方が変化している様子をかなり正確に推定することができる。『クロワ』紙〔フランスのカトリック系日刊紙〕によれば、二〇〇五年のヨーロッパ憲法に関する国民投票の前夜、定期的に教会に通うカトリック信者は、七％という少数派となってしまっていた。この割合は戦後減少し続けており、この減少がおもに世代交替と結びついているため、今後においてもこの傾向は続くだろうと考えられる。国の豊かさと宗教的実践の水準には非常に強い相関関係があることからもわかるように、この現象は絶対的に一般的である（**図15**を参照のこと）。国が豊かになればなるほど、その国の教会に通う習慣のある信者数は少なくなるのである。

ここでもまた、貧しくかつあまり宗教的でもない旧ソビエトブロック諸国の逆説的な状況がこの傾向を多少は緩和するとしても、これははっきりとした傾向である。そして、宗教的実践が自殺に与える効果は、さらに明らかである（**図16**）。特にアメリカがそうであるように、高い宗教的実践率を保っている豊かな国における自殺率は比較的低いのだが、東側諸国のように貧しく、宗教的実践率がきわめて低い国においては、自殺率は非常に高い。日本、フィンランド、ノルウェーは、非常に豊かな国であるが、宗教的実践率が低く、自殺率が高い。たしかに宗教的実践は自殺に対して特別な効果を持つ。宗教的実践と自殺の負の相関（マイナス〇・五二）は、ＧＤＰが等しければより強くなる（マイナス〇・五五）。この効果は予想されるものである。というのも宗教的実践は、個々人がその中で自分の人格的アイデンティティーを作りあげる社会的文脈を定義する要素の一つだからである。

自殺を増加させるこれら古くからある諸要因はすべて、経済成長の直接的な結果であるが、しかし戦後の時期においては、これらが一九世紀に発揮したような、自殺率を上昇させるに足るほどの力を持たなかった。つまり、「栄光の三〇年間」の経済成長には、自殺率を低下させるような効果を有す

図 15　1995 年における豊かさと宗教的実践

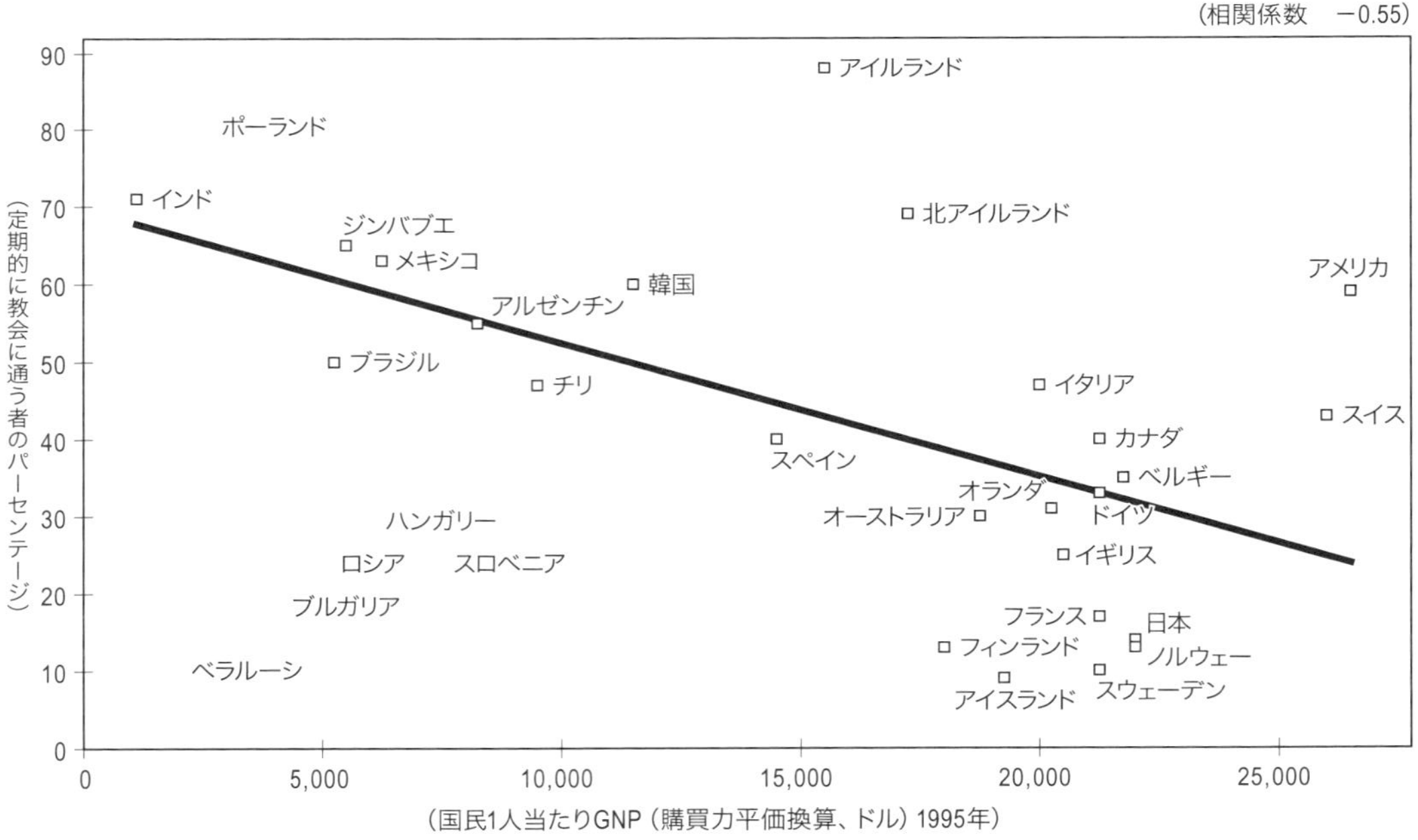

出典：R, Inglehart, *World Values Surveys*, 1995 et 1999.
(左下部の旧ソビエトブロック諸国は、正確な数値が存在しないため、推定値に基づき配置した。)

図16　1995年における宗教と男性の自殺

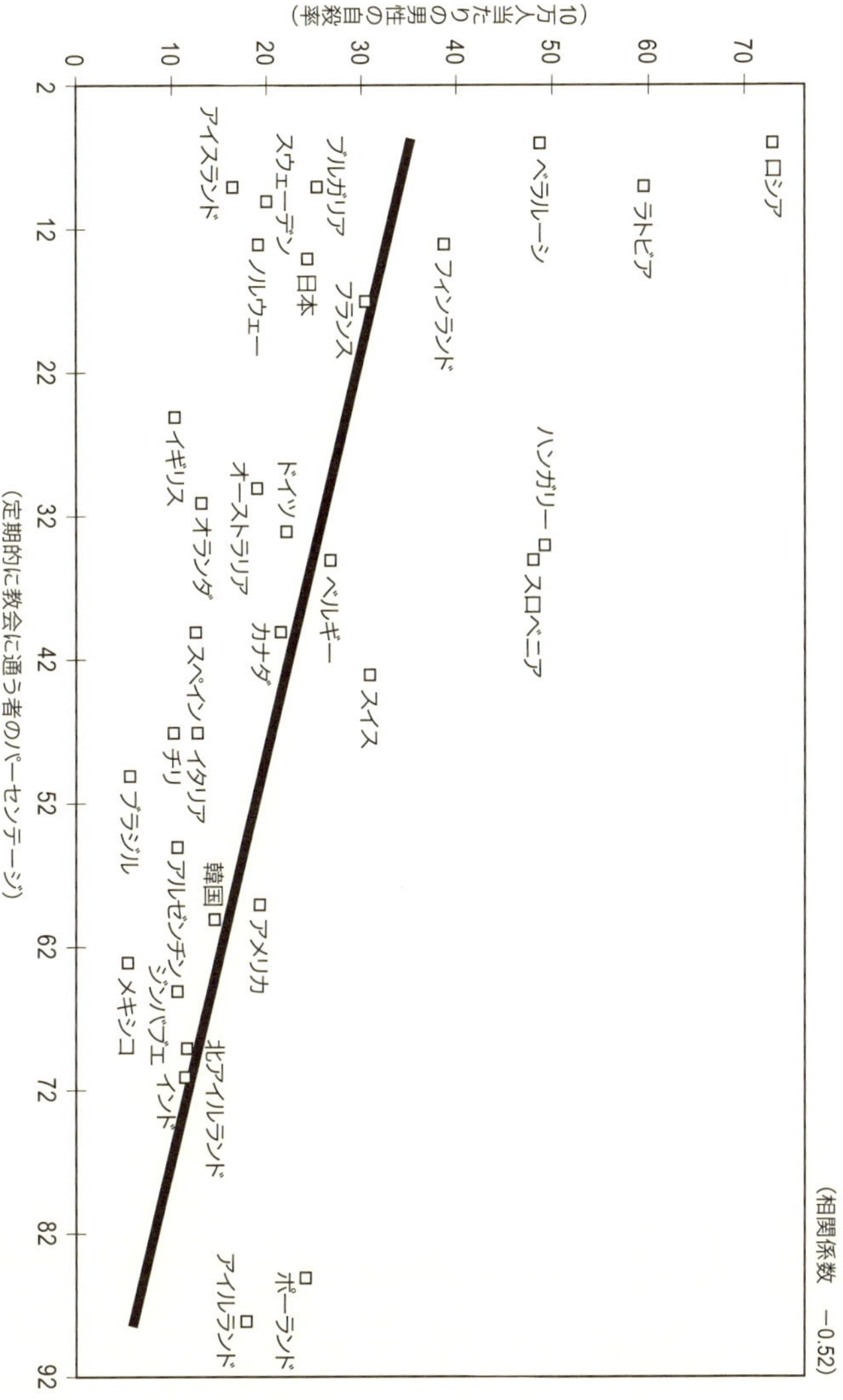

出典：R. Inglehart, *World Values Surveys*, 1995 et 1999.

る他の誘因が存在するのだろう。それらは何であったのだろうか。そしてわれわれはそれらの正体をどのように突き止めればいいのだろうか。

……そして自殺から保護する諸要因——創造的個人主義

一九九〇年代以来、ミシガン大学の政治科学の教授であるロナルド・イングルハートをリーダーとする研究者グループが、多くの国々の成員の行動の指針となるような道徳的諸価値を分類整理する試みを続けてきた(1)。この調査は多くの人々を対象としている。彼らの、ときに傲慢な物の見方のために、真面目な道徳社会学というよりは知的な乱闘といった趣がないわけではないが、その質問票には社交性、公共サービスへの信頼、死刑や教育の権威に対する態度などについての適切な質問項目が並び、自殺のような道徳社会学に属する問題に新しい視点をもたらすことを可能にする。彼らは、さまざまな国において支配的な価値システムを、二軸で構成される示唆に富むマップのかたちで描き出す(図17参照)。

縦軸は主に、人生における宗教の重要性、両親に自分のことを誇りに思ってもらいたいという気持ちの強さ、天国と地獄を信じるかどうか、安楽死と自殺に対する態度に関するものである。「伝統主義的な」諸国においては、大多数の者が宗教との関係で自分を定義し、安楽死、自殺、離婚に対して非常に批判的である。移民の制限に賛成する傾向がつよく、政治的には右派に位置づけられる。対する「非宗教的・合理的」な諸国は、これらすべての問題に関して正反対の位置を占めるという特徴が

図 17　世界における諸価値の空間の大きな極

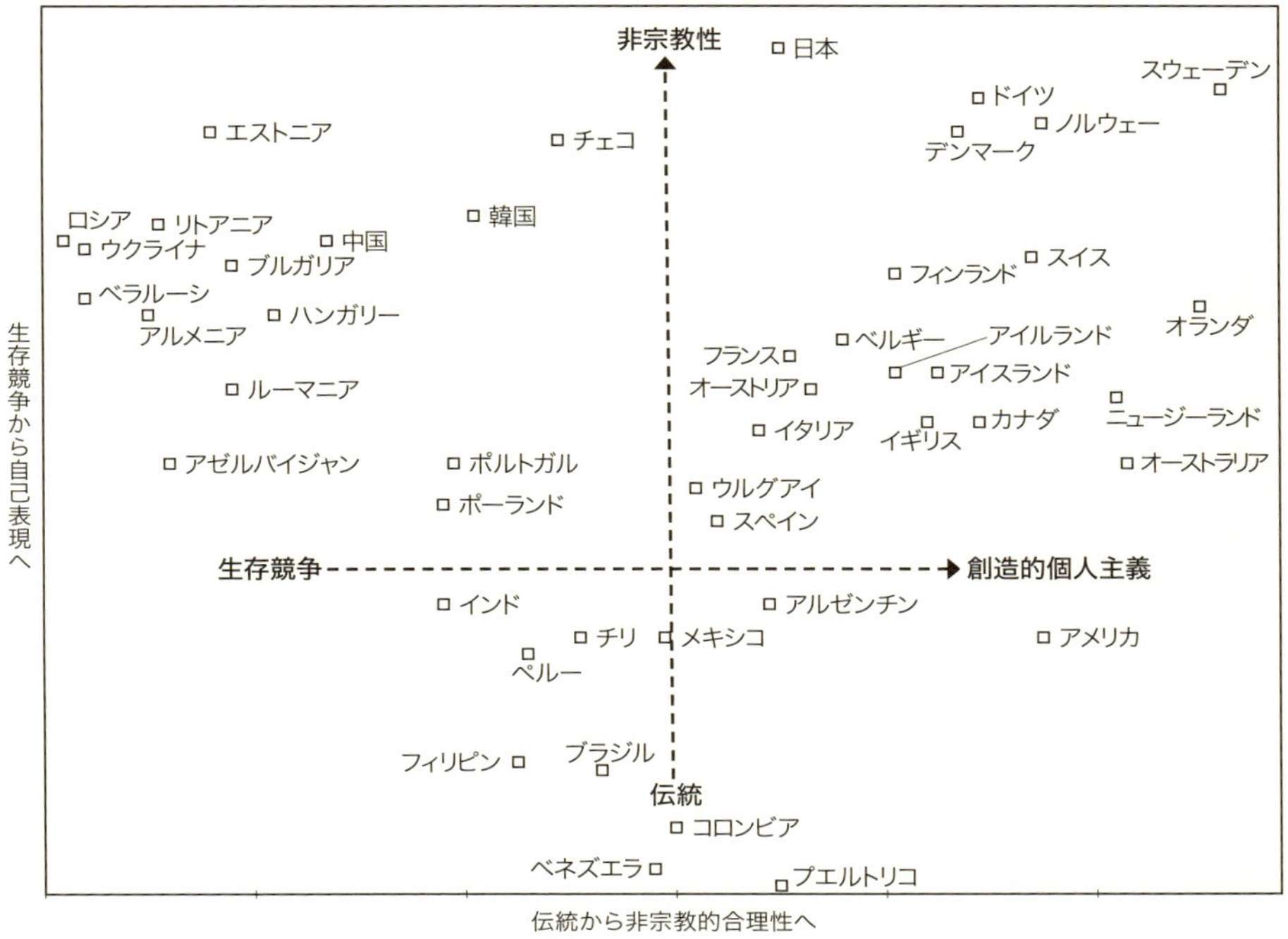

出典：R, Inglehart, *World Values Surveys*, 1995 et 1999.

みられる。つまりこれら国民の大多数は安楽死、離婚、自殺などのいずれにも抵抗感が弱い。

横軸は、とりわけ労働の意義に関係している。左側に位置するのは、「生存競争」という諸価値である。この価値を分かち持つ国の国民の大多数は、自分の置かれている物質的状況に不満を抱いていて、労働を収入と安定の源としかみなさず、仕事に向けられる個人的な関心やそれが生み出す社交性は副次的なものでしかないと考え、教育の主たる目的は、子どもたちに懸命に働くよう教え込むことだと考えている。この物質主義的な目的の障害となるものは、何であれ激しく排除される。

反対の極に位置するのは、教育と労働のどちらにおいても自己啓発が優先され、寛容と他者への敬意という道徳と、民主主義の優越に対する確固たる信念が重んじられている諸国である。ロナルド・イングルハートが「創造的個人主義」という名のもとにまとめたのは、「生存競争」という単純な価値とは異なり、個人に価値を置き、個人の資質と能力の承認に基づく集団を構成しようとするあらゆる価値である。これはデュルケームが批判した個人主義とはまったく異なる概念である。それは旧来の共同体を解体させる誘因などではない。創造的個人主義の重視とは、もはや個人を集団の対立物とみなすのではなく、集団のダイナミックな構成に寄与する各個人の貢献を認めるものである。労働の領域においてこそ、この増大する自己昂進が最もはっきりと現れる。労働はもはや、単なる生計の手段ではなく、自己実現の手段、個性の開花の源とみなされるのだ。よい仕事とは、一人の人間に自己を肯定させるものであり、その仕事の担い手に創造させ、革新させ、さらには「夢中にさせる」ものなのだ。状況が許せば、労働は個人にとって幸福の源泉にさえなる。この個人は、後世に残るような仕事をし、他者に奉仕し、自分の真の価値を認められ、そうすることで、最も深く根源的な自分の人格の諸特徴が表現できるという気持ちを持つ。平凡な労働者が芸術家となるのだ。今や最も重要な基準は、自分の力を傾注する対象となる仕事への興味関心である。自己表現としてみなされるこの労働への新しい関係のなかに、豊かな国における第三次部門の興隆と、とりわけ高資格の管理職や幹部に顕著な労働内容の高度な頭脳化に関連付けられる新しい組織形態の結果を認めることができる(2)。もっと一般的にいえば、豊かな国における労働組織の近代的な形態――第三次産業化がますます進み、製造業の度合いがますます減少しているのだが――は、労働の過程において個人により多くの自律性を与えるということだ。それらの形態は、諸個人に対して、よりいっそうの自己投資をし、また少し前までは彼らには許されていなかった自発性の発動を求める。このようにして社会システムは個人の創造性を求め、個人主義が社会的紐帯を生み出すことになる。たしかに人は離婚するが、でも人は自分の家族を再構成するのである。

自殺率とこれらの価値システムの各次元との関係が教えることは多い。縦軸については、何も驚くことはない。宗教、家族、政治の各伝統から離れるにつれ、自殺率は上昇する。個人を集団よりも重視する最も進化した社会では自殺率が高くなるという知見は、デュルケームの分析結果と一致する。最も豊かな国々では一般的に伝統主義の度合いが最も低いので、これは経済発展の予期せざる結果だということになる。この知見は、離婚、出生率の低下、宗教的実践の衰退が自殺を促進するという、われわれがここまでで明らかにしてきた諸結果とまったく矛盾しない（**図18**参照）。

しかし、第二の軸の反対方向の相関関係がより興味深いのは、その新しさのためである。どんな国においても、労働が自己実現や社交性に緊密に結びつけられるほど、「パンを稼ぐ」という純粋な次元が薄まり、自殺率は低下する。伝統から遠ざかった結果近代社会が失ってしまった保護力は、創造的個人主義の強まりによって部分的には回復される。ここでもまた、豊かさが一定レベルだと仮定すると、相関はより顕著となる。これに対して、伝統からは逸脱する一方で、労働に生存競争の論理しか認めてこなかった国々は、二重に罰されることとなる。これが旧社会主義圏の諸国の場合である。

もしこれをイングルハートのマッピングに位置づけるなら、自殺率は非常に示唆的ならせんを描く。

――強い伝統主義と生存競争の価値をあわせ持つ貧しい国では、自殺率は最も低い。ペルーでは、一〇万人当たり〇・六、フィリピンは二・五、メキシコは五・四である。

――豊かで、かつ伝統に非常に重きを置いている諸国においては、自殺率はより高くなるが、豊かさの水準からすれば比較的低い。これが、一〇万人当たり一一のイギリス、約一三のイタリアとアメリカの場合である。

――弱い伝統主義に創造的個人主義が結びつく諸国においては、自殺率はより高くなる。つまり伝統との訣別からくる保護力の喪失を、創造的個人主義がカバーしきれていない場合である。これが三〇・四のフランス、北欧諸国（スウェーデン三〇・九、フィンランド四三・四、デンマーク二四・二）の場合である。

――最後に、伝統を消し去ったことによる保護の力の不在と、生存競争の価値を兼ね備える諸国で

図18　伝統から非宗教の価値へ

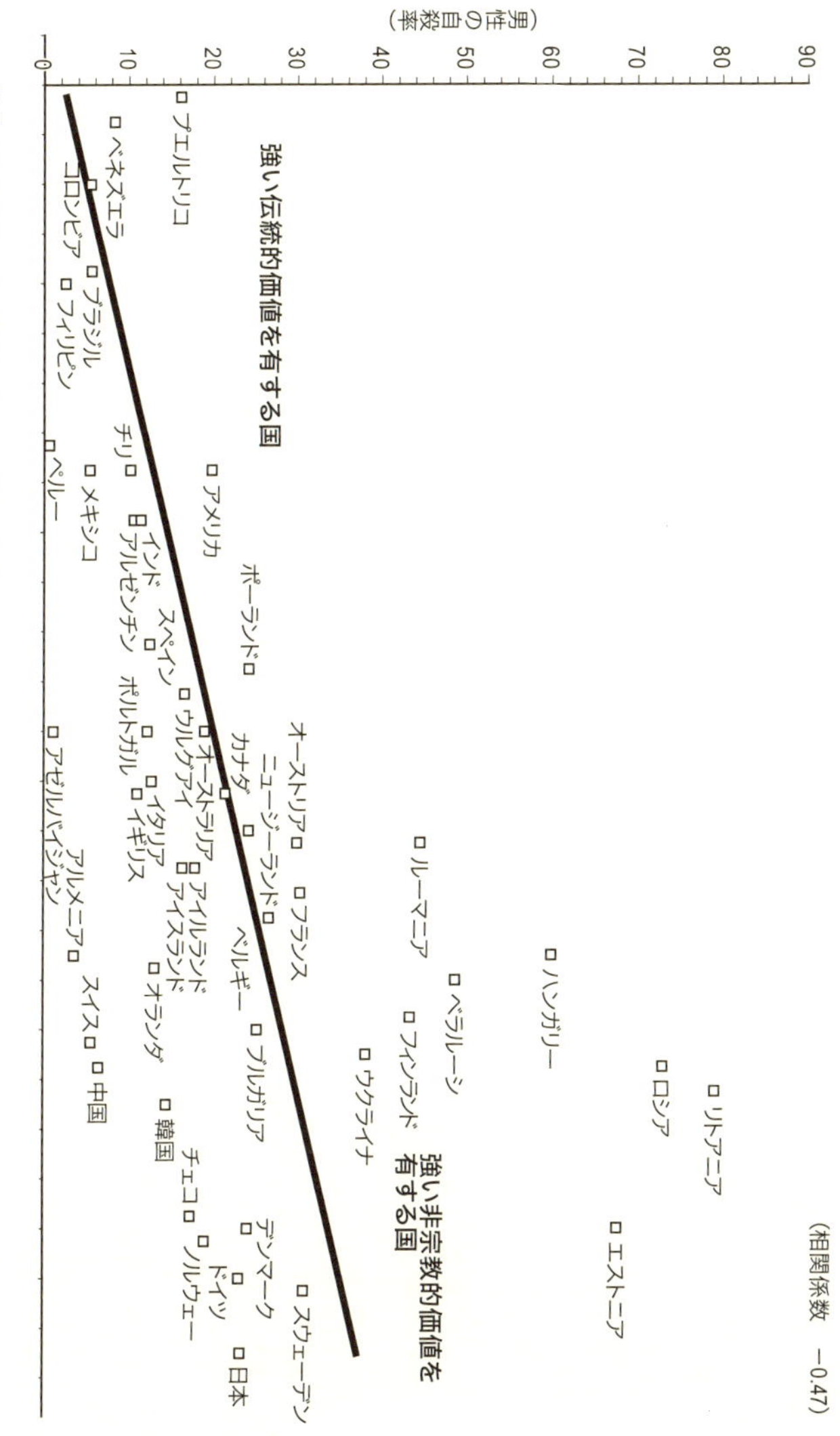

出典：R. Inglehart, *World Values Surveys*, 1995 et 1999.

は、自殺率が最も高くなる。エストニア六七・三、リトアニア七九・一、ハンガリー五九・九。

あるカナダ人の研究者が、ロナルド・イングルハートが収集したデータを基に、国民一人あたりの可処分所得単独の自殺への効果を分離させたいと考えた。ヴァンクーヴァー大学の経済学の教授ジョン・F・ヘリウェルというその研究者[3]は一一七カ国についての分析を行って、一般的に相関している五つの主要な変数が、単独で自殺に与える効果を測定しようと試みた。この五つの変数とは、

- 社交性
- 他者に対する信頼
- 神への信仰
- 離婚の多さ
- 国民一人当たりの所得

である。

こうして彼は、他の変数が不変であるときに、これら各変数が自殺にもたらす効果を推定することに成功した。彼の得た知見はつぎの通りである。

社交性、他者に対する信頼、神への信仰は、それ以外のすべてが等しいとき、自殺のリスクを減少させる。離婚が多ければ、自殺のリスクは上昇する。国民一人当たりの富それ自体は、自殺からの保護効果をもつ。このことが意味するのは、貧困によって自殺から保護されているというデュルケーム

の見解から非常に隔たったところにわれわれがいる、ということである。事実、豊かさは直接的な保護の効果を有しているようである。さらに豊かさは、間接的な保護の効果を有する、というのも、社交性と他者に対する信頼は、貧しい国よりも豊かな国において強いからだ。経済成長はまたある種の保護的要因を減ずる効果をも有する、というのも、大まかに言って、それは信仰を弱め、離婚を促進するからである。

確かに、この世界的規模で実施される価値観に関する調査（世界価値観《ワールド・バリュー》）には、いくつかの明らかな弱点と際立った北米的自文化中心主義がある。宗教的実践に関する尺度（「教会に通う《ゴートゥーチャーチ》」）は、プロテスタントの教会であれ、仏教寺院であれ、ヒンドゥー教の礼拝所であれ、モスクであれ、すべての国において同一のものが用いられる。質問票で調査され確認される諸価値は、諸民族それぞれの世界の認識のしかた、公衆道徳、個人道徳における個別性を明るみに出すような民族学的フィールドワークというよりは、西洋諸国に広くいきわたっている諸意見を世界的規模で敷衍したものの領域に属す。比較できることと、図表という単一の空間にすべての国を位置づけることを優先させたため、事実を歪曲してしまうような単純化が避けられないのも確かである。しかし、この一連の調査で得られた結果を文字通りには受け止めないとしても、質問票がそれなりに適用できるような豊かな諸国における自殺の変化を、新しい角度から検討することができるとは言えるだろう。自殺と伝統的な諸価値からの解放（不可知論、離婚など）との間に強い連関が確認されたことで、経済成長の時期においてさえ、先進諸国では自殺率は高い状態で維持され、一九世紀の産業革命以前のような低水準には決して戻らないことの理由が説明される。資本主義的経済発展の一帰結でもあり、また同時にその前提条件の一つでもある個人主義の興隆は、自殺の促進要因をもたらすことになったのだ。

しかしこの第一の結果によって、より掘り下げた調査に着手する必要を感じさせるもう一つの結果の存在を隠すべきではない。豊かな国の、そしてとりわけその職業領域における、自己実現と創造的個人主義に関連した諸価値の興隆によって、先の個人主義の否定的な効果の軽減や相殺が起こる。同様の反転は、二〇世紀の前半に都市化とともに生じた。大都市は、一九世紀においては自殺のリスクを増大させたが、二〇世紀には減少させる。先進社会は豊かになるにつれて、街や労働の場で、共生するための新しい方法を作りだすことに成功した。それは教会を中心とした村落共同体で支配的だったものとはまったく違った連帯を生み出すものであり、必ずしも孤立をもたらすものではなかった。デュルケームによる自殺の分析ではほとんど言及されていないことだが、労働の領域は今日では戦略的領域の典型であり、矛盾するようだが、そこでは個人と社会とのあらゆる関係が結ばれ、個人が重要な役割を果たしている。職業活動によって、他者の眼に映る個人の社会的アイデンティティーと、自分の人格的なアイデンティティーの主要な部分が構成されるのである。人格を職業に同一視する圧力は非常に強く、それは日常言語に組み込まれてしまっている。たとえば、「私は教師だ」、「私はTGV〔新幹線〕の運転士だ」、「私はレジ係だ」という具合に。新しい組織形態が一人ひとりの労働者に対して個人として仕事にいっそう身を入れるように駆り立てる圧力が強まるにつれ、仕事での成功や失敗は、実存への評決となる。労働者がプロジェクトに個人としてかかわるよう要求されると、それが成功しなかった場合には自分がその失敗の唯一の責任者であると思うようになる。他方成功した者は、自身の職業上の成功が、自分を安心させ、自信をもたせ、生の飛躍《エランヴィタル》を増幅させるということを感じるのだ。

以上が、先進諸国が第二次世界大戦後に経験した、計画された経済成長で幸福に酔ったような時期に、国によって自殺率が減少したり、または上昇しなかったりした理由である。デュルケームの基本的な語彙にとどまるならば、経済発展と労働の新しい諸形態は、諸個人間の新しい統合のかたちをつくりだすことに成功したということになるだろう。

ロナルド・イングルハートの調査と、創造的個人主義と自己表現の諸形態の評価についての彼による説明は、われわれにまた別のことを教えてくれる。彼はそれについて何も触れていないが、彼が描きだす個人主義の新形態は、先進諸国の社会的ピラミッドのすべての階層において存在し等しく共有されているわけではない。労働の幸福は、諸条件が満たされてはじめて実現する。こういった条件はパートタイム労働者やファーストフード・レストランの店員よりも、学歴や資格を必要とし、報酬が多く、知的で、安定雇用が保障された職業においてみられることが多い。自分が与えるものと受けとるもののバランスがつりあっていると、自分の職業的貢献はそれだけいっそう認識されやすい。金銭が人を幸福にするわけではないが、金銭は職業上の幸福の強力な要因である。実際、働いていて幸福であると最も声高に主張する人々は、聖職者を別にしては、自由業、上級管理職、企業の社長、教員

図 19　生存競争の価値から自己表現の価値へ

(相関係数　−0.27)

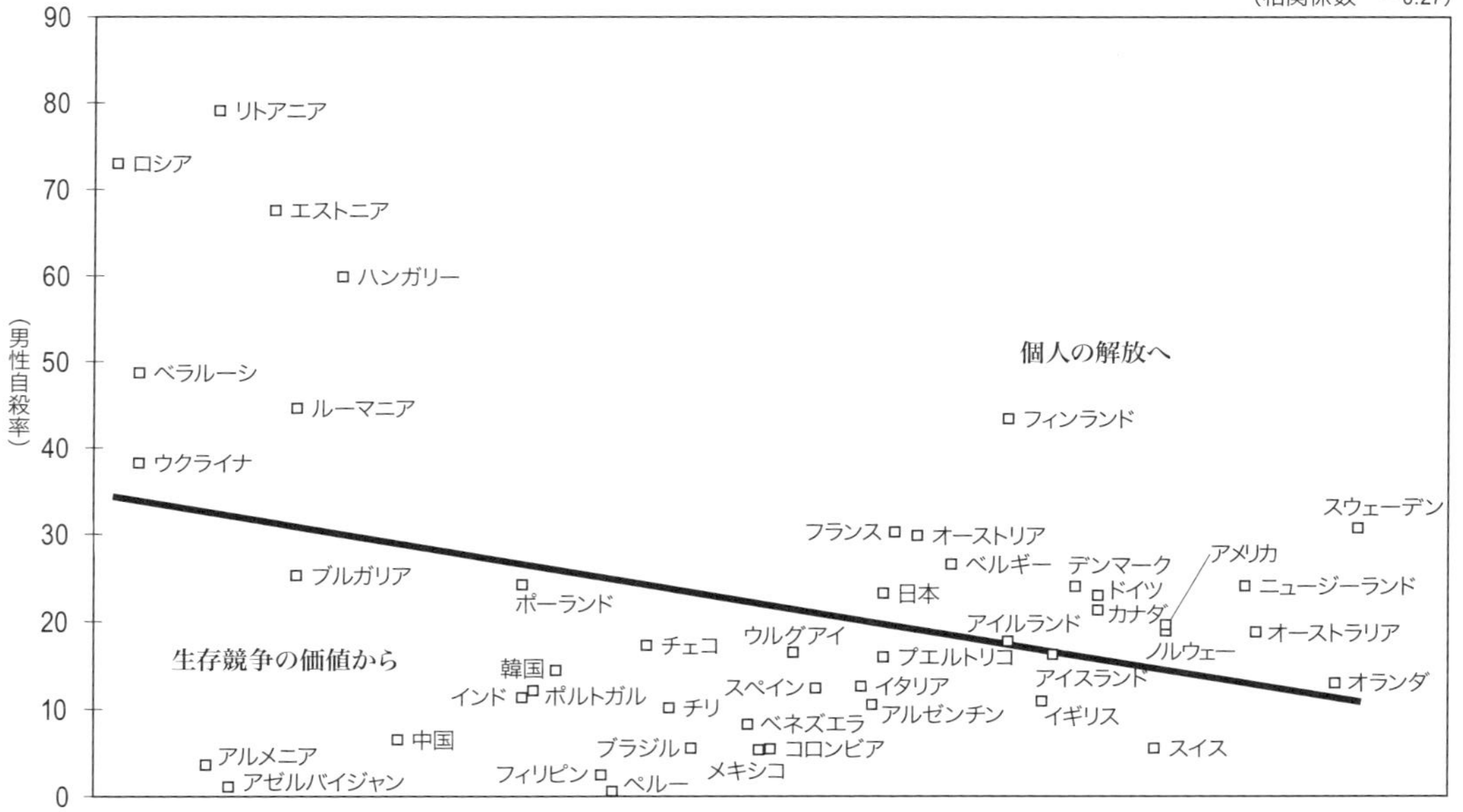

出典：R, Inglehart, *World Values Surveys*, 1995 et 1999.

といった人々である。これらはいずれも社会的に評価され、仕事の中に自発性を発揮できる余地が大きい職業である。(4)この自発性には、自己表現が可能で高い威信を享受していると一般的に見られているような職業選択をなしえたことも含まれる。つまり、先進社会の上層部分がとくに、自信、エゴの満足感、自らのおかれた環境へのスムーズな同化という戦略的領域において、経済発展の最もポジティブな結果を享受しているのである。よって、こういった上層のカテゴリーは今や自殺のリスクから最も保護されているとしても、驚くに値しない。二〇世紀にはそうでない時期もあったのだが。この点については、また後で論じることにしよう。

こういうわけで、二〇世紀にはもう経済発展と自殺率の間の直接的連関は消失してしまった。数多くのデータが示唆するように、一九世紀において直接的な責任があったのは、経済発展ではなく、条件または結果として経済発展に結びついていた社会的大変動の総体なのである。経済発展がより予測可能なかたちで進行するような社会では、行為者はそこに自分の個人的な戦略を組み込むことができる。そのため豊かさの進行が、自殺率の不可避で継続的な上昇を意味することはもはやなくなった(図19を参照)。(5)自殺は高水準に保たれたままだが、もはや上昇することはない。少なくとも、経済成長が維持される間は……。

第5章　ソビエトという例外

今日旧ソビエトブロックの諸国は、「絶望の地理学」――これはＩＮＥＤ〔国立人口学研究所〕の人口学者ジャン＝クロード・シェネの巧みな表現による――において、第一位という特別な地位を占めている[1]。世界保健機関が収集したデータによればこの地位は安定していて、さらに新しい統計が発表された後も不動である。リトアニアの男性の自殺率は、一〇万人当たり七九・一で、すべての諸国の先頭に立つ。そのすぐ後に続くのが、ロシア（七二・九）、エストニア（六四・三）、カザフスタン、ハンガリー、ベラルーシ、スロベニア、フィンランド、ウクライナ、そしてモルダビアである。上位三国において記録された男性の自殺率は、同時期のフランス（三〇・〇）の二倍を超える。それに続く諸国のデータも旧ソビエトブロック諸国が世界ランキングの先頭集団を独走していることを保証するものである。女性についても同じことが言える。女性は男性に比べて二―五倍自殺率が低いが、例外的存在であるスリランカを除いては、女性の自殺率が世界で最も高いのは、リトアニア、ハンガリー、エストニア、スロベニア、ロシア、フィンランドなのである。

今日、世界の首位を走るのは……

世界の首位というこの地位は、これまで見てきたように逆説的なものである。というのもそれは、ある時点における一国の豊かさと自殺率のあいだに世界レベルで観察される強い相関関係に対する、際立った例外となっているからである。経済を横軸にとった自殺のグラフにおいては、横軸に沿って国の豊かさの水準が上がるにつれて雲の影も上がっていくが、豊かさの階梯の最下層に旧ソビエトブロック諸国のつくりだすまったく印象的な積乱雲が浮かんでいる。三千—五千ドルというかなり低いGDPにもかかわらず、この国々の自殺率は一様に高い。

これらの国々のGDPが、その経済発展の実際の水準にきちんと対応していないことは明白である。その理由として挙げられるのは、まずGDPの評価計算法が旧式であることである。市場による調整が副次的でしかなかった。

これらの国では、生産力の水準が低くても、非常に高いレベルの教育や先進的な保健政策といった、GDPの観点からは評価しにくいようなサービスが提供されている可能性が挙げられる。また、通貨の暴落、さらには、その社会が達成した生活水準を必ずしも水泡に帰することなく、生産を下落

表5　1995年における男女別自殺率

男性の自殺率（1995年、10万人当たり）		女性の自殺率（1995年、10万人当たり）	
リトアニア	79.1	スリランカ	16.8
ロシア	72.9	ハンガリー	16.7
エストニア	64.3	リトアニア	15.6
カザフスタン	51.9	エストニア	14.1
ハンガリー	50.6	スロベニア	13.9
ベラルーシ	48.7	ロシア	13.7
スロベニア	45.3	スイス	12.2
スリランカ	44.6	フィンランド	11.8
フィンランド	43.4	日本	11.3
ウクライナ	38.2	デンマーク	11.2
モルダビア	30.9	ベルギー	11.0
スイス	30.9	フランス	10.8
フランス	30.4	シンガポール	10.5
オーストリア	30.0	オーストリア	10.0
クロアチア	29.7	クロアチア	9.8
		ブルガリア	9.7
		ベラルーシ	9.6
		カザフスタン	9.5
		ウクライナ	9.2
		香港	9.2
		スエーデン	9.2

させた容赦無い経済危機なども挙げられる。つまり、GDPと自殺率の関係においては、この経済発展の質こそが問題となるのではないかと考えられるのである。

それでも本質的な問題が残る。なぜ今日、旧社会主義圏の諸国は、これほどまで高い自殺率によって世界の他のすべての国々と区別されるのだろうか。

すぐ思いつく答えが存在する。それはアルコールである。ロシア人の自殺がこれほど多いのは、彼らがウォッカを飲み過ぎるからである。ウォッカはロシア人の自殺にスラブ的趣を添えている。ウォッカは今日そのただよう香りをもって、二〇世紀後半のロシアにおける目を見張らせるような自殺率の上昇についての最も広く流布している説明となっている。それはレベルの高い刊行物においては学術的かつ論証された形態さえまとっている。人目を引き広汎に普及しているグラフの数々は、この因果関係に対する、反論を許さないような証拠であると考えられている。自殺率の曲線とアルコールの消費曲線は平行に変化する。人々が飲酒をすればするほど、自殺は増加する。アルコールの供給が減ったり価格が高くなったりすると、それにしたがって自殺は減少する（図20参照）。

事実、アルコールの消費曲線は、自殺の曲線と、さらにより一般的に言えば変死の曲線と、最も詳細な点まで一致する。それらの曲線はすべて全体としては増加の方向に向かっているのだが、一九八五年から一九八七年の間には際立った減少がみられる。自殺、変死、アルコールの消費は、いっせいに減少している。それはなぜなのだろうか。理由として最もしばしば挙げられるのは、ゴルバチョフ政権によってとられた措置のことである。ゴルバチョフは国家によって統制されているアルコールの

図20　1971～93年のロシアにおける、変死による死亡率とアルコール消費量の変化の比較

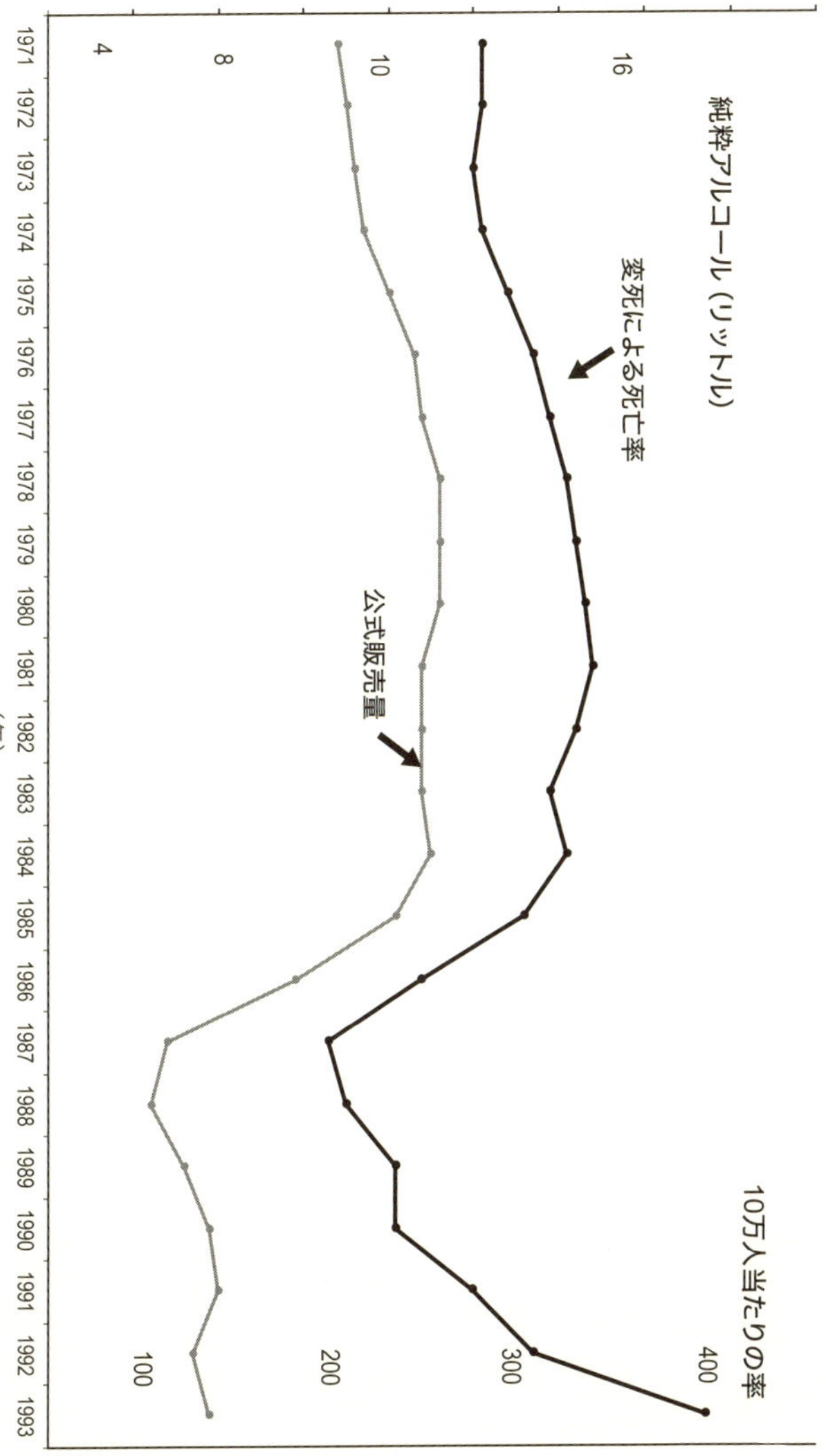

出典：F. Meslé et al., *La Crise sanitaire dans les pays de l'ex Urss, 1965-1994*, INED, 1996.

生産と販売を減らし、価格を上げ、私的な蒸留の許可に制限を加え、専門的医療サービスを充実させた。これらの措置は、アルコールの消費量ならびに変死を減少させるのには十分だった。しかし一九八五年に実施されたこの大規模な反アルコールキャンペーンは二年も持たなかった。一九八七年の終わりには、ソビエト政府は再びアルコールの増産を決定した。アルコールの消費、殺人、自殺、その他の変死は、再び目もくらむような上昇を始めた。これは、アルコール中毒と自殺の直接的な因果関係の反論できない証拠である。飲酒量が増えれば、自殺が増える。飲酒量が減れば、自殺も減る。

しかしながら、この説明には不十分なところがある。INEDの統計学者たちが研究論文のなかで述べているように、(2)「ロシアの変死の変化はアルコール消費量の変化と緊密に連関している」と主張することは、確実な事実の領域に属している。しかしそこから因果関係を推論しようというのは、彼らが注意深く超えようとはしない一線である、というのも利用出来るデータのいずれもそうすることを許さないからだ。相関関係と因果関係は別物なのである。

もっとうまく説明するには、この現象の歴史的次元を考慮に入れ、旧ソ連邦のこれらすべての国々が自殺で世界の首位を占めるようになった歴史的時期を突き止めようとすればよい。しかしながら、この問いに対して正確に答えるのは困難である。というのもこれらの国については、信頼性の高い長期統計が欠落しているからである。ロシアについては、一九二〇年代の終わりから一九六〇年代後半までのブラックホールさえ存在する。四五年のあいだ、自殺に関する統計、さらにはより一般的に死因についてのデータはロシアになかったし、ほとんどの社会主義共和国においてもソビエトブロックへの参加以降は、同様だった。伝統を守ったハンガリーの注目すべき例外を除いては。自殺者数は国家機密に属する。コレラ、伝染病、労働事故や殺人による死亡者の実数についても同様である。

社会の骨格と箝口令

いつもこうだったわけではない。ロシアにおいて自殺の問題は、革命の過程に身を投じて関わってきた学者や活動家にとって、科学的・公的な議論の非常に重要なテーマであった。[3] 議論に参加していた人口学者、統計学者、法医学者、党の幹部たちは皆デュルケームの著書に深い感銘を受け、細部まで詳細に検討していた。彼らは、自殺は社会的な原因によって説明できるし、自殺という現象は一つの社会の社会的、経済的、政治的健康状態を非常に的確に示す指標だと確信していた。挫折に終わった一九〇五年の革命の後に起こった自殺の流行については、非常に多くの議論がなされた。国家の抑圧がすべての展望をふさいだという理由で、ただちにその責任は国家に帰された。人口学者たちは一九一七年以来、自殺率が大都市とりわけレニングラード〔現サンクトペテルブルク〕において下降するどころか反対にはっきりと上昇する傾向にあるという確証を得て、不安を感じた。自殺率は一九世紀末には低かった(一八八一年から一九〇〇年の間にはサンクトペテルブルクで、一〇万人当たり約一三だった)が、一九〇五年以降は猛烈に上昇し(一九一〇年に三八・五)、戦争中は大きく下降し、一九一七年には一〇万人当たり一〇・五という低い水準をマークした。それ以来、この首都において激しく上昇を続けた。一九一八年には一五・四、一九二五年には三一・八、一九二八年には三七・五。

レニングラードは、当時世界第七位に位置している。この科学者たちは皆、全体としては革命に賛同していたが、ソ連におけるこの現象の変化を間近に研究し、最も詳細かつ網羅的な社会統計をつくることの必要性を確信した。掘り下げた研究を行うことで、自殺という現象の社会的な原因を浮き彫りにし、これに対して特効薬となるような政治的な行動を明らかにすることができるだろう。そこで、ロシアの統計学者たちは、革命が自殺者の社会状況に与えた影響（「生産労働者」、「事務労働者」に「凋落集団」や「自由専門職」が付け加えられた）ならびに、革命が自殺の動機に与えた影響（「病気、神経・精神失調」、「人生に対する倦怠」、「恋愛、嫉妬……」といった古典的動機に「物質的な状況の変化」という項目が併置された）を測定しようと試みた。

内戦が終わると、ロシア共和国の保健人民委員部は、自殺者と自殺未遂者に関する詳細な統計調査を実施するよう命じた。この統計の試みは一九二五年以降ソ連全土を対象に始められていたが、一九二七年と一九二九年の二巻のみが道徳統計局の後援を受けてモスクワで発行された。第一巻は、ソ連において一九二二年から一九二五年の期間に遂行された自殺、第二巻は一九二五年と一九二六年に記録された自殺を対象にしている。それ以降に調査が実施された形跡はなく、この企画は一九二六年以降は断念されたようである。(4) しかしながら収集されたデータは非常に興味深いものであり、アルヴァクスが一九三〇年の著書の中で家族状況が自殺に及ぼす影響について割いた章の大部分の情報源となっている。(5) 公刊された表はデュルケームの著書に大きな影響を受けており、このフランス人社会学者が重要と認めた諸変数、すなわち居住地、性別、年齢、婚姻状況、月、曜日、動機、「社会階級」、教育程度、にしたがって、自殺を分析している。これらすべての表から得られる自殺の社会的イメージは、デュルケームが一九世紀末にヨーロッパの大部分の国で分析した自殺のパターンと一致するものである。自殺が多いのは、他の諸都市よりレニングラードとモスクワであり、特に田舎よりも都市に多い。男性は女性より二倍多く自殺する。「土地所有者及び家業従事者」、「事務労働者」、そしてとくに「自由専門職」は、生産労働者よりもずっと自殺の頻度が高い。同様に、(初等、中等、高等)教育を受けた者の自殺率は非識字者よりもずっと高い。四月から八月に自殺が最高潮となり、秋と冬には最も低くなる。月曜日は他の曜日より自殺が多く、午前一〇時から午後三時の間に自殺の行為を遂行する者が多い。既婚者は独身者と比べて自殺者が少なく、子どものいる家庭は子どもを持たない夫婦より自殺が少ない。モーリス・アルヴァクスは、これらのデータを詳細に検討し、これに基づいて、子どもの存在の保護的役割を明らかにした。それは、デュルケームが適切なデータがないために途中で断念していた試みであった。既婚であることそれ自体は、女性よりも男性を自殺から保護するが、既婚の男女は子どもがいればより強く自殺から保護される。この保護作用は、特に女性に対しては、子どもの数が増えるほど増強される。都市における自殺、教育があって「自由」専門職に就いている、つまり生産労働者でも事務労働者でもない人々の自殺が目立つというように、社会の知的な層はそれ以

表6　1925年における住民10万人当たりの自殺率[6]

	男性	女性
レニングラード	43.1	20.2
モスクワ	31.2	14.5
その他の都市	27.6	13.6
田舎	5.7	2.6
全体	11.3	6.0

外の層よりも自殺が多い。ソビエトの自殺は、一九世紀末の西欧諸国に特有な特徴を示している。

しかしながら、差異も三つある。〔第一に〕幹部たちや役人たちの警告的な論調にもかかわらず、一九二二年から一九二五年までのソビエト連邦の自殺の水準は相対的に低い。というのも、男性一一・三、女性六・〇という数値は、自殺が猛威をふるっていた同時期のフランスよりもイギリスの自殺率により近いからである。その水準の低さや曜日による差異がほとんどないことは、経済発展がまだ非常に農村的段階であったことによる。都市と田舎の格差は非常に大きく、圧倒的に多い農民人口が、一〇万人当たり一〇以下という平均自殺率の低さに大いに影響している。〔第二に〕とりわけソビエト連邦では、自殺は高齢者よりも若者、とくに大都市部の若者に多くみられた（一八―一九歳で一二・四、二〇―二四歳で一四・四だが、三〇―三九歳では七・七、そしてとりわけ六〇歳以上では五・八である）。さらに〔第三に〕、フランスや他のヨーロッパ諸国で収集されたデータとは対照的に、夜間に自殺する者が多い。

この時期、政治色を帯びた統計学者たちだけが自殺の問題を気にかけていたわけではない。法医学者たちの間でも数多くの議論が巻き起こっており、(7) 二つの流れが生じていた。一方は社会派であり、もう一方は身体派である。ヤコブ・レオノヴィッチ・レイボヴィッチは、社会派の指導者と衆目の一致する人物であったが、彼にとっては、「法医学は遺体の検死と生者の検査だけに関わるのではなく、自らが利用できる手段を用いて、社会生活を研究し構築するという仕事に取り組むべき」だった。この事業を通じて、法医学の実践のなかに、人口全体の福祉と発展における実際的な意味をもつような対象を認めようとしたのである。こうして、妊娠中絶、犯罪、殺人、自殺といった、ある一つの文化の道徳的傾向を最もよく反映すると考えられる諸事実を優先的に測定する道徳統計に、関心が注がれることとなったのである。この法医学者たちは、ソビエト社会の秩序を包括的に分析し、社会病理の潜在的な原因を診断しそれを根絶させるという任務を遂行するには、自分たちこそ最適な存在であると自認していた。レイボヴィッチは次のように書いている。

古生物学者が、例えば大腿骨のような骸骨のただ一片から、想像力によって、先史時代のある動物をすべての次元にわたって復元することができるのと同じように、社会学者はしばしば、ただ一連なりの現象や社会的事実の連鎖の一部を元にして、所与の社会の特徴を明らかにできる。それが自殺がこれほど私たちに興味を抱かせる理由である。

この方向へと進んでいくなかで、レイボヴィッチは、ソビエト社会がある一つの奇妙な特徴によって、西洋の諸国とも旧体制のロシアとも異なっていることを初めて発見した。それは、女性の自殺と男性の自殺の差が縮まる傾向にあるということであった。ロシアにおいては女性の自殺一に対して男性の自殺二という割合だったが、西欧諸国においては、一対三の割合もしくはそれ以上に男性が多かった。彼は、女性の自殺の増加は、革命期においてロシア女性が解放されていることの明白かつ経験的な証拠であると考えた。

他のどんな国においても、女性は諸権利の平等を享受していない。［ソ連ほど］女性がしっかりと社会生活に参加している国は他にない。すべての社会的価値の再評価をもたらし、人間の労働をあらゆる相互関係の要とした社会的革命だけが、これほどの権利の平等を実現できるのであろう。

「市民的権利の平等を手にするために、女性は高い対価を払う」。というのも、家庭の主婦が享受する家族と子どもによる保護を捨ててしまうことで、彼女が自殺するリスクは高まるからである。このように革命の恩恵を評価するのは奇妙だと考えることもできる。しかしこの法医学者たちは自殺を、社会の深部からの変容を適切なかたちで示す徴候ととらえていたことに変わりはない。現象そのものよりも、それを引き起こした社会的諸要因に力点が置かれていたのである。

同じ時期に、ソビエト法医学のもう一つの潮流は、正反対の視点を採用していた。人間の行動を生物学的に説明しようという立場に立つこの医師たちは、自殺にはなんら社会的な要因はないと確信していた。自殺を決心する者と、同じように外的な拘束があっても自殺をしようとしない者が存在することを説明できるのは個人の身体の形態と構造における差異だけである。この神秘の源は、いずれにせよ個人の脳内のどこかに存する。この法医学者たちは、外的要因が自殺指向的な人格の形成にまったく影響を及ぼさないと主張していたわけではない。彼らはただ、外的要因に主要かつ第一の役割を帰することを拒否しただけなのだ。夫婦の不和、失業、その他の社会的要因が破壊的な効果を発揮したのは、内部の形態の変化が個人の精神構造と防衛機制を弱めていたためなのである。

アレクサンドル・イワノヴィッチ・クリウコフは、モスクワ大学の法医学科長で、身体パラダイムを最も確信している論客の一人であった。クリウコフは、生物学的諸要因と社会的諸要因の間の相互作用の意味をうまく要約している。「自殺の根本的な原因は、人生のもろもろの拘束に直面した主体の身体組織のなかにひそんでいる。外的な諸要因には、口火や刺激の役割しかない」。だから検死は必要不可欠な道具となる。「自殺において分かりにくく理解できなかったものは、器官と臓器をよく調べることによって完全に説明可能となるのだ」。

クリウコフとその弟子たちは、自殺者の遺体に、脳のサイズと頭蓋骨のサイズの不適合による脳の変質を表す特徴や傷痕があることを突き止めたと主張していた。脳が頭蓋骨の内部で浮いていたのか、または脳が圧迫されすぎていたのか？　その答えは、癒着現象の方にあるとされた。それはすなわち硬膜内部の緊張の高まり、性別・年齢の標準よりも大きな脳の体積ということだ。こういったことによって、脳内での血液の十分な循環が妨げられるのだ。「解剖台の上でメスを手にして、病理解剖学者と法医学者は死の神秘を解決しようとするのである」。

こういった夢想は特殊なものではなかった。多くのボルシェビキたちは、科学の進歩によっていつか人間を不死にすることができるだろうと考えていた。幹部たち、なかでもレーニンの遺体のミイラ化はこの希望の戦略に含まれていた(8)。

これらの議論や計画はすべてつかの間のものだった。当局によって自殺に付与された社会的意味はいきなりひっくり返された。自殺を断罪し自殺者の遺体の教会や墓地への受け入れを拒否していたロシア正教会の態度と反対に、当初ボルシェビキたちは、自殺者、その家族、自殺未遂者に対してより寛容な態度を示していた。この態度は、大部分は反教権主義に触発されたにせよ、個人の自由についてのより民主的な見方を推進しようという意志に由来するものだった。彼らは自殺はたしかに逸脱的ではあるが（「自殺者は集団からはみ出ていた」）、諸個人には必ずしも責任を帰すことのできない人生の意味の喪失を主な原因とする社会的な現象である、とみなしていた。

その後新経済政策《ネップ》の下、自殺率が上昇する(9)。それは党員たちをも襲った。一九二五年の最初の三カ月間における党員の死因の一三％は自殺だった。一方、党員の自殺の割合はこの年の国内で記録された自殺全体の約七％に達し、それは人口全体に占める彼らの割合のおよそ一〇倍にもなったのである。トロツキーの元秘書は自殺した。しかしながら、共産党上層部内の自殺はこの問題のいろいろな側面のうちの一つでしかない。一九二〇年代の終わりにはまだソビエトの自殺率は西洋諸国のそれを大幅に下回っていたが（フランスでは一〇万人当たりおよそ二〇から三〇のあたりを揺れ動いていたが、ソ連では一〇以下だった）、若者の自殺は懸念されるものだった。というのも、他の諸国で記録された傾向とは反対に、自殺率は二〇—二四歳で非常に高く、それに一六—一九歳、二五—二九歳が続いた。男性も女性もその傾向は同じだった。田舎でも都市でも同様だった(10)。

それで、自殺についての公式の論調は変化した。党の幹部や保健人民委員たちは自分たちが「新しい疫病」と呼ぶものに直面して、この現象を近い将来消滅することが宣告されている過去の遺物とみなそうとあせった。つまり、自殺を、「瀕死の」社会階級とその退廃的なイデオロギーの影響のせいにしようとしたのだ。まだ社会的に穏当だったこの「説明」でも、当局がこの現象の統計的研究を断念するには十分だった。しかしすぐに、論調は先鋭化する。説明は個人化したのである。心理学的個人的原因が少しずつ幅を利かすようになり、それとともにスティグマ化や政治的断罪が押し出されてきた。一九二五年のボルシェビキ党会議の際には、自殺者たちはもろい神経と弱い性格の持ち主だとみなされた。それから一年後に実施された、レニングラード市の若者の自殺を対象にした特別な研究の結果、「平均的な自殺者」像は、「自分を鞭打つことばかりを考えている愚痴っぽいインテリ」とされることとなった。自殺の流行が生産労働者に到達した際には、これらの自殺は「真の労働者的で革命的な若者」には根をおろしていない、と急いで主張された。労働者の置かれた状況の現実を初めて知った新たな凋落者だけが自殺するのだ。とくに若者に人気のあった詩人エセーニンが一九二六年に自殺した後に広がった自殺の波は、社会政治的な観点からただちに糾弾された。これは抑鬱的でプチブル的な精神状態、すなわち「エセーニン病」以外の何ものでもなく、自分の全責任を放棄するような輩に蔓延するものだ、と。一九二八年には、レニングラードの「赤い三角形」工場の若い女性労働者の自殺に対して厳しい判断が下された。コムソモール（共産主義青年同盟）たちは、自殺者をならず者と同一視した。「未熟児、生まれ損い、彼は孤独な者たちと結びついていた。」これが自分の生涯に自ら決別した労働者同志にしばしば手向けられた墓碑銘であった。

大多数のソビエトの新聞において、自殺の告知は、盗み、暴行、酒盛り、乱闘についての報道と同じ資格で、批評的な論評とともに「三面記事」の部分に掲載された。自殺者の姓は公表された。たとえば一九二九年九月一日の『プラウダ』には、党中央委員会のメンバーで、トロツキー派に加わったことを告発されて自殺した者の名前リスト付きの記事が掲載されている。その見出しは、非常に断固としたものである。「レニングラードの共産党員はもっとしっかりと自己批判を行い、右派日和見主義の具体的現れを非難しなければならない」。集合意識において、自殺はますます恥ずべき振る舞いと目されるようになっていった。スターリンの息子のヤコブが一九二八年の春に自殺未遂をしたときには、スターリンは妻への手紙で「ヤコブに、ならず者や強請《ゆすり》屋のような振る舞いをしたような奴とはもう金輪際関係を持ちたくない、という私からの伝言を伝えるように」と書いた。彼は、一九三一年に妻が自殺した際にも同様にふるまった。彼女の自殺は、健康問題によるものと偽装されたのだが。

一九三六年、パージに脅かされた多くの役人は逮捕されるよりは自死を選んだが、それを受けて「党最高指導部は、中央委員会総会において指導的諸機関の責任者たちを前にして、『自殺は党への裏切りであり、自殺に訴えた者たちの正直さには、疑いの余地がのこるだろう』という主張をわざわざ行った」(11)。

自殺と工業化——強要されたペースで

自殺についての政治的態度が変化したことで——自殺は社会的なものから再び個人的なものとみな

されるようになった——、この問題についての公的な統計は覆い隠されることとなった。内戦の終焉以降警察は独自の統計作成に着手し、そのデータの数は一九二四年以前から、国家統計局に監督された調査のデータ数を大幅に上回っていたことが知られている。一九三三年四月付けの警察最高司令部の指示によって、自殺が発生した場合はその各事例について用紙に記入しそれを一年に二度モスクワに送ることが当該部署長に義務付けられた。調査用紙の項目は非常に詳細にわたり、「社会的地位」と「党への所属状況」に関する項目を含んでいた。しかしながら、社会の変化についての否定的なイメージを伝えることを危惧されたためだろう、この一九三三年の指示は死文化していたようである。これらの調査用紙が記入され送付されていたとしても、それが分析されることは一度もなかったのである。同様に、犯罪行為、強制収容所、政治的裁定に関する統計には非常に脱漏が多い。つまり現在のところ、一九二〇年代中ごろ（一九二二年―二六年）から一九六〇年代初頭にかけてのロシアにおける自殺の変化については信頼できるデータは何もない。しかし、この統計情報の両端間に、自殺率の大幅な上昇を指摘することができる。それは強要された工業化と同時に起こった。

表7　ソ連における10万人当たりの自殺率と一人当たりGDP

	男性の自殺率	女性の自殺率	住民一人当たりGDP（1990年米ドル表示）
1925	11.3	6.0	1370
1965	37.0	9.0	4634

　男性の自殺率は一〇万人当たり一一・三から三七・〇、つまり一〇〇から三三〇という変化を経験し、女性の自殺率は六・〇から九・〇、つまり一〇〇から一五一への変化を経験した。デュルケームがヨーロッパにおけるあらゆる自殺率の

激しい上昇を観察しそれを嘆いた時代であっても、四〇年の間にこれほどの上昇を彼が観察することはなかった。実際、一八七一年から一九一一年の間に、自殺率はフランスで一〇〇から一七八へ、イギリスで一〇〇から一五四へ、イタリアで一〇〇から二四〇へと変化した。一九世紀においてイギリスとフランスの自殺率は、かなり大きな犠牲――女性と子どもの労働、農村人口の流出など――と歩みをともにしたが、両者のどちらもソ連の強要された工業化に付随して起こったほど高い自殺率の上昇を記録したことはない。一九二五年のロシアの低い自殺率は、経済発展度が非常に低い社会であったことと関係している。一九〇〇年と一九一三年の間には、住民一人あたりのGDPは一%のペースで増えていったが、一九二五年には一九一三年の水準よりも低かった。一九二八年と一九六五年の間には住民一人当たりの富は三・三%の割合で増えた。この変化の終わりの一九六五年には、ソ連によって達成された豊かさの水準は、一九二二年のイギリスや一九二六年のフランスとおおよそ同じであった。近代産業社会の不意の出現はソビエトに、一九世紀のヨーロッパに資本主義の発展がもたらしたのと同じ効果、つまり自殺率の上昇をもたらしたのである。しかしその変化のしかたの激しさが、効果を増大させることとなった。

そして光が……フランス人口学万歳！

政治的に組織されたこの霧が晴れ始めたのは非常に最近のことだ――少なくともロシアに関しては。INEDの人口学者チームがモスクワ人口学・人間生態学センターの研究者たちの協力を得て、大がかりな作業に着手した[12]。彼らは、ＩＮＥＤの統計学者と人口学者が死因と平均余命の分析の領域で積んできた豊富な経験を活かし、ロシアの公務員たちが手書きで作成した二〇〇〇枚近くのオリジナルの統計表という豊かなデータソースを用いて、一九六五年から一九九五年までのロシアにおける死因に関する詳細で均質な統計を再構成することに成功した。彼らは現在、かつてソビエト連邦を構成していた一五の共和国のそれぞれについてこの作業を進めている。彼らの目的は、ソ連の最後の数十年間に打撃を与えた「公衆衛生危機」についての周到な分析を行うことである。事実、一九六五年から一九九四年までのロシアにおいて、出生時点での平均余命は五年短くなった。同時期にすべての西側諸国では大きく伸びたにもかかわらず。

完全に刷新されたこの一連の統計の持つ意義は、上昇する自殺率を平均余命の短縮という一般的な文脈の中に置き直すことにある。ロシアにおける出生時点での平均余命は、第二次世界大戦までは、西側諸国の水準よりずっと低い状態が続いていた。一八九六―九七年には三二歳だったが、同時期のフランスとアメリカでは四七歳に達していた。この一五歳の差は、二〇世紀の前半において維持され増大しさえした。第二次世界大戦の前夜にはロシアの平均余命は四三歳に達したが、その時フランスでは五九歳、アメリカでは六三歳であった。一方戦争直後にはかなり躍進して、ロシアはフランスや米国と同じ水準に到達した。一九六五年には、男性についてはフランスの六七・五歳と米国の六六・八歳に対して六四・三歳で、女性はそれぞれ七四・七歳と七三・七歳に対して七三・四歳だった。一九七〇年以来、平均余命曲線は再び分岐し始める。フランスとアメリカでは持続的に上昇するのに対し、ロシアにおいては特に男性は、停滞もしくは後退するのである。

この「公衆衛生危機」の諸原因を解明し、それをよりよく理解するために、この著者たちは一九六五年から一九九五年までのロシアでの死亡率の変化について性別、年齢、死因別にかなり突っ込んだ分析を試みている。ロシアにおいて一九四五年から一九六五年の間に実現した平均余命の飛躍的な伸びの本質は、一五歳以下の若者の死亡率の低下にある、と彼らは見る。一九六五年以降フランス、アメリカまたは日本で観察された目を見張るような平均余命の伸びは、六〇歳以降の死亡率の低下に由来する。つまり、心臓血管病、がん、そしてたとえばアルコール中毒、タバコ中毒、自動車事故などといった経済変容速度の加速に結びついたさまざまな問題との闘いにおいて、西洋医学が実現した進歩による。この「第二の息吹き」こそが、ロシアに欠けていたものなのである。戦後二〇年間にわたって幼児ならびに若年の死亡率の伸びに歯止めをかけることには成功したものの、ロケットの第二段を切り離すことができなかった。一五歳以降の死のリスクは、とくに三〇歳から五九歳の男性で大幅に増大した。一五歳以上の男性の置かれた状況の悪化が、一九六五年から一九九三年の間の男性の平均余命を六歳以上縮めた。著者たちによれば、この男性の死亡率は、今日世界で最も高い。この傾向は一九五八年ごろにはすでに明らかになっていたが、それ以来上昇がとどまることはなく、一九八九年以降は加速した。

この期間の死亡の八〇%以上を、三つの原因だけで説明することができる。それは、心臓血管病（男性の死亡の五〇%以上、女性の死亡の六五%）、腫瘍（全死亡率の一六―一八%）そして……、変死

——つまりアルコール中毒、転倒、溺死、交通事故、殺人、自殺——である。変死は一九九三年にはじめて腫瘍を超えた。この三大死因によって死亡した者の割合は、一九六五年から一九九五年にかけて上昇し続けたが、感染症と消化器系の病気は顕著に減少している。

自殺率はこの期間に大幅に上昇する。一〇万人当たり、男性では三七から七六へ、女性では九から一三・七になった。この期間の初期の男性の自殺率は高いが、西欧の自殺率の高い諸国で得られた数値とそれほどは変わらない。フランス、ドイツ、デンマークはすでにこのような数値を一九世紀末と二〇世紀初頭に経験していた。これは、この期間の末期に、リトアニアとともに史上最高値となった世界記録の水準とはまったく違う種のものである。[13] つまり、INEDとモスクワ人口学・人間生態学センターによって作成されたこれらの新しく貴重な統計から数多くの知見が得られたのである。

ロシアでは、一九六五年から一九九五年の間に、自殺率は猛烈な勢いで上昇した。ロシアの自殺率は一九世紀と一九二〇年代の終わりごろまでは低く、また大都市と田舎の対照は際立っていた。レニングラードは自殺が記録的水準にまで達していた中心都市の一群に入っていた。ソ連で一九二〇年代の末から一九六〇年代初頭までの間に自殺率がどのように変化したのかについてはほとんど何も知られていない。

この時期における自殺の猛烈な増加は、平均余命の短縮と、心臓血管病ならびに変死（つまり事故［特に自動車事故］、中毒、労働事故、殺人）による死亡のおとらず顕著な増加と軌を一にするものだ。自殺と殺人は逆関数の関係にあり、他者へと向けられた暴力は自己に向けられる暴力へと置き換えられる（逆もまた同様……）傾向がある、と主張する、モルセリが創始し、他の者たちによっても無頓着に繰り返されてきた少々原始的な心理社会学理論とは反対に、他の多くの国々同様ここロシアでも、これら暴力の二つの形態は同時に増加している。二つの非常に際立った増加が殺人の変化を特徴付けている。すなわち、一九六五年から一九八一年の間に殺人による死亡率が男性も女性も二倍になっていることと、一九八七年からの六年間で、男性は五倍近く、女性は三倍近く上昇していることである。比較してみると、一九九三年のロシアにおける殺人による死亡率は、男性ではフランスの三四倍に上る。おそらくこの数値はまだ過小評価されているだろう。「意図不明の変死」は殺人による死亡と同時に急騰しているが、それというのもこのカテゴリーに分類されている死亡のかなりの部分は、実際は殺人や自殺によると示唆されるのである。殺人の流行が犯罪の顕著な増加とはっきりと結びついているのはもちろんだが、それはまた、変死一般——そのなかに自殺も含まれる——の前例のない増加と結びついているということもまた明らかなのだ。それは、経済「改革」、生活水準の低下、旧来の社会的・政治的秩序の解体などが引き起こす衝撃の大きさを反映している。成人男性と高齢者がまともに打撃を受けているが、これらの年齢集団が最も脆弱であるということは、**図21**から読みとることができる。

自殺率は、すべての年齢階層で上昇し、特に一九八〇年代の末以降は猛烈な勢いで上昇する。六〇歳以上の男性において上昇率は最も高く（一〇〇から二一二へ）、二〇歳から二九歳の若者において最も低い（一〇〇から一五一へ）。この社会の急変で最も痛手を受けている者は、ソビエト体制の下

図21　1965～95年のロシアにおける男性の年齢別自殺率の変化

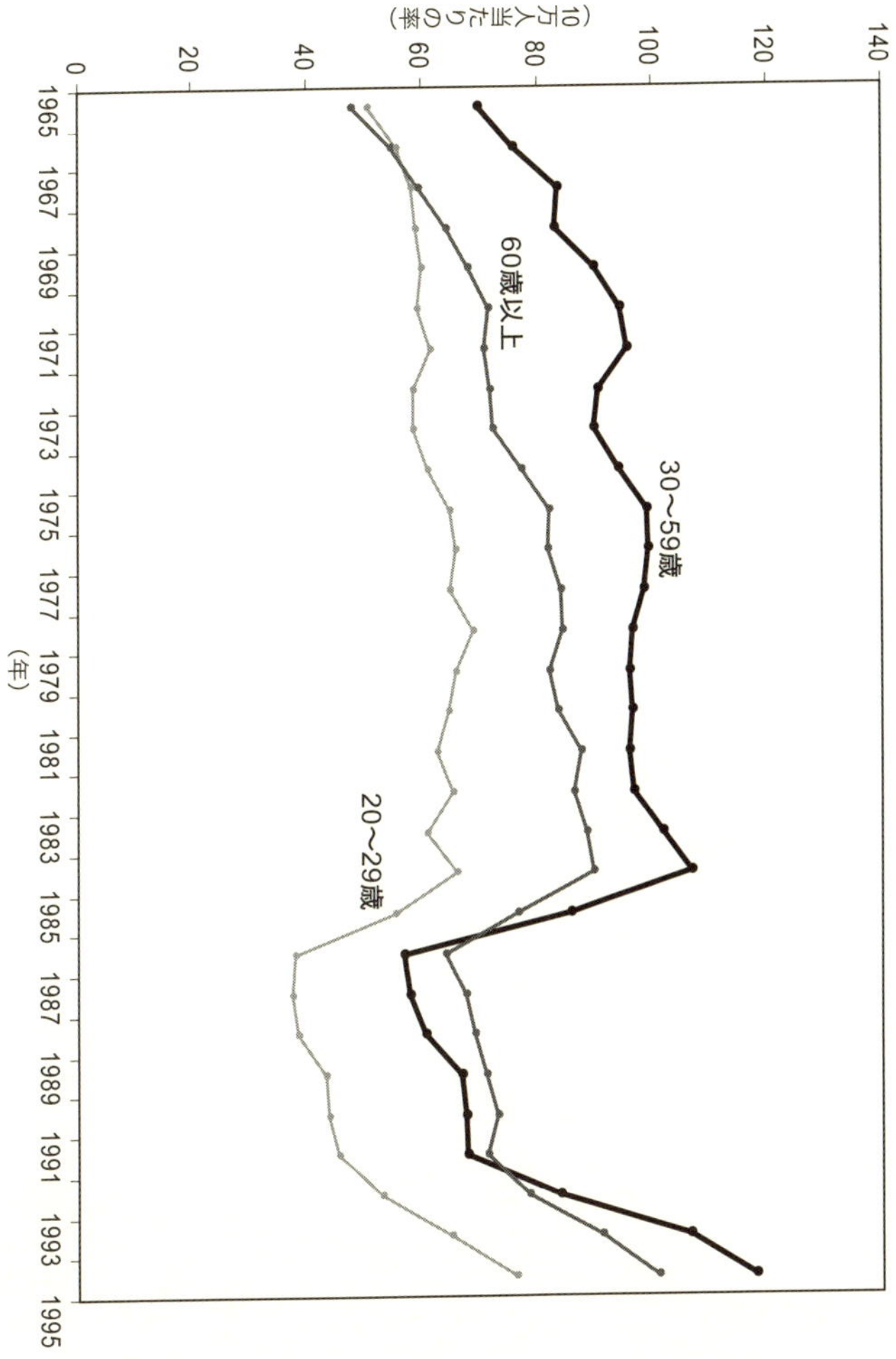

出典：F. Meslé et al., *La Crise sanitaire dans les pays de l'ex Urss, 1965-1994*, INED, 1996.

で既得権益（仕事、住居、医療システムへのアクセス）を享受していたのに、今や「価格の論理」が支配している自由経済の新しい求めに適応するすべを何も持たないまま、それまで得ていた保護を突然奪われた者、つまり成人と高齢者である。

アルコールの消費は、自殺率上昇を説明する究極的原因ではなく、むしろその結果とみなされたほうがよいのではないだろうか。**図22**は、よく検討する価値がある。事故一般、アルコール中毒（肝硬変とアルコール中毒死による）、自殺、殺人といった変死の各カテゴリーのパターンは同一の歩調で動いている。それらは、暴力の水準の高まりの証拠となるものであり、それ自体が深いレベルでの社会機能の変調の徴候でもある。たしかに飲酒は人をいっそうの暴力的行為に走らせるが、人々が飲酒に走るようになる理由についても考えることが不可欠である。自殺同様、アルコールは、日々の不幸からの逃避の手段としてよく知られているからである。これほど高い自殺率は、社会の全体的な変調という文脈において発生する。もう何もかもうまくいかなくなったということである。

一九八五年から八七年に暴力に関する指標の数値がすべて下がっていることについては単にアルコールの制限と値上げという措置の効果だけではなく、社会全体にとっての希望に満ちた時期をそこに見てとることもできるだろう。

自殺率の変化を注意深く観察することで、二つのカレンダーの間の大きなずれもまた明らかになる。その一つは、社会における主だった出来事の記念すべき日付が打たれている社会政治についてのカレンダーである。この基準によれば、ベルリンの壁の崩壊（一九八九年）とゴルバチョフが独立国家共

図22　1965～95年のソ連、ロシアにおける変死による死亡率の変化

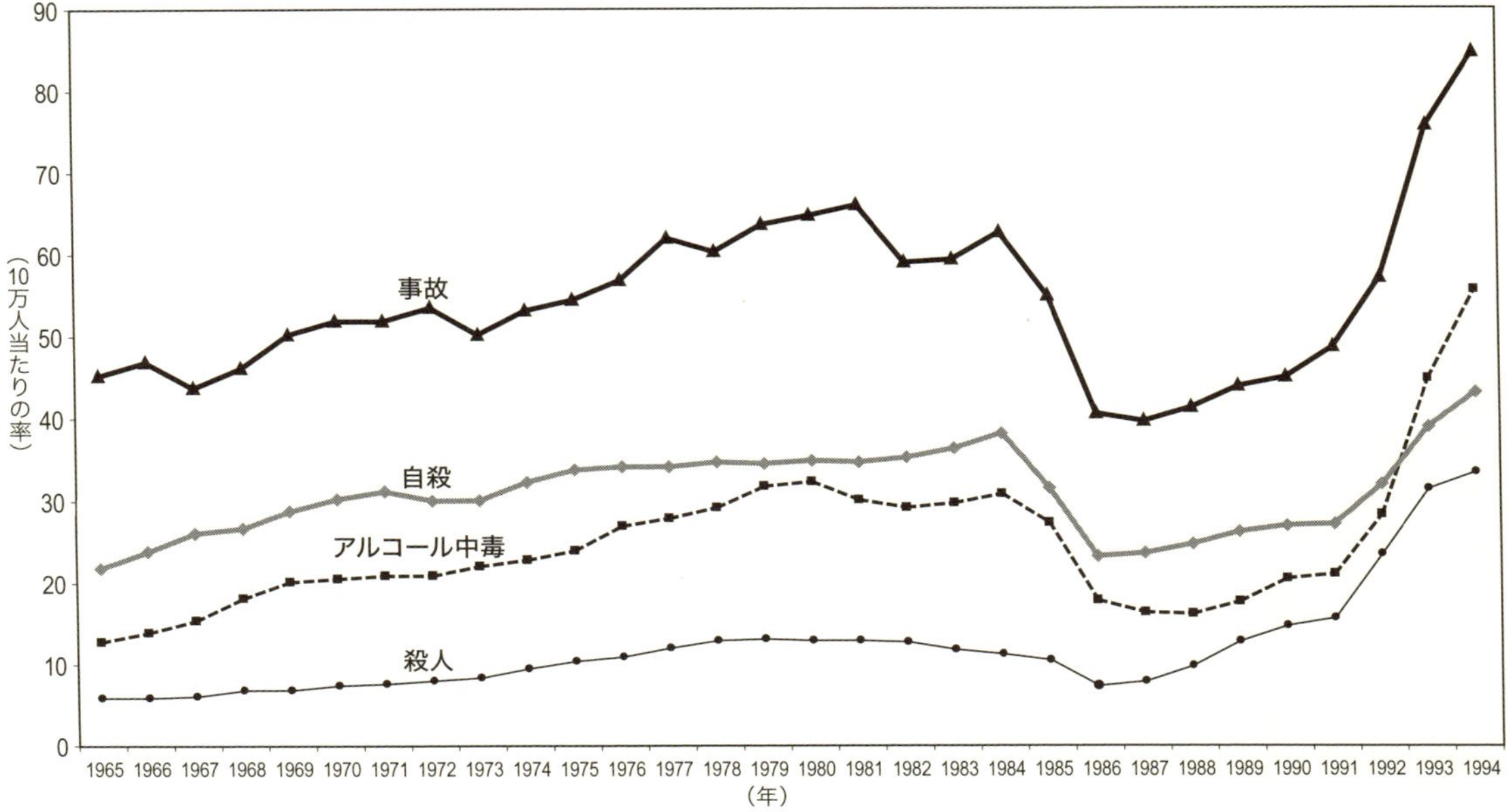

出典：F. Meslé et al., *La Crise sanitaire dans les pays de l'ex Urss, 1965-1994*, INED, 1996.

図 23　ロシアにおける自殺率の変化（1965 ～ 95 年）

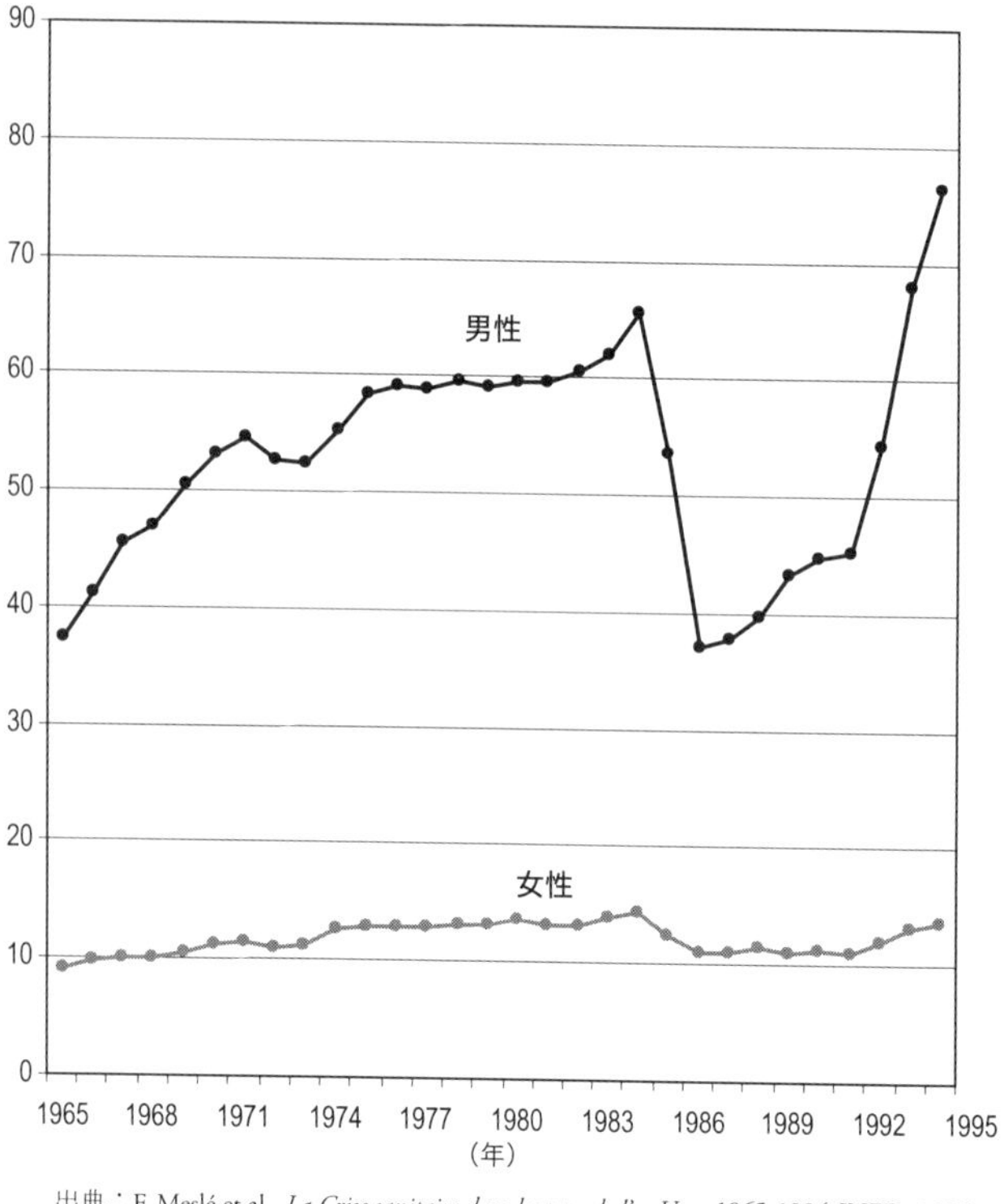

出典：F. Meslé et al., *La Crise sanitaire dans les pays de l'ex Urss, 1965-1994*, INED, 1996.

同体を創設した時（一九九〇年）にソビエト社会の崩壊がはじまったことになる。だが、死亡率の統計（図23参照）を見れば、ソ連は一九六五年ごろから「公衆衛生危機」を経験していたということが明白である。この危機はそれ自身、ソビエト社会の大規模な機能不全総体の結果であった、というのもソビエト社会はそれまでもずっと機能不全状態にあったから。フルシチョフ時代の終わりには、ソ連はその幹部たちがもはや統制できないような矛盾と機能不全によって根底から蝕まれていた。死亡率と死因の統計から判断して、ソビエト社会は一九六〇年代の中ごろ、すなわち政治的に崩壊する約三〇年前には、明らかに解体し始めていたのである。公衆衛生上の徴候は、これだけではない。たとえば、純離婚率（ある年の離婚の数とその年の平均人口の比率）は、一九五九年の一・四から一九九四年の四・六へと変化した。離婚率の状況指標（分母：コーホートの結婚数、分子：そのうちの離婚数）についても、それはさらに目覚しい伸びを記録している。それは一九九〇年代の初頭に二五％だったが、一九九三年には五〇％に達している。二組の結婚のうち一組は離婚に終わるという計算になる。(14)

百年前のロシアは自殺率で世界の最下位集団に位置していたが、二〇世紀末には先頭に立った。この大変動に直面して、そしてこの非常に際立った指標から判断すれば、西欧諸国を根底から揺り動かした産業革命だって、それほど規模の大きな地震ではなかったと言えよう。ウォッカではなく、安ビールを……ということだが。

第6章　オイルショックと若者の自殺

このような二世紀にわたる自殺の傾向に影響を与えてきたあらゆる変化のなかで最も人目を引くのは、年齢に関するものである。二〇世紀の最後の四半世紀は、一五〇年以上にわたって世界の統計が普遍的な所与としてみなすよう促してきた関係――年齢が上がるにつれて自殺率が規則的に上昇するという関係――をくつがえした。一九世紀初頭以来、統計が利用可能なほぼすべての国において、この傾向には一つの例外もなかった。自らの命を絶つ若者はほとんどいないが、年齢を重ねるにつれて、自殺者の割合はほとんど直線的なグラフをたどって増加していくものであった。誰しもに自明だと認められていたこの関係に説明の必要はなかったも同然だ。非常に単純かつ普遍的であったので、誰も気に留めない透明な存在になっていた。若年層と高齢層の自殺率の差が、戸籍状況や宗教や都市化についてて自らが指摘した差を大きく超えていたにもかかわらず、エミール・デュルケームが年齢をそれ自体として一つの社会的変数とみなしたことは一度もなかった。彼はただ、年齢を重ねるにつれて増加する自殺のなかに、この現象の社会的性質を再確認したにすぎない。社会のなかで過ごした時間の長さとともに自殺のリスクが増えるということは、自殺の原因を探すべきは、自然や生物学の領域ではなく、社会生活またはそれが時間をかけて個人に与える作用のなかだということだ。「いったい、成人にしか発現せず、それ以降は年齢を重ねるにつれだんだんと強まっていくような傾向を、遺伝に帰することができようか(1)」。

個人が社会生活の影響にさらされた時間の長さは、自らが観察した年齢による自殺率の差異のなかで、デュルケームが重視した唯一の次元であった。

私たちは、それ［自殺の傾向］が青年期から壮年期まで増大しつづけ、終末期においては最初の一〇倍にもなることもあるということを知っている。それは、人を自殺に追いやる集合的な力は少しずつしか人に浸透しないということである。さらに、もし他のことがすべて等しければ、人は年齢を重ねるにつれて自殺に近づく。というのも、人が自己本位主義的生活の虚しさや限りのない大望の空虚さを感じるようになるには、おそらく繰り返される経験が必要だからである(2)。

以上が根底にある内容である。形式に関しては、デュルケームの分析における年齢は、純粋に統計的手法としてのみ用いられている。彼の議論においては、年齢は純粋な状態で他の諸変数の効果を把握することを可能にするような統制変数として用いられている。たとえば、もしあらゆる年齢で、独身者、やもめ、離婚経験者が、既婚者よりも多く自殺するなら、結婚それ自体が保護的効果をもっているからである。そして、年齢自体はそれになんの関係もない。

今日においてはこれと反対に、人口学者、社会学者、経済学者たちは、年齢と世代が社会生活のあらゆる局面に与える効果にずっと多くの注意を払っており、年齢によって自殺率が異なることを、とくに重視している。それで彼らは、年齢が上がるに従って自殺のリスクがほぼ線的に増大することに対して様々な説明を試みてきた。そのなかで最も代表的なのは、デュルケームによる説明の原則を自分の流儀で確認するものである。これによれば、老いは「社会的な死(3)」ということになる。高齢者は、自殺を促進するような諸要因を累積していくのだ。家族（子どもの巣立ち、孤立、配偶者の死……）や職業的な活動（退職、自分は役立たずという感覚、住まいと職場の間の往復が保障する空間と時間の決まった使い方の喪失、など）といった、主要な統合の中心と個人とを結びつけるような紐帯の弱まりに加えて、かなり最近までは物質的貧窮や不安定さも付け加えられていた。そのためある種の経済学者にとって自殺は、暗くなりゆく将来に見込まれるコストや苦しみと、生きるために残された時間から期待できる乏しい利益との間でなされる合理的な選択となりうるのだ(4)。将来に期待される価値は、死によってもたらされる苦痛からの解放によって得られる価値より少ない。高齢では、余命はどんどん縮んでいくだけに、犠牲にされることになる生存の時間は、思春期や二〇歳の若者に比べて大幅に少なくてすむ。このような、年を追っての自殺リスクの上昇は、一九世紀と二〇世紀の前半においては高齢に結びつけられていた物質的諸条件と関連付けられていた。老いはしばしば経済的、身体的な挫折であったが、一方若者たちは未来に豊かな展望を打ち立てる権利を持っていた。常識の理論は自殺の社会学が確立していた最も揺るぎない事実の一つをこうして後押ししてきた。それは、時間的にも空間的にもまったく変化がないため単調なものとなっていたのである。

ところが一九七〇年代になって、一世紀半前から続いたこの美しいしくみは二つの動きによっていきなり乱れることとなった。若者の自殺が増加し、高齢者の自殺は減少したのである。この二つの現象は同時に発生した。それらは緊密に結びついているので、合わせて分析されなければならない。というのも、若者と高齢者の間には今日深い溝があるのだが、この溝が、社会的な力の主要な属性を累

図24　1950年と1990年のアメリカにおける年齢別自殺率の変化

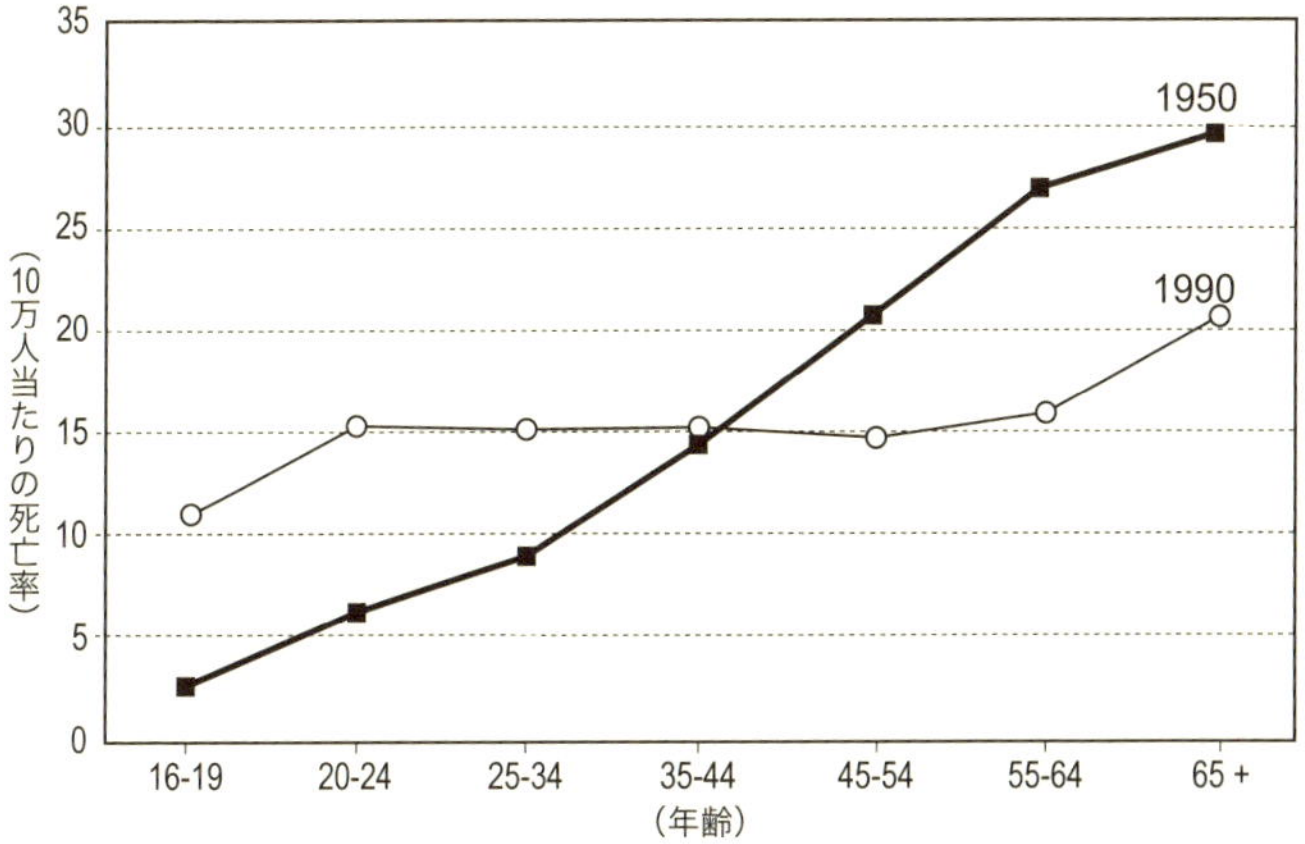

出典：D. Cutler et al., NBER, *Working Paper* no 7713.

積している側と、一身に多くのハンディキャップを集めている側を分断しているのだから。

この傾向の逆転は、アメリカにおいても、自殺率の画一化という劇的なかたちをとった。一五歳から二四歳の若者の自殺率は二〇世紀の後半に三倍となったが、同時期に成人と高齢者の自殺は減少した。一九五〇年に、顕著な右肩上がりだった年齢別自殺率は、一九九〇年には二〇歳から六五歳の間で水平となった。四〇年間で、曲線は、一定であり続けている三五―四四歳の自殺率の軸を中心に回転したように見える（**図24**参照）。

フランスにおいても傾向は同じである。若者の自殺率は、高齢者の自殺率が低下するのと歩調を合わせて上昇している。一九五〇年には六五―七四歳の自殺率は二五―三四歳の五倍近かったが、一九九五年には一・五倍にまで落ちる。しかしながら両者の対称は、アメリカほどでない。右肩上がりのグラフの形が水平にはならない。フランスの曲線は、二峰性である。この差異は示唆に富む。一九七〇年代にあらゆる先進国で同じ傾向が見られはじめたが、その経過は各国においてそれぞれ特異な形を帯びていたのであり、それに注目することでわかることは多い。ジャン＝クロード・シェネは、年齢別の自殺率の画一化への動きというこの国際的な傾向を最初に予測した人物である[5]（図25参照）。

フランス――自殺リスクにさらされた若者と保護された高齢者

フランスでこの傾向がとった様相の検討からとりかかろう。フランスでは多数の研究者が信頼できるデータに基づいてこの現象についての見事な分析を行ってきた[6]。次のことを思い出そう。自殺率は第二次世界大戦の終わりから一九七〇年代の前半まで相対的に安定していたが、一九七六年から一九八七年までの間に飛躍的に上昇し、それは一九世紀末と一九〇〇年代の末に打ち立てられた歴史的記録にほぼ匹敵する。一九七六年から一九八五年までの間の男性の自殺による死亡率は、一〇万人当たり二二・九から三三・一まで、四五％近く上昇した。一九八五年から一九九〇年の間には下降を始め、また一九九五年までは勢いを取りもどし、オイルショックに先立つレベルよりもずっと高い水準にとどまりながらも再び下がる。この上昇は大部分、四〇歳未満の自殺の目立った増加による。若者の失業、経済成長、フランス人の生活水準の変化についての世帯の意見、犯罪、初婚年齢といったそれ以外の指標がこの期間中に、同じように急激に変化している。これら各々の変化と自殺率の変化との相関は非常に高い（〇・八〇以上）。とりわけ、一五歳から二四歳の若者の失業率と男性人口全体の自

図 25　1975、85、95 年におけるフランスでの年齢別自殺率

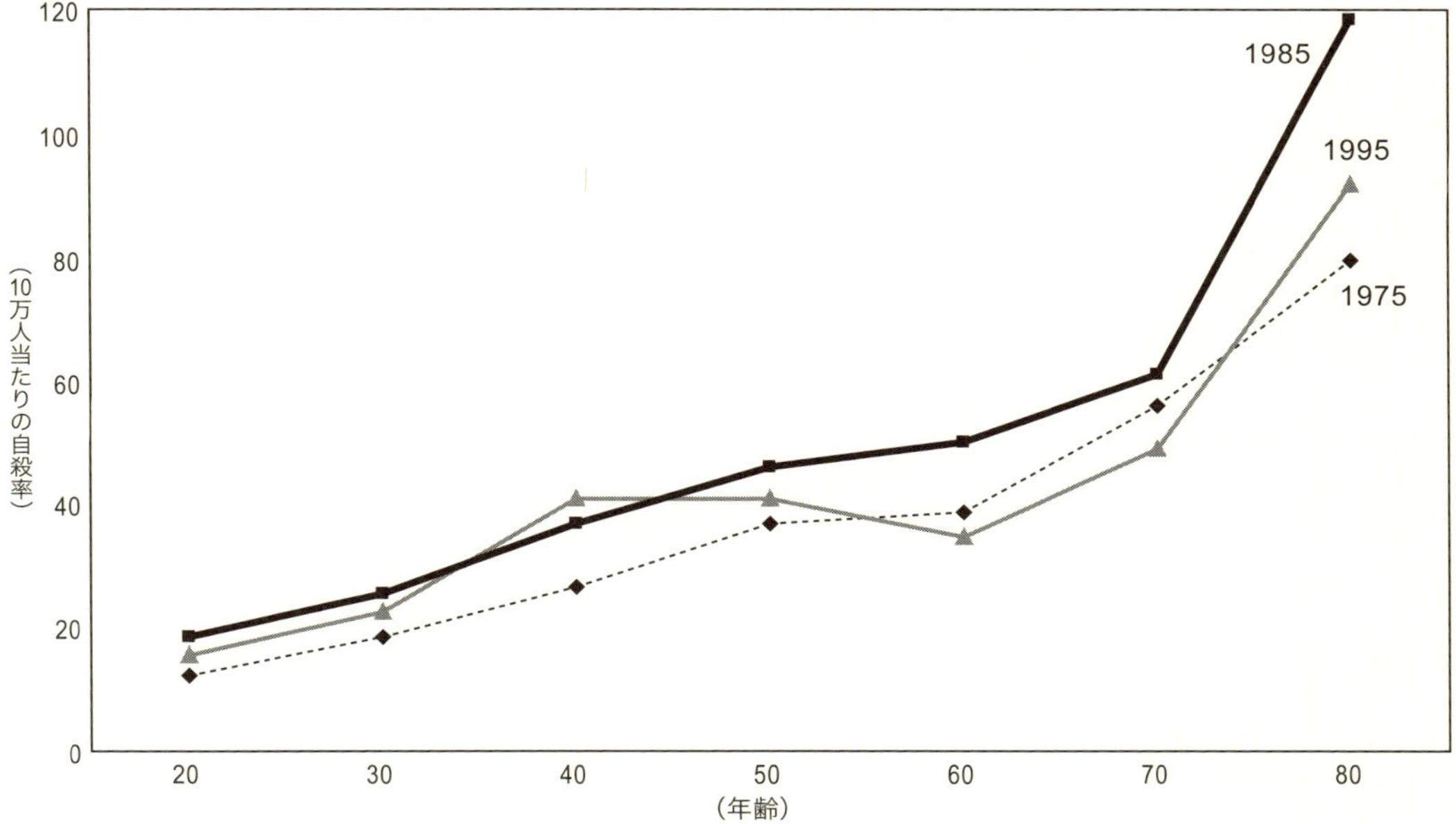

出典：L. Chauvel, *Revue française de socilogie*, no XXXVIII, 1997.

殺の相関は高い。このような変化に対して、年齢の効果、時期の効果、世代の効果という三つの仮説が可能ではないだろうか？　この三つの仮説のそれぞれが、綿密に検証されることとなった。とりわけルイ・ショーベルによって確認された最も説得力のある成果は、世代による説明（ある世代は他の世代よりも自殺傾向が高い、または低い）を拒否し、この変化の本質を、あるライフステージと、ある特定の経済・社会的な状況との遭遇に求める。「人が人生に絶望する理由は、何歳の時に社会の歴史のいかなる時期に差しかかるかによってさまざまである」と彼は書いている[7]。事実、大量失業が長期的にみられた一九七五年に二〇歳で職探しをすることは、同年に残りの生涯ずっと最後の給料の八〇％近くを受け取ることを保証されて退職することと同じ意味は持たない。前者にあるのは不安定さと不安であり、他方にあるのは安全である。カール・マンハイムが見てとっていたように、出来事そのものよりも、その出来事に何歳で遭遇するかこそが重要なのである[8]。年齢による自殺の特徴の変化は、一九七〇年代のオイルショックに続く新しい経済状況によって引き起こされた、各ライフステージの社会的内容の変化によって説明することができる。

実際、経済成長の鈍化によって若者の社会的地位が本質的に変化したということが、多くの研究によって明らかにされた。若者の大多数は、早々と労働市場に参入しそれと時期を同じくして家族をつくり独立した住まいを構えるかわりに、実人生への参入が大いに先送りされることとなった。学業を終える年齢、就職の年齢、親元から独立する年齢、カップルを形成する年齢、第一子誕生の年齢は、あらゆる社会カテゴリーにおいて徐々に遅くなっている。今や青年時代とは、労働市場で即戦力となるような人的資本の蓄積を必ずしも伴うことなく長々と続くライフステージである。〔オイルショック以降の〕三〇年で、学歴水準は上昇したが、同一の学歴での就職は困難になった。高度経済成長の三〇年間においては、若者たちは給料がどんどん上がっていく前提で採用され、新規参入者には年長者の初任給よりも高額の初任給と、自分の親を上回る給与を得られるキャリアが保証されていた。ところが一九七〇年代の中ごろにこのメカニズムは狂い、新規参入者は年長者の給料と同額またはそれ以下の給料を受け取ることになった。同時に、年齢階層間の給与格差は、若者たちを犠牲にするかたちで大幅に広がった。この格差は、若者とそれ以外の年齢階層のあいだの労働、雇用、そしてさらに一般的にいって生活様式の領域に存在する断絶全体を非常にはっきりと反映し表示するものである。とりわけ、新しい経済状況によって課された雇用(と失業……)の新形態――すなわち、ますます増大する社会的職業的不安を背景にした不確実さ、アルバイト、雇用の柔軟性、労働の強化――を経験するよう強いられているのは若者たちなのである。若者たちの目立った特徴は、他の年齢階層に比べて失業率が恒常的にきわめて高いということである。不安定さは、生活のあらゆる面――すなわち、収入と消費、カップルでの生活、結婚生活の安定、家族間の人間関係、地域生活への参加、友だち付き合い――に悪影響を及ぼす。彼らの置かれている状況は、安定した雇用から、安定してはいるが景気の影響を受けやすい雇用、そして不安定な雇用、短期的失業、さらには長期的失業へと移るにつれ、直線的に悪化する。一九五五年以降生まれの人々は二〇歳から四〇歳までの自殺率が年長の人々に比べて大幅に高いのだが、彼らは働き始めた途端、自分たちの置かれている状況が年長者の経験した世界とは根底から異なる世界であるということを知ってしまった。それは、社会的上昇装置《エレベーター》が機能不全で、収入は相対的に低下し、大量に失業し、貧困率の上昇がみられる世界である。つまり青年期という同一のライフステージの社会的内容は劇的に変化したのである。

一九七〇年代以降の高齢者にとっても状況は同じである。ただし、方向は逆向きである。先立つ成長の収益を蓄積したために多かれ少なかれ裕福な旧世代は、景気の急変と新自由主義的な政策の出現によっても、同程度に激しい打撃を受けたわけではない。生涯を通じて、完全雇用と年々増額される給料を経験し、不動産の取得に際してはインフレで得をしたこれらの世代は、退職した後も、そのキャリアにしみこんだ勢いのよさと、人生の第三の年代〔高齢者のこと〕の経済的な不安定さに対して新たな保障をしてくれる福祉国家の気前のよさと、医学の進歩に基づく平均余命の伸びを享受している。しかしながら、平均余命が伸びたのは豊かな医療の恩恵に人々が受動的に浴したためだけではない。高齢まで生きることができるのは、医療のおかげであるとともに、現在健康に気をつけており、またこれまでもずっと健康に気をつけてきたからだ。私たちはもはや、桜の木の下に座ったまま籠がさくらんぼでいっぱいになるのを待っているようなことをしないのと同様、左胸の痛みが自然に和らいだり、臨終になってやっと呼ばれた医者が来てくれるのをただ待ちわびたりというようなことはしない。健康もまた、予測の問題となったのだ。そして、疾病率についてのＩＮＳＥＥ〔国立統計経済研究所〕の研究によって確認されたリュック・ボルタンスキ(9)の論文が示したのは、自分が必要とする医療を予測できるかどうかは、各人が用いることのできる資本、とりわけ文化資本にかかっているということである。管理職が生産労働者と異なるのは、訴える症状ではなく、受診の戦略なのだ。管理職が病気やさらには自殺のリスクからより保護されていることの原因を探すべきところはおそらくここであろう。精神分析を受け鬱に結びつくリスクを予測することは、都市と田舎、あるいは都心と郊外団地地区とで、等しく社会的に受け入れられ予期される行動とみなされるわけではない。自殺の理由は精神分析を受けることで日なたの雪のように溶けてしまうのだが。

一九七〇年代の後半とその後に起こった資本主義経済全体の再編成《リストラ》以来、若者たちはより弱い立場に追い込まれ、高齢者たちはより保護されるようになった。つまり、年齢による自殺の特性の劇的な変化は、フランスにおける年齢ごとの社会的あり方が根底的に変容したことに起因するのである。

フランスが例外ではない……

こういった変容はフランスに特有のものではない。OECD諸国の大半において、この半世紀を特徴付けるのは、一九七五年の経済危機以来の高齢者の自殺率の低下と若者の自殺の上昇なのである。これはルイ・ショーベルが詳細に記述したモデルに従うものであり、その原因は、フランスの事例で挙げられた諸原因と似通っている。このことは、次の諸国——オーストラリア、オーストリア、ベルギー、カナダ、デンマーク、アメリカ、フィンランド、フランス、ギリシャ、イタリア、メキシコ（若者の自殺率の上昇が特に顕著）、オランダ、ニュージーランド、ノルウェー、シンガポール、スウェーデン、スイス、イギリス——においてはっきりと実証されている。

イギリスの事例は、とくに示唆的である。というのも、イギリスはこの時期の間ずっと自殺率が低下した国だからである。男性の自殺率は一九五〇年の一三・六から二〇〇〇年の一〇・二へとじわじわと、女性の自殺率は七・〇から三・〇へと下降した。男性においても女性においても、まず高齢者の自殺率が目立って下がったことがこの下落の第一の原因とされる。「第三の年代」という概念の発明、医学の進歩、さらには何年も継続した経済成長によって、高齢者の境遇はより恵まれたものとなった。しかしながら男性においては、この下落傾向は、とくに一九七五年以降は若者の自殺率の上昇（一九五〇年に五・四、一九七五年に七・八、二〇〇〇年に一〇・五）によって部分的に打ち消されている。一九七五年以降上昇は加速したが、「栄光の三〇年」の間にもすでにこの傾向は観察されはじめていた。若い女性は、より不確実さが増していく経済の変化に男性ほどは影響を受けなかった。半世紀を通して一五歳から二九歳の女性の自殺率は一〇万人当たり三のあたりを揺れ動いてきた。経済変動に対する男性と女性の反応のこのような違いは、イギリスだけに特徴的なものではない。このことについては後ほど、他のデータに基づいて新たに検討することになるだろう。

図26からは、ルイ・ショーベルが「年齢別自殺率の画一化」と呼ぶ現象をほとんどそのまま読み取ることができる。一九五〇年には、最も若い男性の自殺率は最も高齢の男性の自殺率に大きく差をつけられていたが、二〇〇〇年には同じになりさらにはそれを超えてしまうのだ。女性では、変化の様相は相似しているものの、変化の規模は男性より小さい。

図 26　イギリスにおける男性の年齢別自殺率の変化（1950 ～ 2000 年）

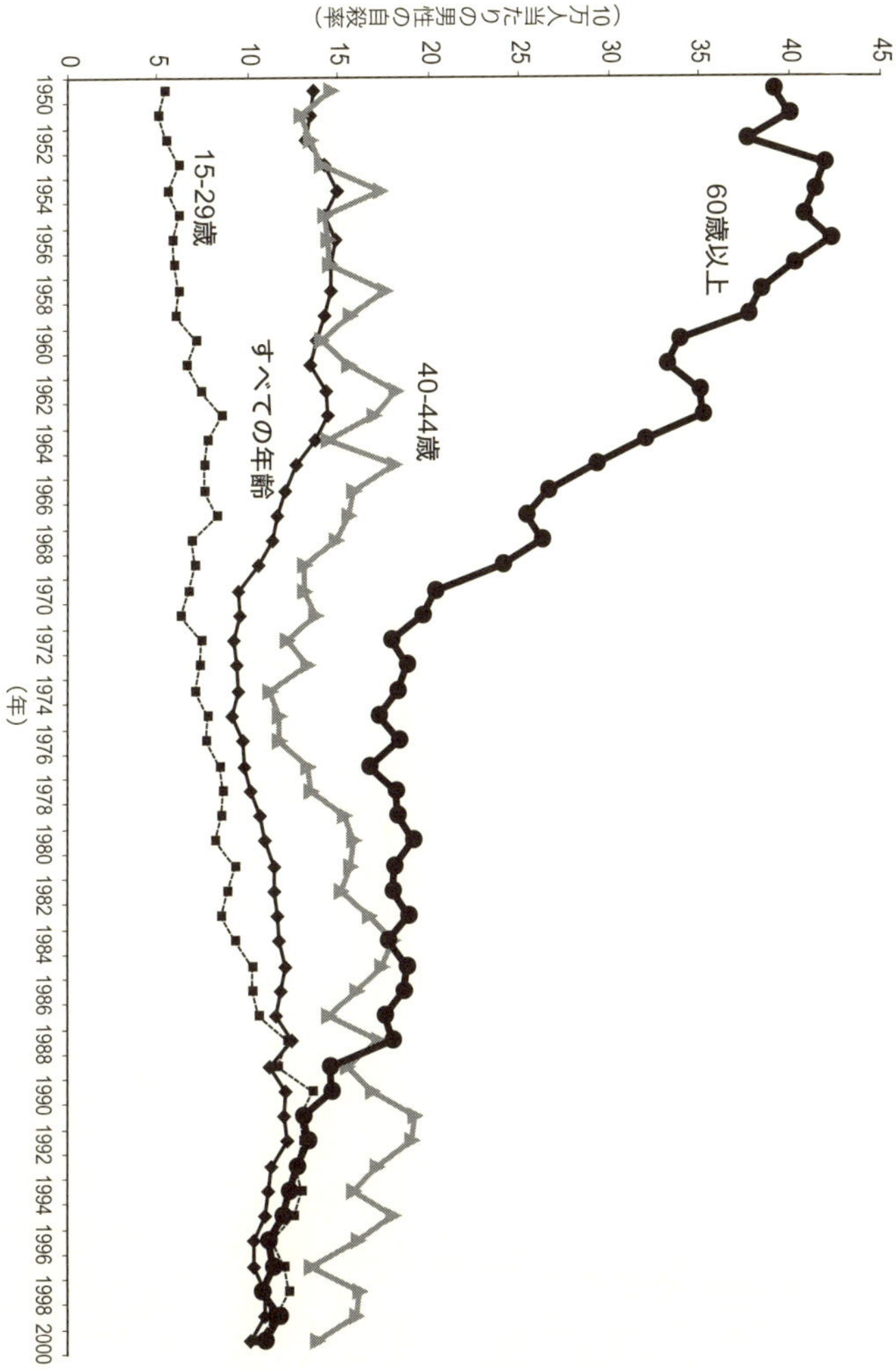

出典：INED.

でも、日本とドイツは例外的に……

しかしながら豊かな国においては、この一般的な変化のモデルにいくつかの例外が認められる。あらゆる年齢層で自殺率が下がった西ドイツ。反対に、経済と社会の急速な近代化を経験したアイルランドとスペインでは、自殺率は全体的に上昇した。ポルトガルは、一九五〇年にすでに低かった自殺率からさらに全体的に低下した。というのも、変化の力学はある点においては一般的な性質を帯びそれぞれの社会同士で似たものであったとしても——例えば平均余命の伸びのように——、その他の諸傾向がそれぞれの社会の組織の性質を特徴付け、自殺の変化にも固有の効果を及ぼすからである。

日本のケースはとりわけ興味深い。日本は、自殺がきわめて多い社会だという濡れ衣をしばしば着せられてきたが、それは誤りである。たしかに、戦争で困窮状態に陥ったこの国の一人当たりのGDPが一九二一ドルというささやかなものであった一九五〇年には、一〇万人当たり一九・六という特別に高い自殺率を経験していた。この数値は、当時の経済力が日本よりもずっと強かったフランス（一五・二）、イギリス（一〇・二）、アメリカ（七・六）のそれをはるかに上回っていた(10)。この状況は辛辣な考察というよりも熟考のための材料を人類学者たちに与えた。モーリス・パンゲは、通常の自殺が特殊な状況下の武士にのみしか許されない儀式化された犠牲行為である切腹（ハラキリという名で知られている）や、障害のある恋人たちのロマネスクな心中に由来するというステレオタイプが誤りであることを明らかにした。(11) 日本には、ヒロイズムやロマンチシズムには全くよらない、統計だけが記録する自殺が存在している。そして、日本の統計は示唆に富むものである。日本は非常に豊かになり、その年齢ピラミッドは他のすべての豊かな国々と同様高齢化しているにもかかわらず、自殺率は一九五〇年から一九九五年の間に一九・六から一七・三へと低下している。これは、経済成長と自殺の関係を疑うに十分ではないだろうか。一九五〇年から一九九五年の間に、日本人一人が自由に使える富は一〇倍になった。この変化の中で、年齢を考慮に入れることはとても重要である。

図27と**28**はすべての年齢層で自殺率が低下していることをよく示している。詳細に分析すると、高齢の層（男性でマイナス三八九六、女性でマイナス三四二七）と同様、若い層の減少（男性でマイナス二四一四、女性でマイナス二七八六）は、人口の高齢化が引き起こしたであろう上昇分（男性五九二〇、女性四一三三）を相殺して余りある。こういった変化において、女性に関係する変化は特に重要である。というのも、女性は最初男性よりも少し低い自殺率（一九五〇年において一〇万人当たり、男性が二四・一のところ、女性一五・三）から出発し、この時期の最後には男性と女性の格差はあらゆる先進国のそれと似たものになったからである。この点については、また後ほど戻ってくることにしよう。

年齢のカテゴリーを導入することのメリットは、自殺率の社会的変化を明らかにすることができることである。というのも、この時期の日本の統計で目を引くのは、年齢ピラミッドのすべての年齢階層で自殺率が低下していることに加え、とりわけ、経済成長が最高潮に達し日本が世界経済のまさし

図 27　1950 年と 1995 年における日本での男性の年齢別自殺率

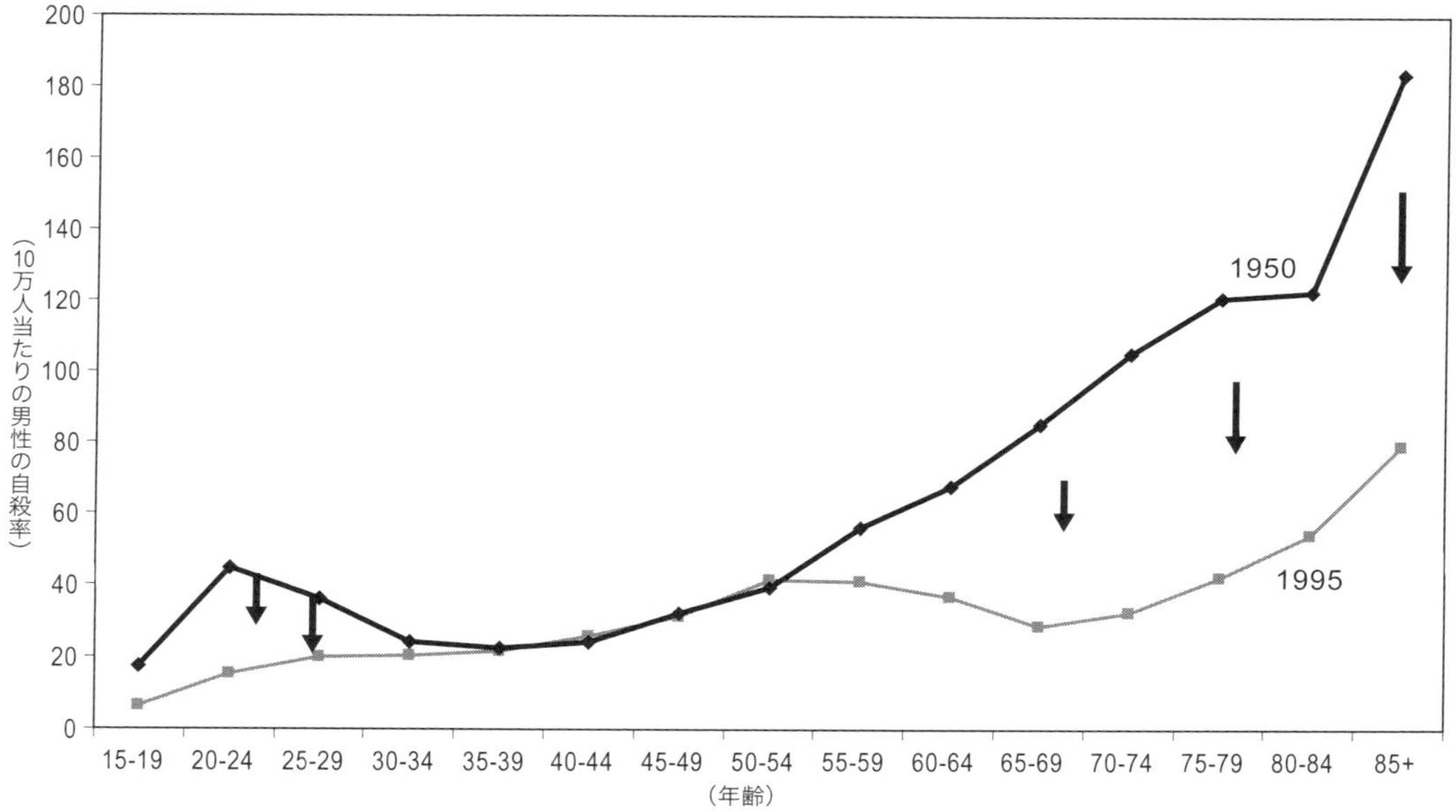

出典：INED.

図28　1950年と1995年における日本での女性の年齢別自殺率

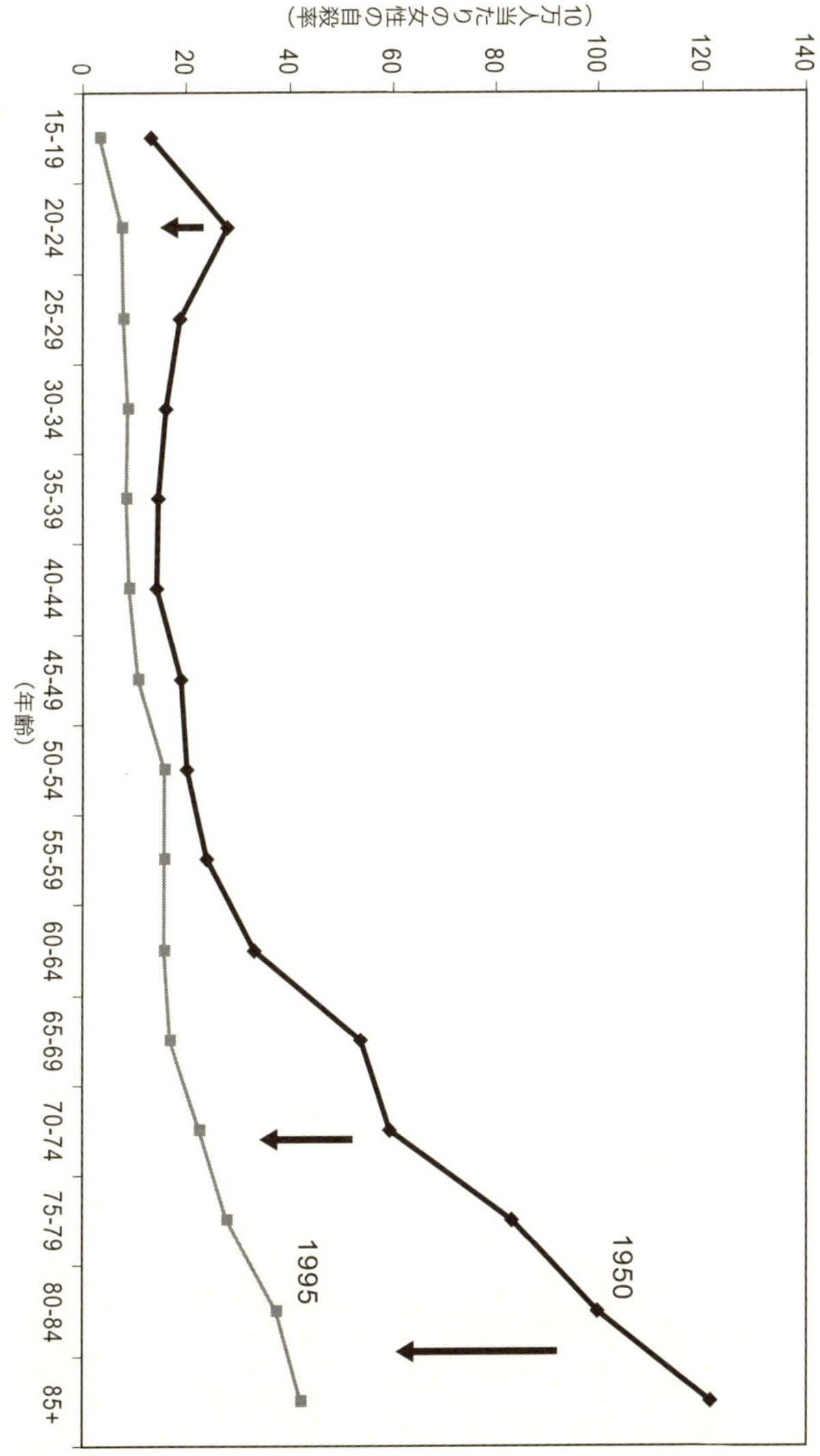

出典：INED.

く上位グループに登場した時期において、若者の自殺がかなり印象的な形で低下したことなのである。おそらく、日本社会のなかで長らく息づいてきた、独自の形態の企業資本主義を組織することで各世代を統合・同化してきた配慮によって、これらのデータを説明することができるだろう。(12) この独自の企業資本主義の形態については、森嶋通夫と野原博厚が強調している。森嶋は、個人主義的でなくまたピューリタン的な伝統も持たない日本という国に移植された、日本的資本主義に特有の文化的諸次元を明らかにした。野原は、プロヴァンス大学の労働経済学研究所で行われた比較研究の枠組みのなかで、社会によってスキル形成の仕方が異なることに力点をおいた議論を展開している。「日本の若者たちが労働の世界に参入するのは相対的に容易である。この容易さは、彼らが受けてきた教育が労働市場に適合していることによるのではなく、資格そのものよりも職業的適応の潜在的能力を評価するような各企業の労働力管理システムによる」。日本の経営者たちは、個人の競争力と生産性に強力に軸足をおいた企業を一から設立する代わりに、強い一体感を伴う集団生活の単位を組織してきた。それは新参者の受け入れと育成に大きな注意が払われる組織である。ここ数年来日本式モデルに亀裂が入り、グローバリゼーションの圧力の下、アングロ・サクソン的な法人企業《コーポレート・ビジネス》の諸形態が、雇用の柔軟性、不安定さ、個人主義を日本社会に無理強いしていることは周知の通りである。そのため自殺率は、このような経済組織の変化を完全に反映することとなった。つまり、自殺率は急激に上昇した。もはや若者たちにも容赦なく襲いかかり、最も高齢の者たちだけはなんとかしのぐことができたのである。

この変化のあらわれ方は女性ではそれほど激しくなかった。男性の自殺率は、五年間で二四・三から三五・二へと上昇したが、女性の自殺率は一一・三から一三・四の変化にとどまっている（**図29**と**図30**を参照のこと）。

日本の事例が教えることは多い。半世紀にわたって自殺率が低下するという際立った傾向と、最近一〇年間の急激な上昇は、すべての豊かな国々のなかで独特である。日本の傾向が明らかにしているのは、自殺率が、経済社会生活ならびに様々な年齢集団の生活・労働条件に影響を与えるような諸変化に、非常に敏感に反応するということである。

ライン川の向こう側、ドイツにおいても、若者の自殺率の上昇は見られない。日本同様ドイツでも、すべての年齢層において自殺率は非常にはっきりと減少している。一九八五年から一九九〇年までの五年間で、男性の自殺率は西部諸州で一〇万人当たり二九・四から二二・四へと低下した。このことに対してどのような説明ができるだろう？　思い切って、日本の事例で引き合いに出されたのと同じ発想に基づくいくつかの説明をしてみることにしよう。学校と企業をいっそう緊密に結びつける教育システムによって、労働の世界に若者がよりうまく統合されることが可能となっている。実際、ドイツの若者たちの失業率は、他の年齢階層に比べてとりたてて高いわけではない。職業教育は、追放の手段として使われるどころかとても高い評価がされている。ドイツでは技師は成功した労働者とみな

図 29　1995 年と 2000 年における日本での男性の年齢別自殺率

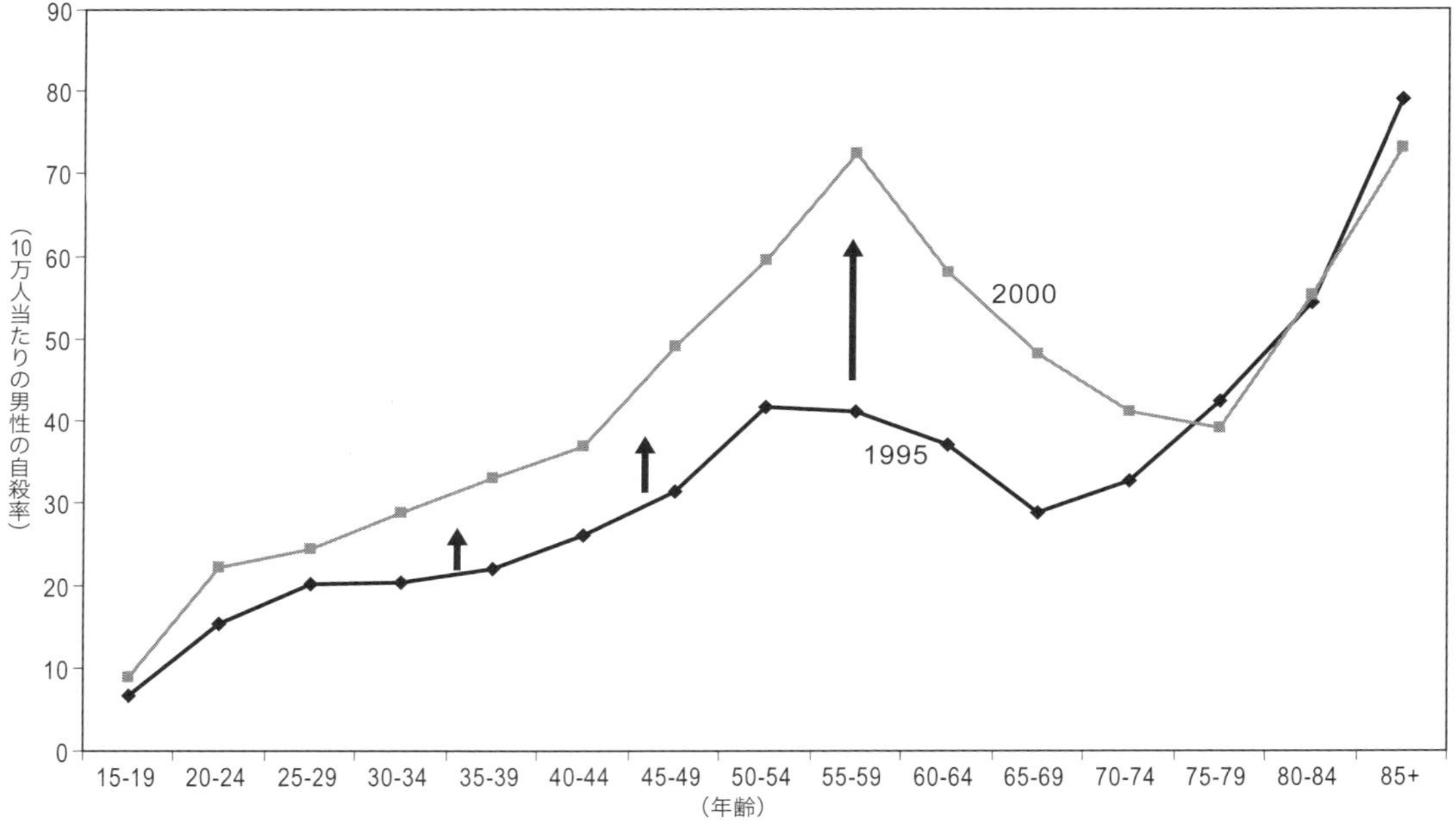

出典：INED.

図30　1995年と2000年における日本での女性の年齢別自殺率

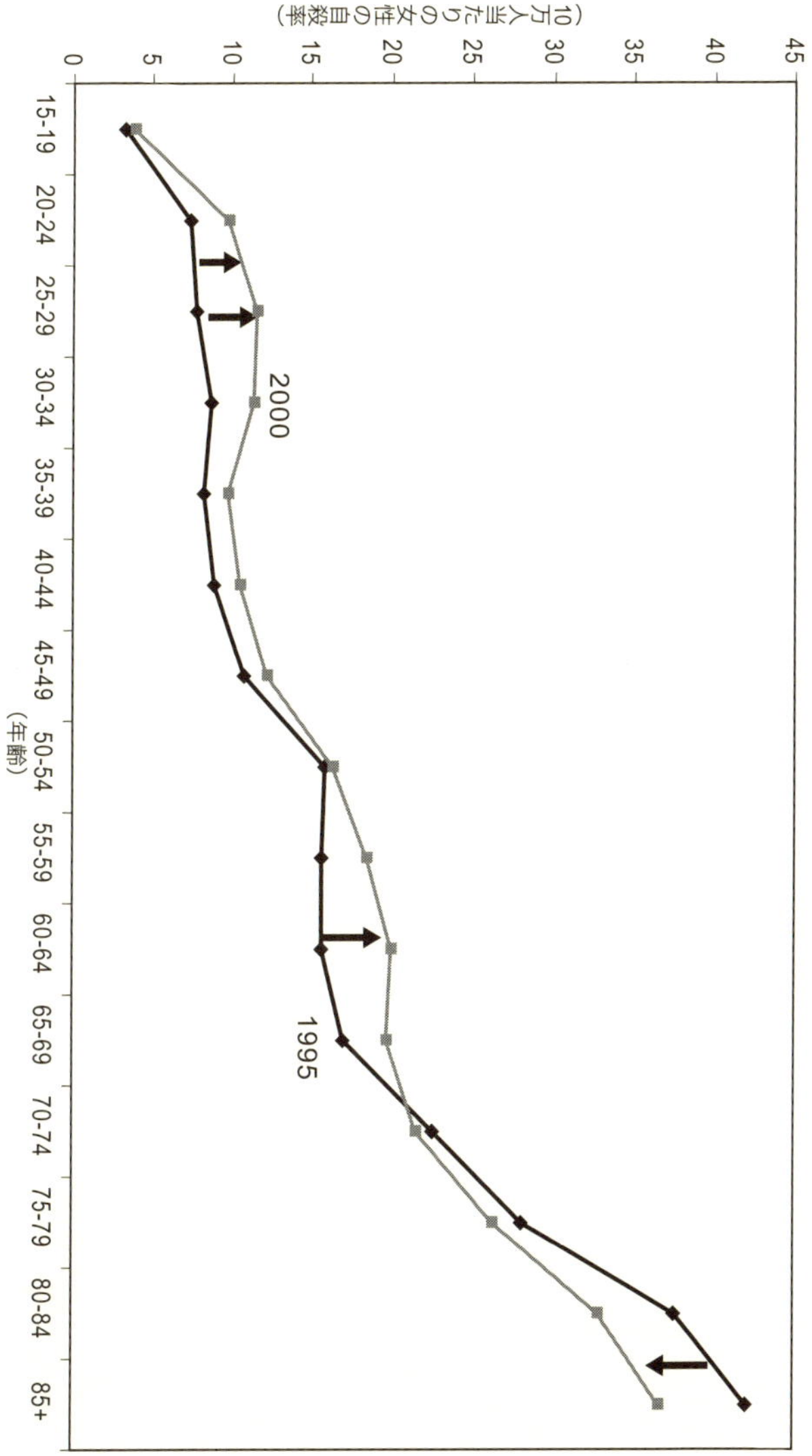

出典：INED.

される。ドイツにおける給与や収入の不平等の程度は、フランスやアメリカに比べ低い。そして他のヨーロッパ諸国と比べると、給与、雇用、住居の取得、そして家産相続の点でさえ、年齢による格差があまり目立たない。これほどの違いによって、ライフステージごとの経済的、社会的構成が決まってくるのだ。そしてそれが、年齢別で異なる自殺の特徴に反映されることになる。

年齢ピラミッドを変容させる主な要因は、われわれを社会学の真只中へ、つまりシステムとその行為者の大幅な変容へと送り込む。われわれは、年齢を国ごとのあるいは時期ごとの比較を標準化するために中和できる透明な変数だと片付けておくことはできないのだ。

イタリアの奇跡の終焉と英国の冷静さ

一方、経済危機という同じ文脈が様々な国に対して引き起こす固有の効果を分析することも意義深い。というのも、たしかに一九七〇年代の経済成長の落ち込みはすべての先進国に影響を与えたが、だからといって至るところで同時に同じ年齢階層に打撃を加えたわけではないからである。イギリスとイタリアという自殺率が高くない国を比較することで見えてくることがたくさんある。

経済成長が盛んだった一九五〇年から一九七五年までの間、イギリスにおける自殺のパターンの変化の主要な要因は、自殺の総数への影響順に挙げれば、

――六〇歳以上の自殺率の大幅な減少（自殺数でマイナス四五三）

――四四―六〇歳のもう少し穏やかな減少（同　マイナス三八二）

――若者の自殺率の軽微な上昇（同　プラス一一八）
――人口全体の高齢化（同　プラス一〇一）

一九七五年から二〇〇〇年の間に、状況は大幅に変化する。つまり、
――高齢者の自殺率は減少するが、その速度は弱まる（同　二七一の減少）
――最も若い層の自殺率の上昇が、この減少を埋め合わせる（一五―二九歳で一四六の増加、三〇―四四歳で二〇七の増加）
――人口の高齢化は、自殺については無視できる程度の影響しか及ぼしていない。

一九五〇年から一九七五年までの期間、これは、数の上では最多でまた最も保護された第三の年代の四半世紀である。一九七五年以降は、青年層が前景に登場する。

「イタリアの奇跡」の時期の特徴は、すべての年齢層で自殺率が全体的に低下した（マイナス八八一）ことである。それは、人口の高齢化（プラス二〇一）によってほとんど影響を受けていない。イギリスとは違って、すべての世代が経済成長によって恩恵を受けた。反対に、オイルショックの後は、高齢者のみがわずかに保護された（マイナス六八）。オイルショックは一五歳から六〇歳のすべての世代に打撃を与えた（プラス四六五）。そして異なる年齢層間の自殺率の隔たりは相当に大きいままな

ので、人口の高齢化が自殺数を有意に上昇させるほどである（プラス一五三）。「栄光の三〇年間」の経済成長は、この歴史ある経済の都たるイギリスにおいては、発展途上国に近かったイタリアでのような奇跡の様相を帯びてはいなかった。イギリスでは富裕層は財政破綻になんとか対処したが、イタリアでは、財政破綻の際、全社会階層が影響を受け、近年手にしたばかりのつつましやかな中流のオーラを失ってしまう脅威にさらされたのである。つまり自殺には、社会の変化が年齢のパターンに与えた変容の痕跡が残っているということである。「栄光の三〇年間」に打ち立てられていた世代間の関係は、経済成長の減速という現象によって見直されることとなった。これは一般的には、年齢別の自殺率の画一化となって現れる。それは、こうした現象が起こる社会に固有の過程である。

年齢の社会的諸次元を真摯に受けとめる

二〇世紀の最後の四半世紀における自殺のパターンのこのような全体的な変化は人目を引くものであり、新しい経済状況がわれわれの社会にもたらした混乱の大きさについて考えさせるものである。しかしながら、いくつかの大きな機関が公刊した一連の統計においては、この傾向の大きさと意味はしばしば覆い隠されている。それは、「他のすべてが等しかったとして」という前提で説明される「標準化された自殺率」を提示する、統計的には非の打ち所のない技法を用いることによる。このように、自殺率は年齢によって様々であり、遠くない過去には高齢者は他の年齢層より多く自殺していたという状況のなか、いつも厳密な比較を行うことに腐心している疫学者と人口学者は、国や地方の真の社会的現実を同一の年齢で比較するために、二国間の――もしくは一国の内部での長期的な――比較研究において、異なる年齢ピラミッドの構造が与える効果を中和しようとするのである。六〇歳以上の人口の比率が非常に高い国は、年齢ピラミッドにおいて六〇歳以上の占める部分がより少ない隣国よりも純自殺率がア・プリオリに高いという特徴を持つことになるだろう。前者は、自殺傾向が後者よりも高いということではなく、高齢者の数が多いだけであり、それはまったく別の事柄である。高齢化の効果を中和し、比較可能な国ごとの自殺率を計測するために、自殺率を「標準化」する、すなわちそれぞれの国が一つの同一の年齢ピラミッドによって特徴付けられるかのように自殺率を計算するのだ。人口の高齢化の様態の国ごとの差異を除去して二国の「純粋差異」を計測する。同じテクニックが、一国内のある一つの時系列にも適用される。たとえば、二〇〇〇年のフランスの人口に一九五〇年の年齢構造を適用するというように。

この技法は、年齢の効果が空間と時間において一定である限りは正当である。しかしこの四半世紀のように大きな変動によって年齢別自殺のパターンが影響を受けた場合、そしてわれわれがここまで見てきたように、そういった変動がすべての国において同じ形をとらない場合には、偽りのものとなってしまう。

このことについて納得するために、「一九五〇年から二〇〇〇年のオランダにおける自殺率の変化」

という一つの具体例について考えてみよう。五〇年間で、男性の自殺率は七・四から一二・七へと上昇し、女性の自殺率も三・七から六・二へと上昇した。これらの率を「標準化」することで、たとえば二〇〇〇年に一九五〇年の人口構成を適用することで、この上昇を多少減じることができる。二〇〇〇年の男性一二・七に対し一〇・二を、女性六・二に対し五・〇を得ることができる。そこで、次のような結論を得ることができよう。自殺率の上昇の大部分は人口の高齢化に帰することができる、と。残余の部分に対する社会的原因を探す必要はあるにしてもである。しかしこの標準化によるアプローチは、概念上も計算上も単純化である。もし年齢との関連による効果を分析するという労をとれば、もっとずっと示唆に富んだ結論が得られるのだ。

一九五〇年から二〇〇〇年の間に、オランダでは男性の自殺三四一、女性の自殺一六八の増加が記録された。

男性の増加のうち、年齢ピラミッドの変化に関連しているのは半分以下（一五五）だけである。残る一八六は、同じ年齢層での自殺率の増大の結果である。しかし——ここで、注意が必要である！——この一八六という全体の増加は、五〇歳以上の率の減少（マイナス一〇三）と、若い層の自殺のかなりの増大（プラス二八九）の結果なのである。

女性についてもまったく同じことが言える。年齢ピラミッドの変形によって生じる八六の自殺の増加に加え、自殺率の全体的な増加によって八二の増加が生じている。ここでは男性の場合と同じ非対称が女性にも起こっていて、年齢の高い層の自殺の減少（マイナス一八）と、若い層の自殺の大幅な増加（プラス一〇〇）がみられる。(13)一九五〇年から二〇〇〇年の間のオランダでは、年齢ピラミッドに結びついた予測可能な効果を考慮すると、自殺の水準に影響を与えるような社会変化はなかったのである。社会的変容はとりわけ、年齢に結びついた地位の変化にあった。図31と32で、このことがはっきりとわかる。

以上が、今日における年齢別自殺の新しいパターンである。これが、一世紀半以上にわたって維持されてきた旧来のパターンと同じだけの長命を享受するということを保証するものは何もない。多くの国において定年システムが再検討に付されたこと、より長く働かなければならなくなったこと、そして特にますます多くの労働者が労働市場にいっそう遅く参入するようになった結果、職業生活の終わりに満額の退職金を得られる勤続年数に達することが困難になっていること、こういった近々起こるだろうすべての変化は、近い将来その黄金時代の終焉を迎えることになる第三の年代の地位を新たに脅かし続けることになる。長期統計からは、年齢が上がるにつれて自殺率が上昇した一世紀半が永遠に続くなどとはけっして言うことができない。現在進行中の経済および社会の変化の速度と荒々しさをみれば、現在の年齢と自殺の関係の現状は、社会生活のリズムに合わせて脈打ち続ける歴史のなかではごく一瞬に過ぎないということを考えさせられるのである。

図 31　1950 年と 2000 年におけるオランダでの男性の年齢別自殺率

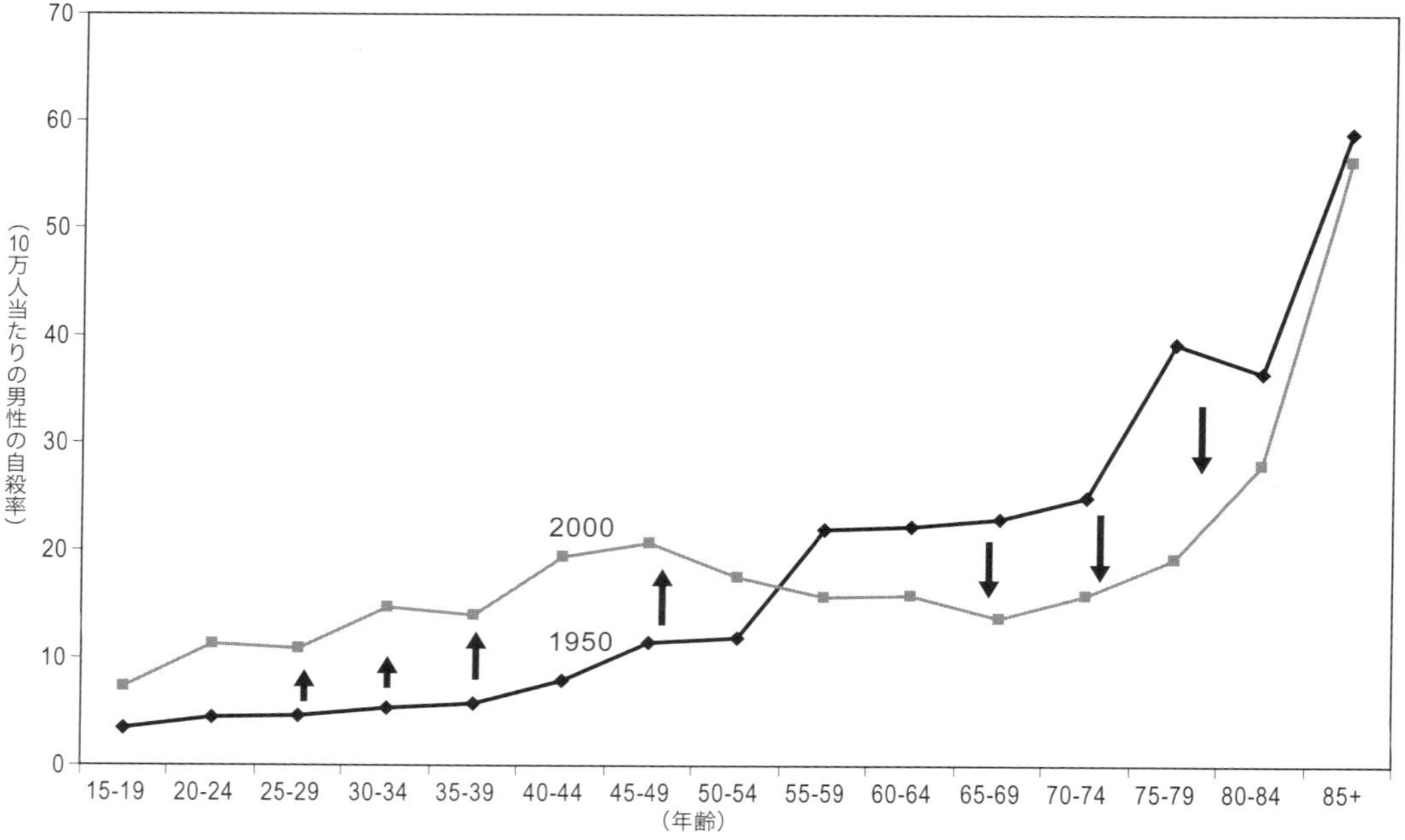

出典：INED.

図32　1950年と2000年におけるオランダでの女性の年齢別自殺率

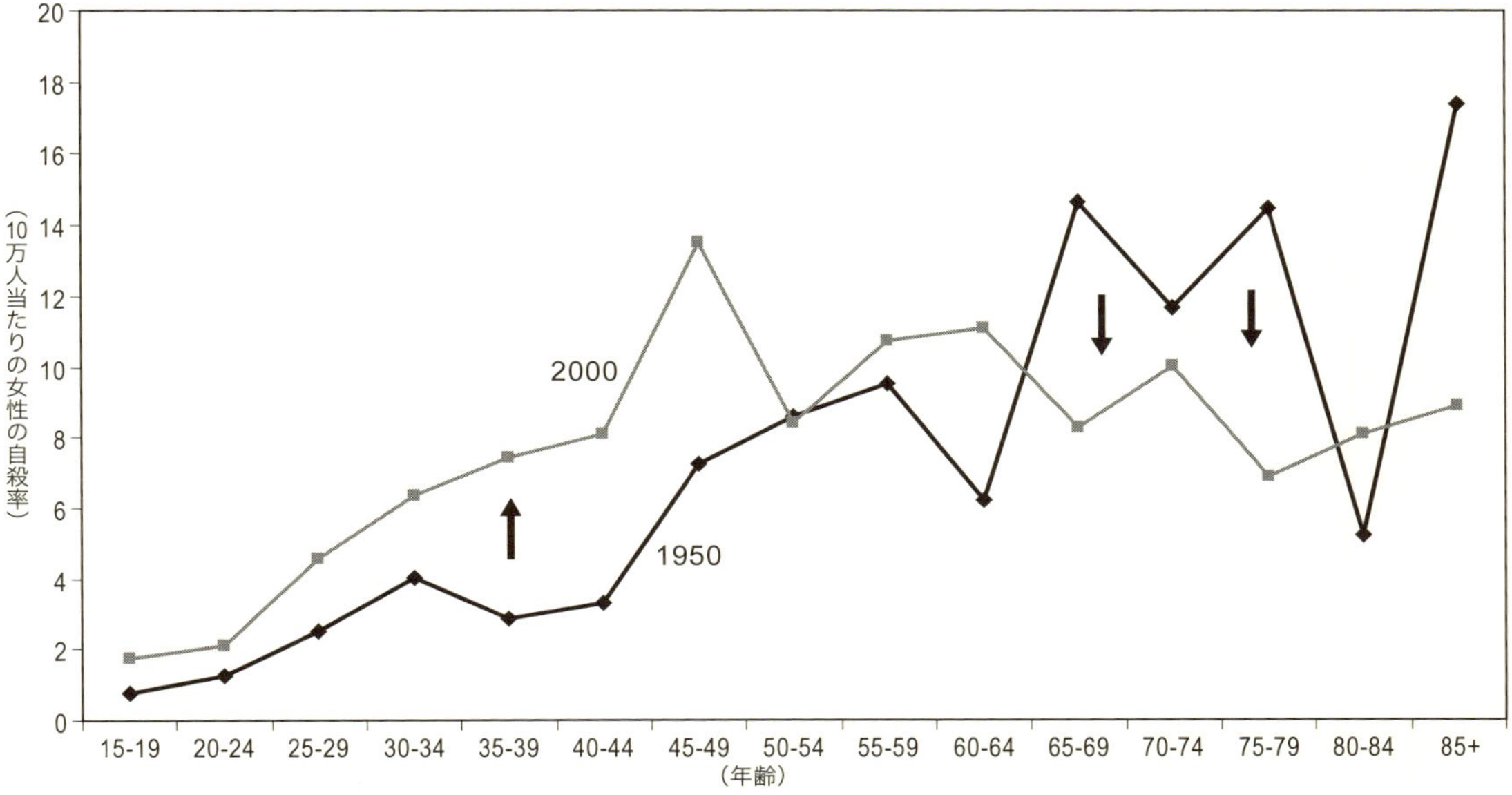

出典：INED.
女性のグラフの動きの大きさは、用いられた目盛りのためである。女性の自殺率は非常に低いので、10万に対して1動くと大幅に上昇したという誤った印象を与えてしまう恐れがある。

第7章　自殺と社会階級

その現状報告

死を前にした不平等は、社会生活によって引き起こされるいろいろな不平等を測定する一つの悲劇的な尺度である。フランスでは今日、生後九年間以上の生存を見れば、最も長寿の人々が属する社会的諸カテゴリーと、最も若くして死亡する人々のカテゴリーが分け隔てられてしまう。この両極の間の人々は、社会階層を下降するにつれて規則的かつ強度に、余命が短くなっている。一九八〇―九〇年の期間では、三五―六五歳の一人の工場労働者が死亡する率は高級管理職に比べ二倍のリスクがある（一三％に対し二六％）。この隔たりは一九六〇年代から強まってきており、というのも三五―六〇歳の死亡率は、死亡率がすでに最も低かったグループに比べると、最も上昇していた様々な社会的グループのあいだでそれほど減少しなかったからである。死亡に対し既にかなり保護されたカテゴリーである教員では二六％減少したのに対し、単能工では九・五％の減少にすぎない(1)。

自殺の社会的配分は今日のフランスにおいて、人口学者たちが余命や一般的な死亡率について公表する諸傾向と組み合わされている。平均余命が最も短い社会的グループはまた、自殺に最もさらされているグループでもある。今日自殺は、生活が最も不安定で脅威に直面し過酷で短命な環境に襲いかかる。いつでもそうだったわけではないが。

今日の社会的環境と自殺との諸関係について正確に把握するために、次の二つの観点を順番に採用してみよう。最初の観点は以下の三つの豊かな国で得られた地域的な統計に依拠している。アメリカ、フランスそしてイギリスである。この統計によれば、これら三カ国において、諸州（アメリカ）、県（フランス）、地域（イギリス）を問題とした場合に、最も貧しい地域から最も豊かな地域へと移動するにつれ、自殺率がはっきりと減少している。第二の観点は、もっと個人的でフランスを中心としたものだが、社会的カテゴリーと職業に応じた自殺の配分を分析している。これら二つの尺度による諸結果は一致する。すなわち、自殺が頂点に達するのは最も貧しく最も恵まれない地域やカテゴリーにおいてである。この二〇世紀末に作成された次の表は、一九世紀にデュルケームによって分析された状況と著しいコントラストを描いている。

アメリカの自殺についての地理学

アメリカでは最も豊かで近代的な州（カリフォルニア、イリノイ、ニュージャージー）では自殺が最も低いレベルにある。自殺が最も多い州とは、貧困や地理的状況の点で、いわゆるアメリカ的なライフスタイル（american way of life）の中心から隔たっている場所に位置する州である（図33参照）。研究者たちは、郡（アメリカにおける州の下の行政単位）ごとのとても精緻な地域的統計をもとに、収入額の中央値が標準偏差で一ポイント増加すると自殺が一・四％減少するという計算まで行った[2]。州ごとの時系列統計によれば、豊かさによって得られる自殺に対する保護は一九五〇年から現在まで増大した。

フランスの県――所得税と自殺

現代のフランスについても同様の尺度を得ることができる。フランスでは県ごとに豊かさが異なっ

図 33　州ごとの豊かさから見たアメリカの自殺率（2001 年）

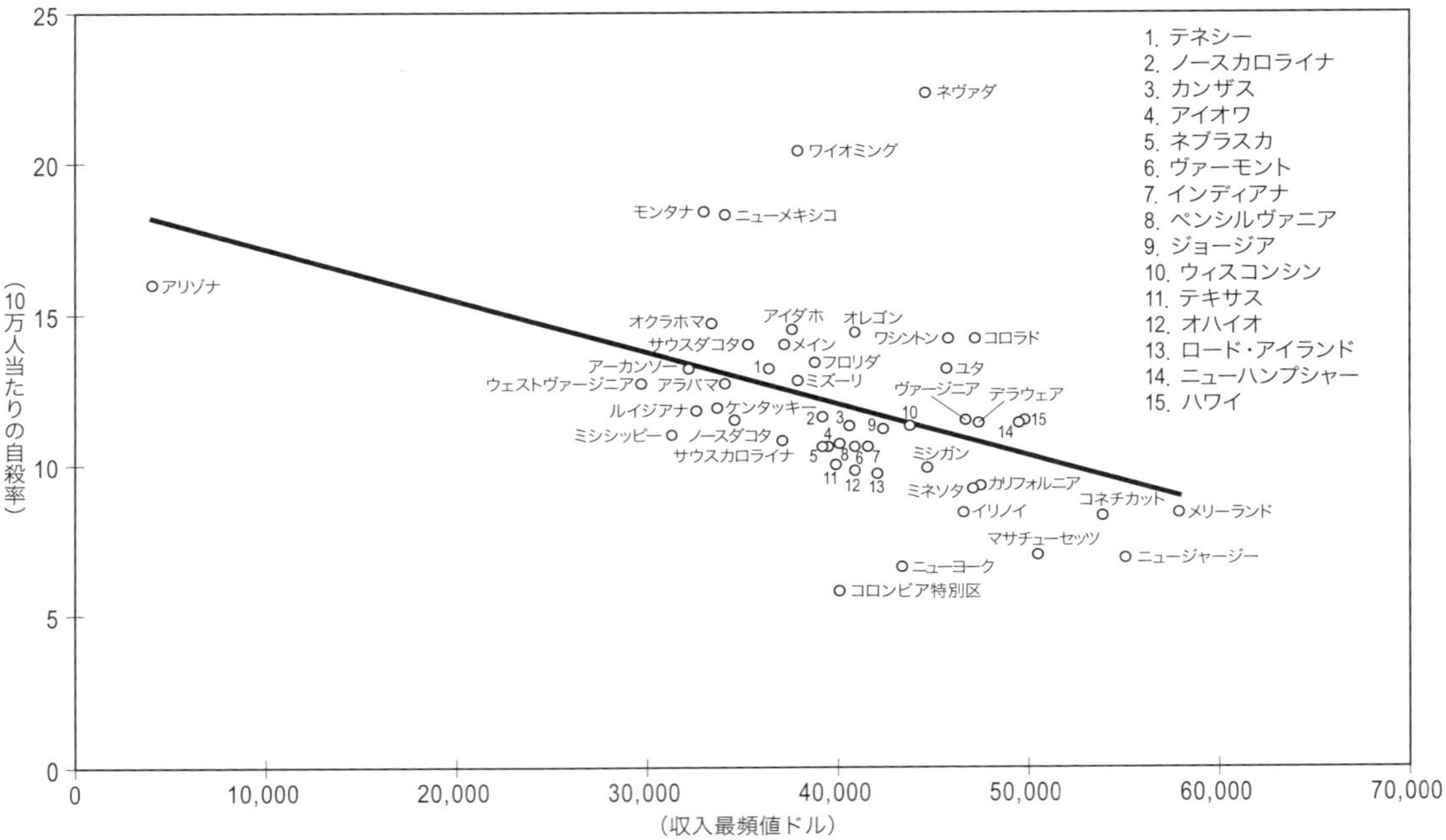

出典：Glen Evans, Norman Farberow, *The Encyclopedia of Suicide*〔自殺百科〕, New York, 2003.

ており、アメリカと同様に、以下の社会生活のあらゆる領域において、貧困がある種の周辺化と結びついている。人口の停滞、都市中心部からの遠隔、教育の不完全な供給である。収入に課税される世帯の割合が、各県の相対的な豊かさを表す良い尺度となっている。このようにして自殺率と豊かさを関連付けることができる。自殺率が最も低いのは、最も豊かで最も近代的で最も都市化された諸県である。逆に自殺のいろいろな数値は、最も貧しい県で記録されている(3)。

まず一二県からなる一つのグループを区別でき、自殺率がとても低く一〇万人当たり五・九―一九・五となっている。これに該当するのはパリ、セーヌ＝サンドニ、ヴァル・ド・マルヌ、モゼール、オート・ガロンヌ、オー・ド・セーヌ、ローヌ、バ・ラン、アルプ・マリティム、イヴリーヌ、ヴァル・ドワーズ、エッソンヌである。所得課税世帯の割合が高く(六一％)、六〇歳以上人口が少ない(一一％)県からなるグループである。

次に来るのが三三県から成るグループで、自殺率が平均よりわずかに低く、人口一〇万人当たり二〇・六―三〇・七である。セーヌ・エ・マルヌ、ジュラ、オ・ラン、イゼール、ブッシュ・デュ・ローヌ、タルン・エ・ガロンヌ、ロゼール、サヴォワ、アン、ジロンド、ピレネー・アトランティック、ガール、オート・サヴォワ、オート・ピレネー、ヴォークリューズ、タルン、エロー、ロ、アヴェロン、コルス・デュ・スュッド、マルヌ、コート・ドール、オーブ、オート・アルプ、ランド、オート・コルス、アルデンヌ、ロワール・アトランティック、オワーズ、ノール、メーヌ・エ・ロワール、ドローム、アルデッシュである。このグループは課税世帯が少なく(五〇％)、高齢者が多い(一九・五％)。

地図1　フランスの県ごとにみた所得税の課税対象世帯の割合（2000〜01年）

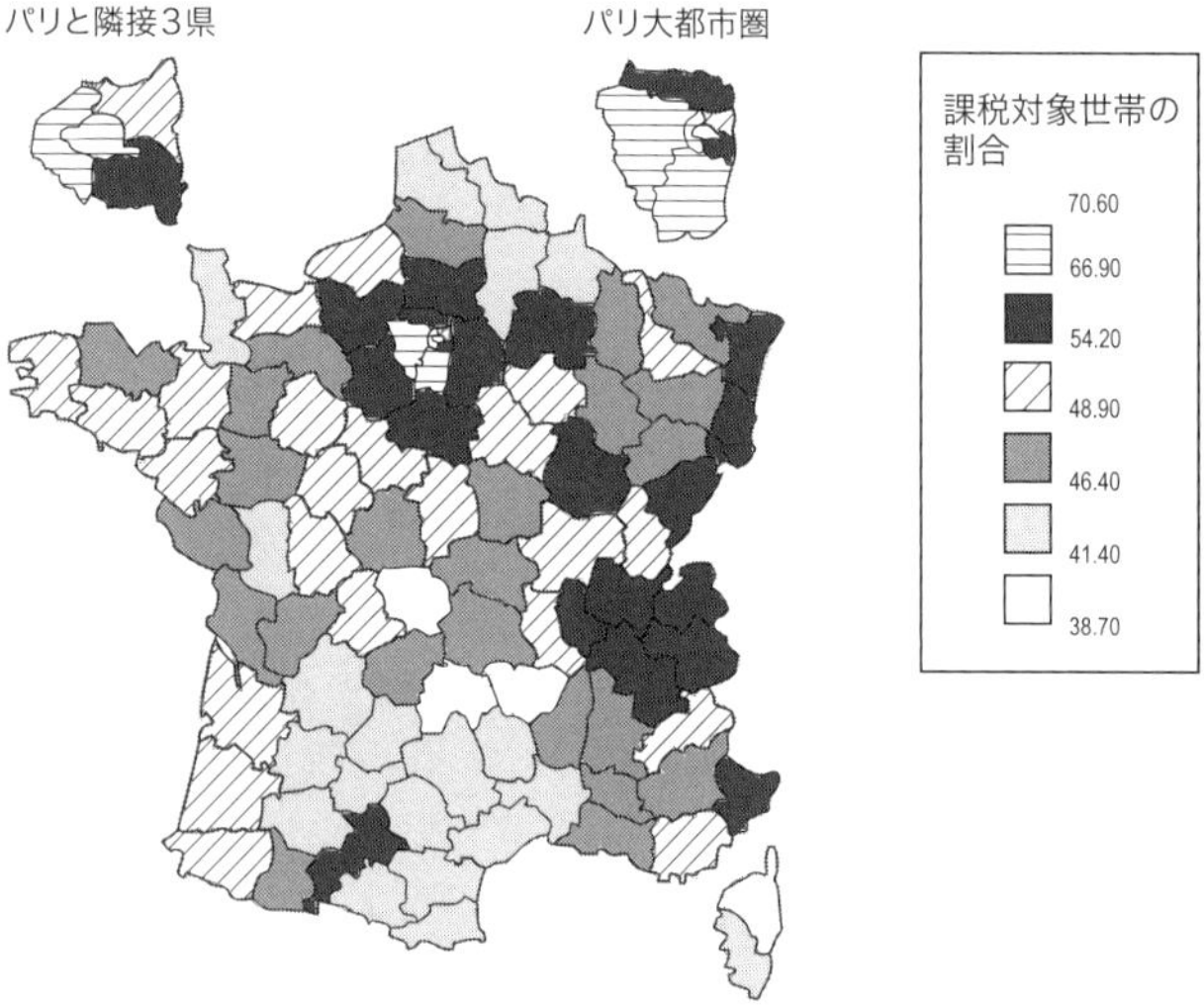

出典：Philcato - http://perso.club-internet.fr/philgeo（Q6による区分）。自殺と課税。

自殺率が平均をわずかに上回り一〇万人当たり三一―三九・五となるのが以下の三七県である。モルト・エ・モゼール、ピレネー・オリエンタル、ピュイ・ド・ドーム、アリエージュ、ロワール、ロワレ、イヨンヌ、セーヌ・マリティム、ヴァール、ヴィエンヌ、オート・ロワール、カンタル、ドゥーブ、カルヴァドス、オート・マルヌ、ユール、アルプ・ド・オート・プロヴァンス、ドゥ・セーヴル、ユール・エ・ロワール、エーヌ、ヴォージュ、シェール、アンドル・エ・ロワール、イル・エ・ヴィレーヌ、オード、オート・サオンヌ、ジェール、サオンヌ・エ・ロワール、コレーズ、ヴァンデ、テリトワール・ド・ベルフォール、マイエンヌ、オート・ヴィエンヌ、パ・ド・カレ、シャラント、シャラント・マリティーム、モーズ。貧困と高齢化で一段階の上昇（四八％

地図2　フランスの県ごとの自殺率の分布

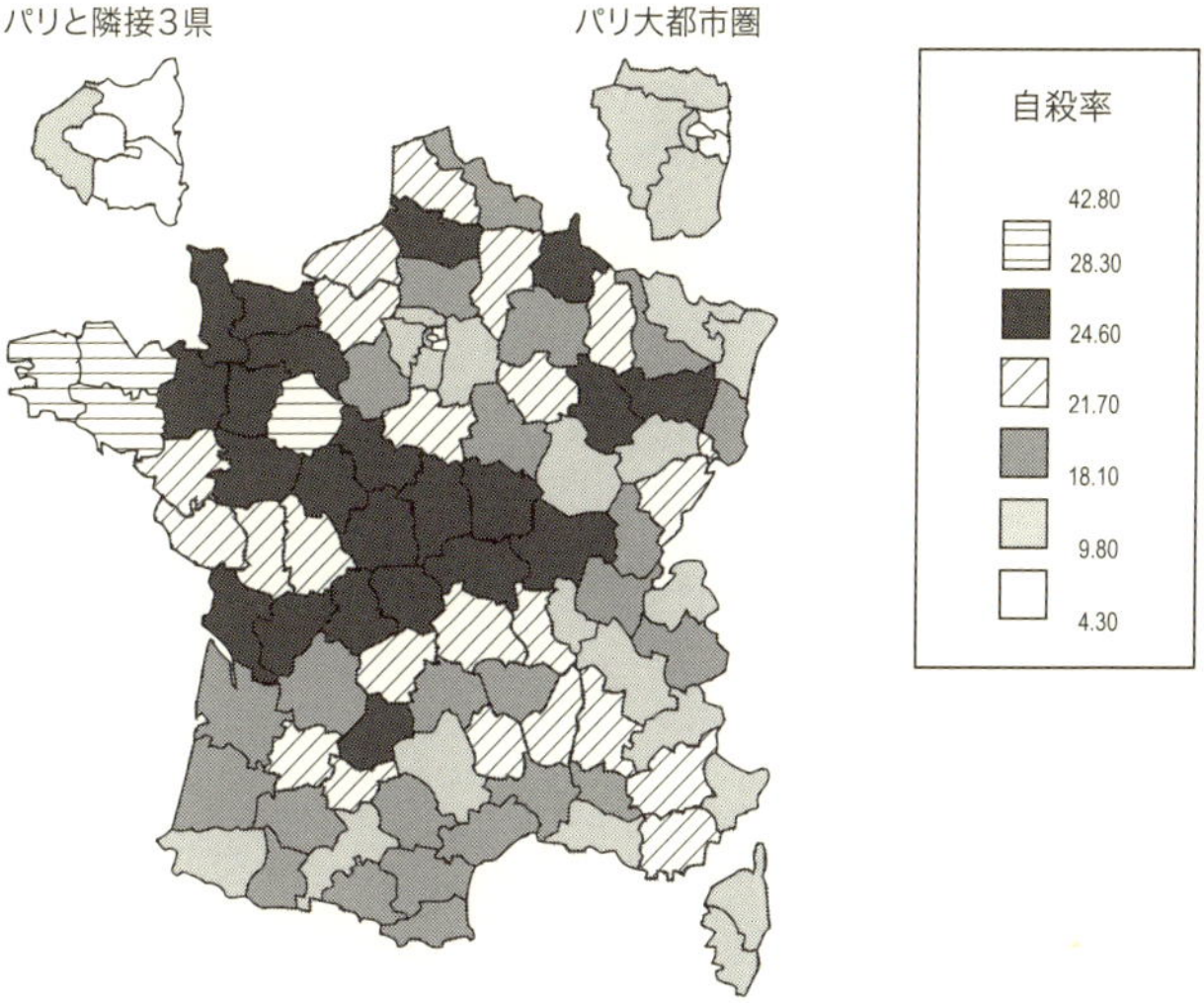

出典：Philcato - http://perso.club-internet.fr/philgeo（Q6による区分）。自殺と課税。

が課税世帯、二三％が六〇歳以上）が見られる。

最後に一四県で、自殺率は一〇万人当たり三九・八―五一・九である。ソンム、オルヌ、アリエ、フィニステール、マンシュ、ロ・エ・ガロンヌ、アンドル、クローズ、サルト、ロワール・エ・シェール、ドルドーニュ、モービアン、ニエーヴル、コート・ダルモール。このグループは先のグループに比べていっそう貧しく（課税世帯が四七％）、より高齢（二七％が六〇歳以上）である。

県ごとの統計では自殺が貧困と高齢化に歩調を合わせている。しかしこれら二つの要因は区別することができる。同年齢の男性にとって、豊かさのもたらす効果は重要である。県ごとの豊かさと自殺率との関係は二〇―七〇歳の全ての五歳ごとの年齢層において重要であるが、豊かさが同じであれば、高齢化の影響はない。経済的ダイナミズムはもはや、自殺を引き起こすアノミーの要因ではない。自殺率が低い一二の県すべてで最も大きな都市的集積が見られる。パリ、リヨン、ニースである。これと反対に、最も強い自殺率の一四県はすべて都市化が弱い。

すべてが直接に豊かさに関わっているというわけではない。セーヌ・サンドニ県は平均的な豊かさであるが、自殺率がとても低く、イル・ド・フランス地方の他県に近い。おそらくこの類似性はパリ地域の相対的な豊かさによる間接的な効果、すなわち都市化に基づいている。そしてまさにここに新しいパラドクスがある。つまり大規模郊外地区という世界についての〔ステレオタイプの〕嘆かわしい演説がなされ、これらの地区こそ社会的不統合の場であるといった話が流布されているのだ。さてまた、総体として見ると、豊かさが等しい場合、自殺率は北の諸県に比べ南の諸県で低い。しかし豊かさがすべてを説明するわけではないとしても、それらの遠く離れた社会的な諸結果のいくつかを通してのみ作用するとしたら、自殺に対するその一致した効果は議論の余地がない。豊かな人々は自殺を減じられ、貧しい人々は脅威にさらされる。二枚の**地図**(県ごとの自殺率の分布と所得課税世帯の割合)の比較は、疑問点を払拭する。

二〇世紀末の自殺の分布図は、ほとんどあらゆる点で、デュルケームが一八七八—八七年に関して作成したものと反対である。(4)

都市化した諸県で高い自殺率だったところも今日では非常に自殺率が低い。当時最上位に分類されていたイル・ド・フランス地方のすべての県が、今日では最低のランクにあり、こうした変化はとくに著しい。しかしこの変化はまた、ブッシュ・ド・ローヌやローヌ、アルプ・マリティムといった県にも関係しており、それほどではないがジロンド県やイゼール県にもかかわっている。これらすべてのケースで、分類方法の変化のみならず、自殺率の実質的な低下もまた重要である。

それとは反対に、フランス西部の過疎県では、かつて最低の自殺率であったのだが、今日では最も高率である。ブルターニュ地方のすべての県がこれにあたり、マンシュ、カルヴァドス、アンドル、シャラント、シャラント・マリティム、サルトである。また中央山地のいくつかの県(オート・ヴィエンヌ、クローズ、コレーズ、アリエ、アルデシュ、ニエーヴル)や、フランス東部(マルヌ、オート・マルヌ、モーズ、アルデンヌ)や北部(ソンム)の過疎県もこれに当てはまる。ここで問題となるのは分類方法の単なる変化ではなく、自殺率のまったく実質的な上昇である。

この変化が都市化した中心部にとって好都合であることは明白である。また同時に、ロワール・アトランティック県が、フランス西部でこうした好都合な変化を迎えた唯一の県であり、中央山地にあるロワール県、ノルマンディー地方のセーヌ・マリティム県とユール県、フランス東部のモルト・エ・モゼール県も同様だ。ノール県の分類は、パ・ド・カレやとくにソンム県に対比して向上している。二〇世紀には、大都市——ナント、ナンシー、リール、ル・アーヴル、サン・テティエンヌ——の恩恵といった影響が、非常にはっきりと感じられる。

一九世紀には自殺は、発展、豊かさ、都市化の道をたどると増加すると思われていた。だが二〇世紀はその逆だった。一つの県内で県庁所在地の重みが増せば増すほど、自殺率は低下する。それが最も低いのは、パリ地域のような全体として都市化された諸県においてである。自殺率は人口密度ととても強く反比例して変化する（マイナス〇・四七）。確かにパリ地方はこの相関において大きな重みをもつ。さて地方にある県だけに関心をもつなら、相関はかなり高いレベルにとどまったままである（マイナス〇・二八）。しかし都市という事実そのものが説明要因であろうか？　それとも豊かさが、とても強い相関関係によってそれに結び付いているのか？

利用できるすべての要素を考慮しながら、ＩＮＳＥＥ〔国立統計経済研究所〕がフランスの各県を区別する類型化を作成した。こうして得られた地図表を自殺の分布図と比較してみよう(5)。イル・ド・フランス地方と三県（ユール・エ・ロワール、ユールおよびオワーズ）を合わせた地域が以下の諸点で他のすべての地域から区別できる。都市化、女性の就業、管理職の多さ、大企業、高学歴が非常に多いこと。この地域は極めて低い自殺率によって特徴づけられ、とくに中心部（パリ、セーヌ・サンドニ、ヴァル・ド・マルヌ）がそうである。しかも、一世紀前にはこれらすべての県では自殺率が最も高かったのである。

地中海沿岸地方、ピレネー・オリエンタル県からアルプ・マリティム県までは例外なく、観光によって変化をこうむった県を含んでおり、医療機関の密度が高く、商業および行政サービス部門の割合がかなり高い。ここは一九世紀以来自殺率が低下した第二の地域であるが、パリほどではない。しかしそれと同水準である。自殺率が最も低いのは、最も人口が多く都市化している二県――ブッシュ・デュ・

ローヌとアルプ・マリティムである（それぞれ一五・四と一五・二）。

これとは反対に、以下の二地域グループで上昇が見られる。フランス西部地域の「製造業の盛んな過疎」諸県は、製造業や生産労働者の割合が高く、男性の就業率が高いといった特徴をもち、第三次産業がとても低い。自殺率は二二・三（ドゥ・セーヴル）から四二・八（コート・ダルモール）で、全国平均を大きく上回っている。さて一九世紀にこの地域では自殺率が最低であった。ここでもやはり、最も都市化の進んだロワール・アトランティック県が自殺率が最低（二二・九）に近い。

南西部の地方県もこうした社会経済的特徴を共有しており、所得が少なく、より高齢な人口を抱えている。これらすべての県に自殺の漸進的上昇が見られ、中央山地南部の地方県で一層強い。トゥルーズのあるオート・ガロンヌ県はこの地方全体とはっきり異なっている。すなわち自殺率は九・八に過ぎず、他県（ロー、シャラント・マリティム）では一八から二六なのである。

次の二地方は変化がない。まず一九世紀にかなり高い自殺率だった北部の製造業の県である。ここでもやはり、自殺率が相対的に最も低いのは、都市化が最も進んだ県つまりノール県で、二〇・〇となっている。一九世紀の様々な変転（産業革命）と二〇世紀の変転（脱産業化）が同じような諸効果をもたらした。

リヨンに隣接する諸県（ローヌ、イゼール、ドローム、ロワール、ピュイ・ド・ドーム）は一九世紀と同じレベルに位置している。ここでも最も自殺率が低いのは都市化が最も進んだ県である（ロワール県が一三・三％）。最も活動的な県（イゼールとドローム）は自殺率が変わらないが、一定の活動低下が見られる二県（ロワールとピュイ・ド・ドーム）では、わずかに上昇を記録している。

一九世紀において近代性は自殺を生み出す要因となり、産業活動の最も盛んな地域に影響を及ぼしたが、発展の最も遅れた地域には無縁であった。二〇世紀の近代性は自殺から身を守ってくれる要因である。しかし自殺の様々なリスクに働きかける社会的諸要因の構成要素を区別することは可能だろうか？　豊かさが重要なのか、医療機関の密度なのか？　単に、生きる意欲を持続させることができる多様な財の提供という意味での密度が重要なのか？　あるいは、個人的な幸福を与えることのできる、関心に値するような職業が大切なのか？

これらの諸要因を区分することはおそらく途方もない企てである。しかし自殺のリスクという問題に立ち向かうには、たいへん筋の通ったやり方である。生に意味をもたらしたり、苦悩に処方箋を出してくれる近代性の諸要因は、おそらく相互に完璧に連関し合っている。モーリス・アルヴァクスが自殺の諸要因に関して、職業生活の諸効果から宗教の諸効果を区別しようと努力した際に引きだした教訓を思い起すことは有益である。

宗教的な習慣とそのほかの慣習とを区別することはかなり難しい。なぜならそれらはたいていの場合、分解不可能な一つの全体を成しているからである。農民はなぜ自分の教会に愛着をもつのか？　それは礼拝の場所だからであり、あるいはまた、農民たちの目から見て教会が自分の村を表すものだからか？　なぜ農民は村の死者たちを誇りに思い、その墓を世話するのか？　生ける者たちと死者とのコミュニティーを考えているのか、今後の人生を考えているのか、それとも自分の家や土地に生きた人たちの思い出を守りたいからなのか、つまり過去を表わすものへの伝統的な愛着によるのか？　なぜ自殺は農民に恐れを抱かせるのか？　それがあがなうことのできない罪だからか、それとも自らの命を絶つ者は孤独になり、農民たちのコミュニティーにとって許されない形で死ぬことになるからだろうか？　いわゆる宗教的なものとそうでないものとをここで区別するためには、信仰集団と非宗教的な社会とを混同しないでおくことが必要であり、そこでの儀礼やセレモニーが習慣や伝統的なお祭りとまったく結びついておらず、いかなる超越的なものも存在しないことが必要である(6)。

以上の簡単なフランスの概観から、近代社会がその相互作用の様々な局面全体にわたって、自殺のいろいろなリスクをかなり強く減少させているということに、とくに留意しておこう。反対に、さまざまな地方や田舎は、今日のいろいろな基準でみればどうにか生き残っているといえるものだが、最も自殺の危機にさらされている。以上のフランスの概観が報われるとすれば、それは現代的な都市の非人間性について流布しているイメージの方を改めて問題視するからなのである。

ブレア＝サッチャーの大ロンドン対ケン・ローチによる傷んだイギリス

イギリスの統計によれば、先進諸国における貧困と自殺との関係について新しい証拠がもたらされる。ここでもやはり、さまざまな自殺原因における職業の重みは疑いえない。最も恵まれないカテゴリーに最も自殺が多いのである。イギリスの地域ごとの統計は、フランスの課税に関するデータをさらにはっきりと推し進めることを可能にする。イギリスの統計は社会的排除（social deprivation 社会的剝奪）の諸形態に関心をもっており、次の六つの基本的側面を考察する。まずピーター・タウンゼントが以下のような多くの指標の中から剝奪の概念を取りだした。物的な幸福の欠如あるいは社会生活への参加可能性の欠如（収入、雇用、健康と障害、教育と資格、住居、地理的アクセス能力）などである(7)。

この統計は、各地域のすべての区画（wards）に対して右記の六つの面での貧困を考慮に入れる。こうして各地域が排除に関する一つの尺度の上で規定される。ここでもやはり診断にはいかなる疑いもさしはさまれない。最も自殺の危険にさらされているのは、こうしたマイナス面を最大限に積み重ねている地域である。特定の年齢層の男性の自殺率を取りだすと、収入の低さに強く相関しており（マイナス〇・五〇）、失業にはさらに強い相関が見られる（マイナス〇・五七）。しかし社会的悲惨すべての面を考慮した総合的ないくつかの尺度がこの関連をはっきり強く示している（いずれかの地域に多様な形態の問題点が集中していることを測る総合的な指標に対してマイナス〇・七六となる）。バーミンガムやマンチェスターといった地域は社会的悲惨の集中度において第一級にランクされるが、そこでは自殺率が最も高い。イギリスを横切っているのは中央―北部―西部―ロンドンという一つの軸であり、これはケン・ローチ＝ブレア／サッチャーの軸とも呼ばれている。中央―西部の赤い地域では、自殺についても、その他の社会的マイナス面の併存についても、以下の重要な都市すべてが脱産業化の被害を受けている。ボルトン（旧鉱山都市）、プレストン、リヴァプール、ウィラル（リヴァプール近郊）、マンチェスター、バロウ・イン・ファーネス（コープランドに隣接）、ペンドル（マンチェスターから四五分の旧織維産業の町）、ランカスター。ロンドンの中でこのグループに名を連ねる唯一の地区はランベスというひどい地域で、住民の四〇％が移民出身である。反対側には、自殺率がとても低い地域が並び、大ロンドンに含まれる地区の大半と、ケントやエセックスそしてノーザンプトンシャーの南部といった、ロンドンの遠隔郊外にある住宅地区が含まれる[8]。

フランスにおける自殺と社会環境

自殺者の社会的地位や職業について収集した個人的データによれば、豊かさと自殺との関係がより詳しく調べられる。これらのデータは国ごとに利用できる度合いが異なっており、不完全さから逃れることはできない。というのも生存者より死亡者の職業を同定する方がつねにより困難だからである。検死医や警察官は国勢調査官ではないのだ。死亡記録に記載する情報を収集する医師、警察官、憲兵の第一の関心は、自殺なのか、他殺か事故かを決定することである。自殺した人間が最後に就いていた職業を正確に調べるという社会学的要請は、彼らの関心にとって副次的なものである。おそらくそのため、今日では自殺者に「事務員」がたいへん多い。最後の就業に関するより具体的な情報を欠く場合、このラベルはしばしば誤って付けられてしまう。

社会カテゴリーによる自殺統計に影響を与える誤差が高いレベルにあるとしても、長期的な視野に立ちそして過度に解釈しなければ、こうした統計は信頼できるものである。なぜなら第二次世界大戦終了以来、次のような多くの重要な傾向がそこに見られるからだ。社会的ヒエラルキーの頂点より下の方で、より多くの、あるいはずっと多くの自殺が見られる。だからといって最も高い自殺率を示すのはつねに同じ社会的グループとは限らない。農民、工場労働者、事務労働者が時期や景気にしたがって入れ替わる。職業ごとの様々な違いがよりはっきり表れるのは女性より男性である。すべてのケースでいろいろな社会的グループを隔てる距離がかなりはっきりそして定常的に見られるので、この高度な一般性のレベルでは統計的記録の不備が無視できる。

一九八四—九四年のフランスの現状についての一覧表を作成したのは、INED〔国立人口学研究所〕の人口学者ニコラ・ブルゴワンである。(9) 三〇年にわたりこの領域で蓄積された結果を利用して、彼は一方で失業と自殺の諸関係を分析し、他方で自殺と社会職業カテゴリーとの関係を分析した。この研究の関心は観察される変化の細部にある。著者ブルゴワンは実際に、いくつかの時期、ジェンダーそして年齢層を区分しようと努めている。

一つ確かなことがある。フランスでは職業をもたない男性が職業をもつ男性よりずっと多く自殺する。「無職」というカテゴリーは、就業経験のあるもしくはない失業者、主婦、離職者、五五歳以上の早期退職者、障害者、社会参入手当受給者を含む。しかし非就業者と就業者の自殺率の関係は安定しておらず、時期によって変化する。一九七八年に二五―五九歳の男性非就業者一人が、男性就業者一人に比べて三・五倍多く自殺した。一九九二年でもこの関係ははっきり見られる（二・三倍）が、一九八二年にいったんは下がった（一・八）あとなのである。反対に女性はこの関係がそれほど強くないが、時とともに上昇している（一・三から一・八へ）。こうした変化から、自殺を促進するのが非就業そのものではないということが示唆される。そうではなくて、変化に伴う社会的心理学的諸条件や、それら条件がどう生きられるのかというやり方である。男性において観察された相対的な減少は、時とともに失業に対する受容度が大きくなったことに帰せられるだろう。他方で女性に見られる上昇は、職業への意欲の変化を示していよう。女性就労の割合が絶えず増加した時期に、彼女たちは非就業をいっそう挫折と感じ取るようになり、働く女性というモデルが、一つの規範として課されるのである。

失業と自殺の関係は普遍的なものということもまったくいえない。近隣の三国――イタリア、ドイツ、イギリス――では確証されているとはまったく言えないのである。いずれにおいても失業率が上昇する一方で、自殺が増加してはいない。フランスでも、全体のレベルでは少なくとも確認できていない。もし包括的に見てこの相関が有意でないとしても、この関連の強さは年齢及び性別に応じて強く変化する。二五歳未満の男性、そしてとりわけ二五歳から四九歳の男性で、失業と自殺の間の有意な関係は最も強い。これに対して女性において、および自殺そのものが最も多い五〇歳以上の男性においては、この関係が存在しない。彼らの場合、一九九〇年以降のフランスでの失業の明確な増加が自殺の再上昇という形で表れておらず、他方でそれは最も若い層については当てはまるのである。

それゆえ失業の体験は若者たちにとってたいへんトラウマとなるものであり、諸価値の源泉に、つまり労働の場という偉大な火に近づくことを禁じてしまう。労働は――規則的な給与以外に――身分や他者からの承認、自分が有益で認められているという感情、友達や敵を作る機会、空間と時間の規則正しい使用、そして将来の様々な計画を練り上げる可能性といったものを与えてくれる。この〔失業の〕ショックはより年長の人々にとってはそれほどひどくない。彼らは経験と社会的地位を積み上げてきており、ほっとする定年に近づいていて、ほとんどの場合にこれは相続と同時にやってくる。二五歳未満より二五歳以上四九歳以下の方がこの関係が強いということは、二五歳未満の場合に家族が子供たちにまだ与えることのできる物的そして道徳的な支えによっても説明できる。二五歳以降は個人がたった独りで労働市場において自分の証しを作るよう促される。失業のケースがこのことをよく示している。自殺に対する景気の効果はまったく自動的なものというわけではない。直接的な効果ではないのだ。それは、多様な個人がどんな社会的、感情的、心理学的コンテクストの中で生活しているかに大きく依存しており、人々が加入している連帯のネットワークや自分自身の行為の余地に依存しており、利用できるサポートに依存しており、さらに一般的に言うと、自分という存在の中で労働が占める位置やステイタスに依存している。貧困の基本的な諸形態に関する社会学者セルジュ・ポーガムの研究が、[10] これらの様々な違いを理解可能にしてくれており、のちにこの問題に立ち返ろう。労働が身分という一定の財を表すか、単なる日々の糧であるかに応じて、失業が自殺を促す程度に違いが見られる。

社会的身分に応じてあるいは就業している職業に応じて自殺の様々なリスクを検討するや否や、この諸関係はずっとはっきりする。今日それはたいへん不平等に分布しており、男性については大きな三つの職業集団に分かれているが、女性では社会的な不均等はそれほど大きくなく、自殺に関する不平等がほとんど社会的身分に結びついていない。最も危険にさらされているのは事務労働者（一〇万人につき六〇前後）である。最も自殺から守られているのは管理職と中間的職業（職長、小学校教員、看護師、社会保護司など）および知的職業や自由業（一〇万人あたり二〇以下）である。この両者の間にあるのが農民、生産労働者、職人、商人（一〇万人あたり四〇前後）などから成る一つのグループである。事務労働者のとても高い自殺率に惑わされてはならない。それは部分的に、社会的カテゴリーによる算定の不確かさに基づいている。というのはそこには、「職業不明」の大半、つまり職業を正確に規定するには情報が不足しているケースが含まれている。いったんこうした報告書の不確かさという重荷を取り除けば、「事務労働者」というカテゴリーは、農民、生産労働者、職人＝商人から成るグループに近づくであろう。必ずしもそこからはっきり区別されるとは限らない。

このようにして得られた社会的ヒエラルキーは、高い社会的カテゴリーが第二次大戦以降恩恵に与ってきた自殺からの保護という定常的な特徴によって、過去の時期のものに類似している。過去も現在も、知識人、管理職、自由業は最も自殺の少ない社会的カテゴリーである。しかしその危険に最もさらされているカテゴリーはもはや同じではない。こちらでは事態が動いているのだ。

ニコラ・ブルゴワンによれば[11]、「一九六八―七八年の時期に最も自殺の危険にさらされている職業グループは農民であった。続いて事務労働者、生産労働者、製造業及び商業経営者、自由業そして高級管理職の順となる」。一九六〇年代にはこの反対で、生産労働者が第一位を占めていた。田舎の世界をひっくり返し、アンリ・マンドラの有名な言葉によれば「農民たちの終焉」[12]に至った根底からの諸変化が、自分たちの土地を捨てて都会で労働力を売らざるを得なくなった何百万という農民たちの蹉跌を説明する。最も収益の低い耕作の消滅、農業の近代化が状況を変化させ、自殺率について観察された変化が、学業の成功という問題について確認される変化を裏書きしている。農民たちの方向転換が終わると、今度は生産労働者に最も多くの自殺が見られるようになる。脱産業化と脱地域化という経済的コンテクストの中で、社会的グループとしての「労働者階級」が崩壊したことは、生産労働というものの価値下落となって現れ、集団として抵抗の弱体化、組合闘争主義の危機、そして大衆化した失業というものを基礎とした人種差別主義的な緊張の高まりによって示される。多くの社会運動が、こうした脆弱さを増大させている[13]。

これらの変位がどうであろうと、一つ明白なことがある（次の**図34**と**35**を参照）[14]。今日では（二〇世紀後半および二一世紀初頭）最も自殺が多いのは、この尺度〔社会的ヒエラルキー〕の下の方に位置する社会的諸カテゴリーなのだ。「不幸というもののヒエラルキーは社会的身分のヒエラルキーの裏

図 34　社会職業カテゴリーごとの 25 ～ 49 歳男性の自殺率（1989 ～ 94 年）

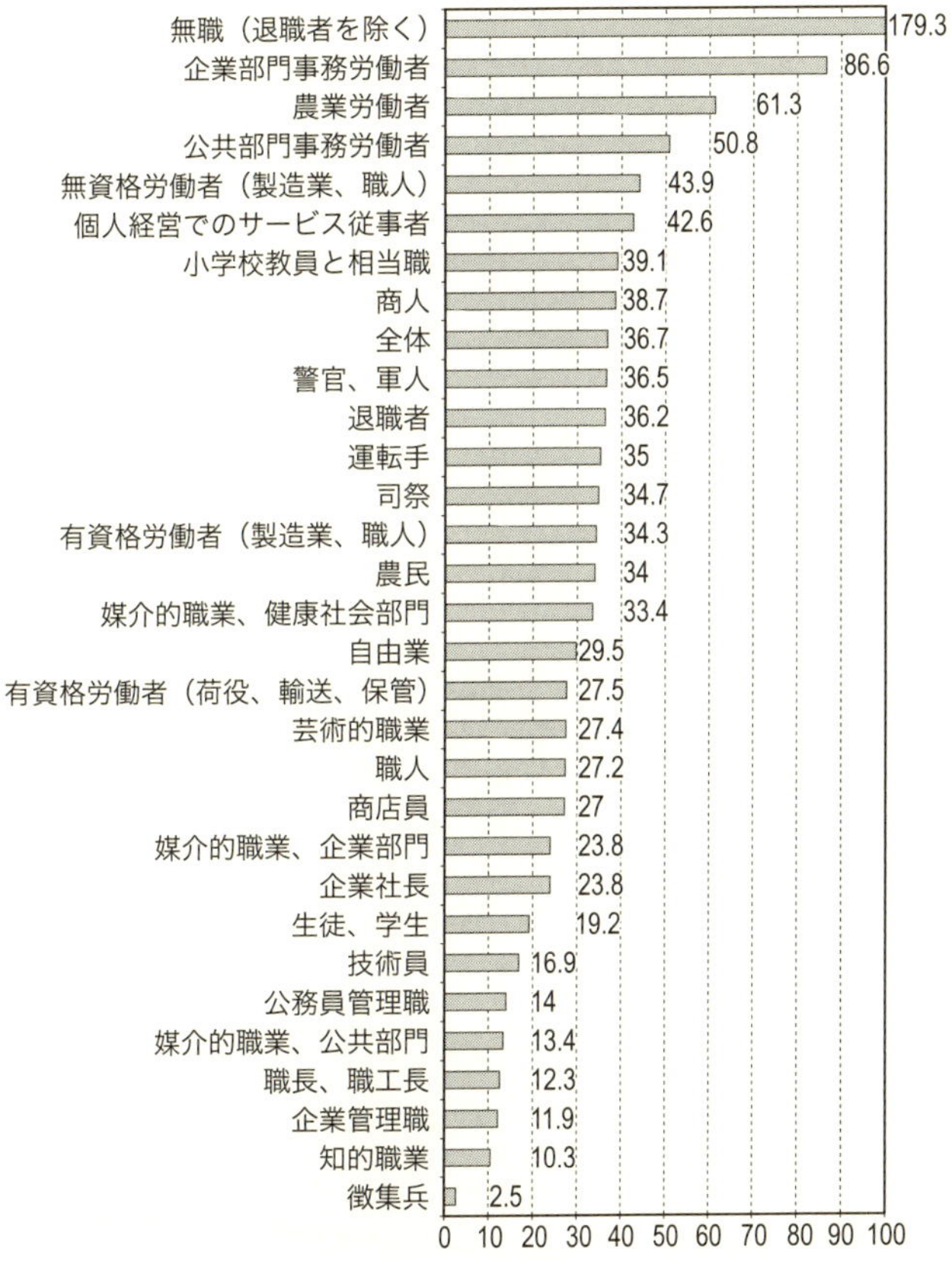

出典：INED〔国立人口学研究所〕。

図 35　社会職業カテゴリーごとの 25 ～ 49 歳女性の自殺率
（1989 ～ 94 年）

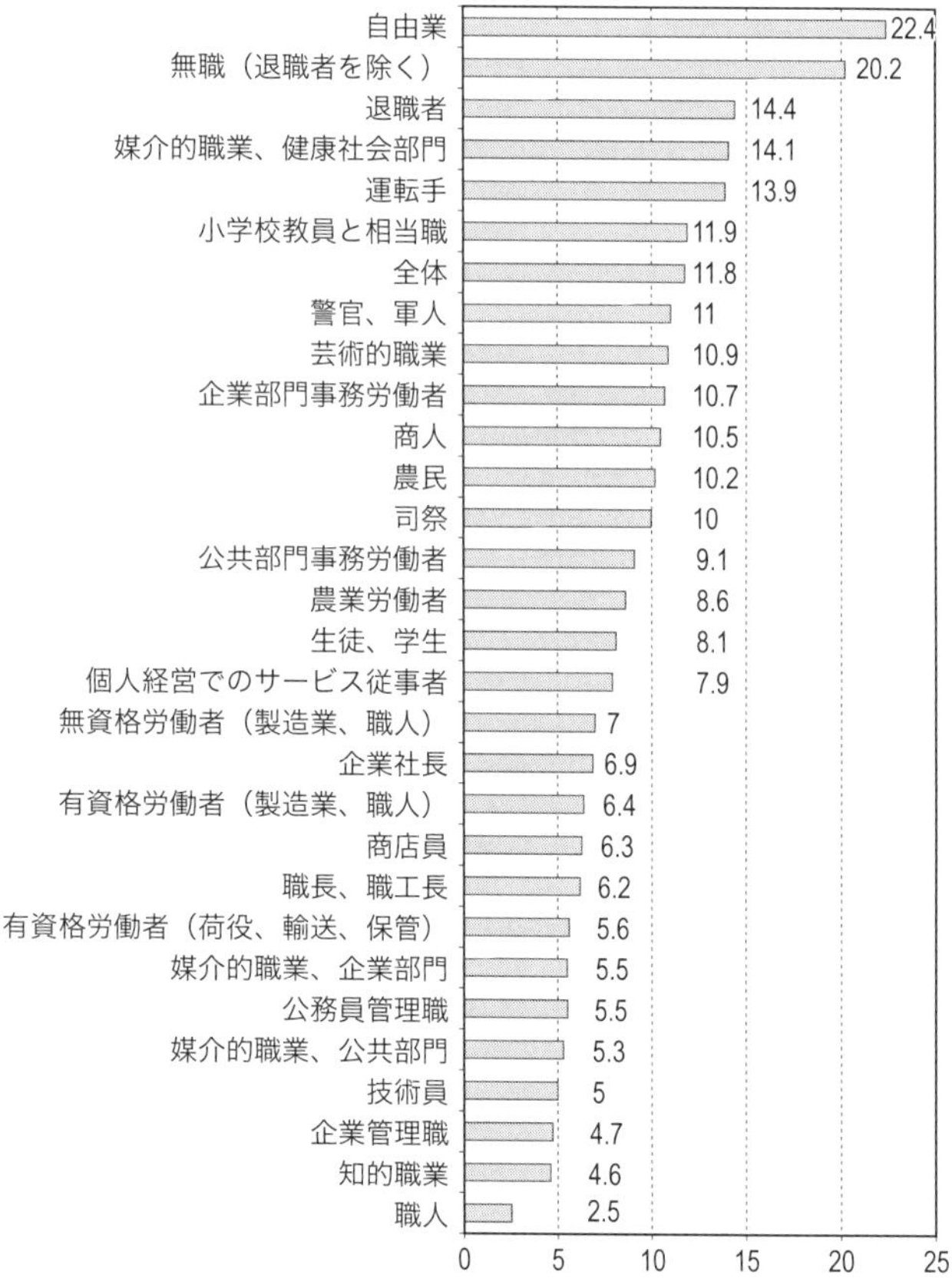

出典：INED〔国立人口学研究所〕。

返しである」[15]。自殺の変化と最も恵まれないカテゴリーに見られる増加は、ピエール・サローによれば「排除された社会層の出現によって特徴づけられる一つの二重化社会」へ向かう変化の一つの兆候として解読できる。それは「労働、消費、住宅、余暇、ヴァカンス、インターネットからの排除であり、社会的上昇の希望もなく世代から世代へと再生産されるのである」[16]。

しかしながら、ニコラ・ブルゴワンによって提示された、職業に関する仔細な検討によれば、こうした命題には多彩なニュアンスが含まれている。まずその結果は、詳細なレベルで上下による傾向の違いを証明している。資格をもたない生産労働者が有資格の者より多く自殺するし、小学校教員は教授より多く、また巡査は刑事より自殺者が多い。警察に関して言うと、制服警官の自殺率が生産労働者のそれに匹敵しており、刑事の自殺率は高級官僚の率に近い[17]。媒介的職業の中では小学校教員に最も自殺者が多く、〔上級〕管理職〔に相当するレベル〕では自由業や芸術家がとくに多い。庶民的なカテゴリーの中で最上位にランクされるのは事務労働者であり、公的および私的セクターでは無資格工場労働者と商人である。これとは逆に、全体でみると総じて他より自殺の危険にさらされているものの、巧みに切り抜けている職業もいくつかある。貨物取り扱い、運輸、倉庫関係の有資格労働者や商業被雇用、職長および修理工などである。これらの隔たりはすべて、工場労働や事務労働の世界がもつ途方もない社会的異質性を証明している[18]。

こうした異質性はこの四〇年間に庶民的な階層の中で、女性労働の一般化のためにいっそう強まっている。共稼ぎカップルという形態は多数派を占めていて、男性の職業と女性の職業がどう結びつくかということが、いろいろな階級関係の中の主要な一側面を成すようになり、とくに自殺のような領域ではそうである。自殺の原因を究明するには、労働環境の中だけでなく生活条件や家族的世界の中も探し求める必要がある。大半は同じ社会的環境の中で手を組もうとするが、これはむなしい試みである。階級的な隔たりがカップルの間にあるからだ。女性の視点に立つやいなや、「事務労働者」というカテゴリーは遥かに社会的空間の四方八方に広がっている。同じ事務労働者の相手と結びつく割合は低く（一五・一％）、最も多くの場合に工場労働者と結びついており（四三・三％）、次が管理職である（三一・八％）。そして自営業者の場合もしばしばある（九・七％）[19]。

女性たちの間では自由業および健康関連の中間的職業そして社会的セクターの中間的職業が自殺率において最上位を占めている。医師、看護婦およびそのほかの介護スタッフが多くの研究の中で最も高い自殺率を示すとされる。苦しみや死に日常的に向かい合うことが、彼女たちにとって何の意味もないとはおそらく言えない。救急医療サービスで働く看護婦における「燃え尽き」現象は最もよく研究されたが、この言葉はアメリカの精神分析学者ハーバート・J・フロイデンバーガーにより一九八〇年代に明らかにされた[20]。この職業上の燃え尽き症候群は心の中の火事のような激しさを伴って現れ、この職業病の犠牲者は実現不可能な目標を達成しようと努力したり乗り越えることのできない任務を遂行しようとして、精神的にも神経的にも燃え尽きる。死に対し戦いを挑むことは明らかにこうした任務に属している。

女性の高度な職業において自殺率がとくに高いことを説明するため、ニコラ・ブルゴワンが正しく強調するように、これら女性たちのあいだでは、社会的職業的レベルが上がるほど独身者の割合が増えるが、男性たちの間では地位が高いほど独身者が減少する。一方で一九世紀末から知られているとおり、両性ともすべての年齢で自殺率は結婚している人より独身の方が高い。結婚は女性の職業キャリアにとってハンディであるということも知られており、男性にとっては切り札のひとつになる。反対に庶民階級では、「女性にとっては社会的にあまり価値のない就業状態がしばしば良好な家族的統合によって埋め合わされ、男性にとってはそれがむしろハンディとなる」(21)。しかも事務労働者、工場労働者そして農民において最も独身率が高い。

収入のレベルもそうだが職業が、それだけで自殺の一つの要因とはならないだろうし、原因となるとなおさらである。社会的に見て職業は生活様式や生活レベルの総合的な指標の一つである。したがって、収入や学歴といった生活のその他の側面が同時に考慮されなければならない。ニコラ・ブルゴワンによれば、教育レベルと収入は男性の自殺と重要な負の相関がある。収入および(あるいは)学歴が高ければ、自殺者は減る。この三つの指標(職業、収入、学歴)だけで、特定の社会環境や社会的地位を規定する構成要素全体を汲みつくしているとは到底言えない。しかしながらこれら三者の一致が示唆するように、自殺に影響を及ぼす経済的社会的諸要素は社会的価値の側に見出されるべきであり、それは同時に社会ならびに個人によって各自に帰属されるものである。

第8章　二〇世紀

支配階級が自殺からいっそう保護される

しかし自殺はつねに最も貧しい人々を襲い、最も恵まれた人たちには降りかからなかったのだろうか？　これほど不確かなことはない。デュルケームの答えは有名である。当時の欠落のある統計をおそらくあまりに性急に解読したことで彼は、自殺は社会的ヒエラルキーの頂点にある人々を強く冒し、最も恵まれない人々は「貧困によって自殺から守られる」と結論づけてしまった。この観点はジャン＝クロード・シェネによって激しく議論され、反論することが困難なほど明確な議論を彼は展開した。(1)

一九世紀にフランス全体でも、そしてとくにパリをはじめとする大都市において自殺は劇的なほどに増加した。自殺の増加というこの流れを、当時は非常に少なかった高い社会階層の人々の自殺の増加ということだけでどうやって説明しようというのか？　シェネによるデュルケーム批判は、一八六一―六五年のフランス一般統計により公表された一つの図表のなかで、男性においても女性においてもみられる自殺率の非常に高い上昇を示すラインを、デュルケームが無視したことにある。シェネによれば、「無職もしくは職業不明」と名付けられたこのカテゴリーは「狂人、失業者、犯罪者、浮浪者、売春婦、あらゆる種類の〝宿なし〟、家事使用人、要するにヴィクトル・ユーゴーが「レ・ミゼラブル」と呼んだこれらすべての周縁的な人々を含んでいた。セバスチャン・メルシエによると彼らは一八世紀に高い自殺率を示したのである。(2)　同じ方向を指し示す多くの指標から結論づけられるとされるのは、一九世紀ヨーロッパで社会的ピラミッドの底辺と頂点の両方で自殺が見られたということだ。イタリアでモルゼッリが収集したデータによると、自殺が最も多いのは最も教育を受けた階級であった。商人、地主、医師、法律家が多く自殺しており、教授や公務員も同様である。プロシアでも同じで、選別されたエリートを意味する公務員団は明らかに最も自殺の多い社会グループであった。ジャン＝クロード・シェネによれば「知識人層に自殺が多いことは、一九世紀ヨーロッパの一つの普遍現象である」。

一九世紀末および二〇世紀前半に関するイギリスやアメリカでの信頼できる資料によっても、この診断が確認される。社会の両極において自殺が多くみられたが、二〇世紀後半に近づくにつれて徐々に減っていったのである。

たいへんよく引き合いに出される四つの資料が時系列的な視点を提供してくれる。これらと同じ内容の調査がフランスや他のヨーロッパ諸国で行われなかったことは残念だ。半数以上がアメリカのものであるこれら四つの資料から引き出されるいくつかの歴史的傾向は、しかしながら、フランスにも適用可能であるとおもわれる。なぜなら、後に見るように、アメリカの自殺はそれほど多くないとはいえ、フランスの自殺と同じ以下のいくつかの原則に従って変化しており、より一般的にいえば当時のヨーロッパ全体に当てはまるからである。女性よりも男性が、若者より高齢者が多く、既婚者は独身者や寡夫（婦）より少なく、月曜が多く日曜は少なく、そして好況期より不況期の方が多い。

既に引用した最初の研究は一人の歴史家によるもので、ヴィクトリア朝及びエドワード朝のイギリスに関するものだ[3]。一九世紀末のイギリスの一般戸籍登記所（General Register Office）のアーカイブならびにサセックス州でロンドンの検死官三名が行った詳細な調査に関してオリーヴ・アンダーソンが行った正確な検討によれば[4]、一九世紀から二〇世紀への節目において、二五歳から四四歳の就業男性の国内平均に対し二倍以上高い自殺率を示したのは以下の六つの職業である。まずその半数がどちらかというと庶民階級――砲兵部隊およびインド軍所属の兵士、カフェのボーイ、警備員――に属しており、他の三者は反対に社会のうちで最も教育あるグループに属する。つまり医師、薬剤師および弁護士である。上流階級ではこの時期、自殺がむしろポジティブな評価を得ていたということがある。自由、勇気、尊厳、つまり美的と言えるような超然たる態度のしるしと考えられた。逆に庶民階級では、強い非難の的となった。狂気と結び付けられ、だらしない行い、家族との絆の断絶として非難された。自殺を冒した者は人間としての資格を失い、近親者に不幸をもたらした[5]。田舎に行くとこうした非難がさらに強まったのである。

アメリカのデータの細かさと豊かさ

二〇世紀前半のイギリスとアメリカのデータに関する第二の資料は、有名なアメリカの保険計理士ルイス・ダブリンによる統計的作業に由来するもので、彼はメトロポリタン生命保険会社（略称であるメトライフ Metlife とマンハッタンにある大きなビルで有名）の副社長になった人だ。この保険会社の枠組みの中で公衆衛生と死亡率について数多くの研究をおこなったダブリンは、一九三三年に自殺に関する大規模調査の結果をベシー・バンゼルとともに出版した。その中で彼は、自社が集めたデータと一九二一―二三年にイギリスで行われた調査をもとにして、自殺に対する景気の影響をたいへん詳細に検討している[6]。経済活動が回復すると自殺は減少し、不況期には増加する。例えば一九一〇―一三年にはビジネス界の動きが堅調であったため、自殺率はつねに平均的な状態を下回っていた。一九一三年半ばにウィルソン大統領のもとで不況が始まると自殺率が急速に上昇し、一九一四―一五年にピークに達した。一九一六年になるとかなり急速に下がる。アメリカの参戦とそれが引き起こした重工業ブームにより自殺率は一九一八年まで下降する。終戦によってビジネスが不安定になり、戦争産業による生産に終止符が打たれる。すると自殺が増加した。一九一九―二〇年になると繁栄が再び戻り、自殺率が下がる。一九二九年の恐慌によって経済が破綻すると再び自殺が増加に転じる。

異なる社会集団の中での自殺の分布について、ルイス・ダブリンが到達した結果は、社会の上流階層で（「生活をエンジョイするためのあらゆる経済的ゆとりをもつ人々の間の方が、かろうじて命をつなぐだけのお金しか持っていない人々よりも[7]」）自殺が多いという当時流布されていた意見と矛盾するものだった。彼は二つのピークの存在を明らかにしている。一つは社会的階層の上位であり（資本家、会社社長、経営者、小学校教員）、他方はその下に位置する（小商人、銀行や保険会社の事務員、非熟練労働者、浮浪者）。以下の多くの職業がとくに高い自殺率によって特徴づけられている。医療関係職（医師、歯科医師）、弁護士と競売吏、大規模商人、商業営業職である。要するにこの時期、自殺は社会の両極を激しく襲ったが、ルイス・ダブリンによれば上層より下層の方がひどかった。この最終診断は、一九二九、三〇、三一年という三年間についてメトライフの保険証券の一連の書類を詳しく調べることに基づいていた。この三年のいずれでも、通常の保険契約者（ordinary policy holders）に比べて、製造業向け保険契約者（industrial policy holders）の間で自殺率がはっきりと上昇した。ルイス・ダブリンによるこれらの結果はとくに信頼に値する。この統計家が当時得ていた国際的な評判によって保証される証拠としての質以外に、資料の出所の価値が高い。つまり保険会社にとって経済的な負担の重要さを考慮に入れれば、殺人や事故から自殺のケースを最大の注意を払って区別することが重要な関心事であった。それゆえ詳細な調査が各ケースについて行われたのである。

数年後（一九三七―五六年）にアメリカの社会学者エルウィン・パウエルがオクラホマのとある地区で行った調査が、私たちにとって三番目の資料となる。それはまさしく、異なる社会グループ間で自殺がどのように分布しているかについて最も正確な情報を与えてくれるものだ(8)。この調査は、オクラホマの一都市でおよそ二五万人が住むタルサ市で行われた。タルサ地域は本質的に都市的性格である。田舎に住むとみなされるのは人口の三％未満である。かなり典型的な中西部の街で、ブルーカラーとホワイトカラーというほぼ同等の二つの部分に分けられている。調査時期の初めに失業率（「seeking work」）は一一％であった。一九四〇年代の初めに戦争産業――航空機産業――と成長とが経済生活を再活性化した。失業者が減り、出生が増え、住宅の保有へといっそう向かった。そのころタルサは持ち家率でアメリカの都市中の第九位を占めた。

就業男性の平均収入は三千ドルまで上昇した。一五〇キロ西にあるオクラホマ・シティーは同等の広さだが、平均収入はそれほどでもない。こちらでは殺人が多く自殺が少ないとの観察がなされた。

一九三七年から五六年の二〇年間に一四歳以上のタルサの住人中四二六名が自らの命を絶ち、平均自殺率は一〇万人中一三人である。タルサは自殺率でみた場合アメリカの都市の中で三九位を占め、オクラホマは八九位である。この自殺の変化は、同時期の主要先進諸国とくにヨーロッパで観察された傾向にまったく合致している。白人男性の自殺率が女性の四倍であり（二七対六）、一〇万人中二・七人である黒人の一〇倍である。男性の自殺は年齢とともに増加し、女性の場合は年齢に応じたそれほどの変化はない（三五―四四歳に小さなピークが見られる）。エルウィン・パウエルは、自らの命を絶った人々の職業上の地位に関するデータを注意深く確認した。一つ一つのケースについて、死亡証明書に関し戸籍課が集めたデータを、二つの地方新聞を体系的に念入りに調べることで補足した。この時期に生じた膨大な量の自殺の大半について事件当時の説明記事を調べたのである。新聞によって公表された様々な情報と戸籍上の情報とのずれがあった場合、パウエルは家族、隣人、仕事の同僚などに接触して調査を進めた。こうして彼は、この町の住人で一九三七―五六年に自殺した人々の九四％について職業的地位に関する詳細な一覧表を作成したのである。

第二次大戦中に男女の自殺率は、一九一七年に記録が始まって以降、最低を記録した。とはいうものの、異なる社会的カテゴリーの人々の自殺率が戦争によって同率で減少するわけではない。管理職や経営者、サービス労働者や非熟練労働者の自殺率が四〇％下がったのに対し、商業および事務労働者では、資格の有無を問わず、二〇％減にとどまった。この二〇年間に最も高い上昇率を示したのはやはり、職業ヒエラルキーの両端で、その中間のグループは定常的で相対的に低いままであった。企業の社長や経営者及び商業労働者（professional managers and sales clerical）の自殺率が二四・六％であるのに対し、工場労働者や他の労働作業員のそれは一九・六％である。前者の方が計画的に自殺を行っており、後者はより衝動的である。最高年齢はほぼ同じで、ホワイトカラーが四八・二歳、ブルーカラーが四五・二歳である。自殺者のうちブルーカラーの一八％は市外で生活しており、ホワイトカラーの市外生活者はわずか二・八％であった。

経営者のカテゴリーでは、有給経営管理職（salaried managers）や公務員、そして頂点の自営業者（self employed proprietors）に向かうほど自殺率が上昇し、これが最も自殺率が高くなっている。薬剤師や医師は自殺率が高く際立っており、技師や会計係は低い。作家、編集者およびジャーナリスト、聖職者、小学校教員および中学校教授〔フランスでは、日本の中学校にほぼ相当する college や高校に相当する lycee の教員を professeur 教授と呼ぶ〕ではまったく自殺が見られない。看護婦では女性の平均の六倍の自殺が見られ、女性商業労働者は女性の平均より低い。ブルーカラーではタクシー運転手が男性の平均より四倍多いがトラック運転手は平均を下回っている。しかし最も高い自殺率は職業を失った男性に見られる、つまり退職者である（一〇万人中八九人）。

要するにタルサでは一九三七—五六年の間に、オリーヴ・アンダーソンとルイス・ダブリンがもっと以前の時期に異なる地理的文脈で観察したとおり、社会の上下という両極で自殺が多くみられ、しかも下より上の方が若干多いように思われる。しかもタルサでは他と同様に、特定の職業がとても高い自殺率を記録しているのである。医師、看護婦、法律家、タクシー運転手である。一九世紀には馬車の御者に他より多い自殺が見られると噂されていた。

　四つ目の、そして最後の資料は、これもアメリカのものであるが、第二次大戦後にシカゴ地域で行われた観察である。ここまでに観察された傾向がかなりはっきりと反転し始めている[9]。この調査は詳細なものである。二一五三名分の自殺による死亡証明書が、シカゴ市街を含むクック州で一九五九―六三年に記録され、そこには各犠牲者それぞれの性別、年齢、人種、家族状況及び職業が記載されていた。戸籍から得られるこれらのデータを検死官によって集められたデータとつき合わせ遺漏を補っている。シカゴでの自殺率（一〇万人中八・八人）はアメリカの平均に非常に近い。白人で一一・五人であり、過半数が黒人である「非白人」で三・六人である。自殺率が一五・三人に達した一九二五年以来、はっきりした低下の傾向を示している。一九六〇年代初頭のシカゴでは、同時期のすべてのヨーロッパ諸国と同様に、冬や夏より春に自殺が多く、月曜日が他の曜日より多い。男性、高齢者、独身者、寡夫（婦）が、女性、若者、結婚している人たちより多い。二〇世紀初めから、都市では自殺が徐々に減り、田舎で増えている。

表8　オクラホマ州タルサにおける自殺率（10万人当たり、1937〜56年）

ホワイトカラー		ブルーカラー	
薬剤師	120	タクシー運転手	87
医師	83	溶接工	25
看護婦	38	機械工	17
法律家	36	トラック運転手	12
技師	15	機械操作	10
会計係	7	大工	5

　ロナルド・W・マリスの調査は、いろいろな社会的グループの間で

自殺がどう配分されるかについてはっきりとした反転を示す最初のものである。その構造はもはや二峰性的なものではない。シカゴでは社会的ヒエラルキーを下がるにつれて自殺率が上昇する。

この研究によれば、警察官、理容師、主婦、看護婦、耕作者は自殺率がとても高い職業である。

表9　シカゴの1960年の自殺率(10万人当たり)

上流階級（upper social status）	15
中流階級 (middle social status)	13
商人、商店員、職人（sales workers, craftsmen）	20
工場労働者（workers）	46.4
農民（laborers）	51

この時のシカゴにおける自殺の分布は、二〇世紀の後半にフランスや他の先進諸国の大半で優勢になるものを予想させる。自殺は社会の最も恵まれた環境にまとわりつくのをやめ、最も貧しいそして最ももろい人々に集中するようになる。イギリスでの研究をおこなった著者たちは、自殺のリスクを異なった社会職業グループごとに計算した。[10] イギリス社会の就業者を五つのクラスに分ける公式の分類表を用いることで、自殺率が上の二つのクラスに比べて五番目のクラスで大きく増加したと彼らは述べている。社会的ヒエラルキーの最も下に位置するこの第五階級は、非熟練労働者（非正規および正規雇用）すべてを集めたもので、これに対し第一及び第二階級は経営管理職、自由業および中間的職業（管理的及び専門職的仕事、中間的仕事）を含んでいる。したがって最も高い自殺率を示すのはもはや最も恵まれた階級ではなく、反対に社会階層の最も下に位置する社会的カテゴリーなのである。

二〇世紀にはいくつかの社会が豊かになるにつれて、最も恵まれ最も教育を受けたカテゴリーが、かつては最も貧しい人たちと同じように危険にさらされていたのが、自殺のリスクをはっきりと減じ、そしてそこから身を守るいろいろな手段を見つけたかのように思われる。自殺の社会的重心がこのように下方へと移動したことをどう説明すればいいだろうか?

第一のルート——社会的なつながりの過剰

そこでまず、厳密にデュルケーム的な説明の論理にとりあえずとどまった上で、この疑問に答えてみよう。その説明の適用範囲を広げることになるとしても構わないから。したがって個人個人に生きる理由を与えてくれる社会的なつながりの質と強さの方を当たってみよう。それは個人を超えた一つの全体に所属しているという感情によって生きる理由を与える。この仮説に従えば、上層階級がより強力な社会的統合を今日享受していることになる。デュルケームはこうしたつながりの本質を家族と宗教の領域に限定した。今日我々はそれを職業やアソシエーションへ、より一般的にいえば現代生活の社交性の諸形式すべての領域へと拡張できる。

多くのデータがこの仮説を証拠立てており、とくにフランソワ・エランが一九八〇年代に行った「接触」の調査がそうである。[11] フランスにおける社交性の行動を研究したINSEE〔国立統計経済研究所〕によるこの調査は、一週間に一個人が行った出会い、会話、話し相手を正確に測定している。そのことで社交性のおもな領域について具体的な形式を探求した。つまり親族、友人、近隣、仕事やサービスの関係で、これには買物先でのやり取りや健康および教育サービスとの関係、つまり見知らぬ人々との関係が含まれる。この結果は明らかだ。上流階級の知的グループにおいて社交性が最も高度に発達している。教授、芸術家、公務員管理職が自由業に加わるが、後者は前三者に比べて富裕である。一方、企業の経営や営業管理職はかなり大きく後退しており、技術者はその中間の位置を占める。小学校教員や看護師ソーシャル・ワーカー、公務員中間管理職は、職人や商人、技術工や職長よりも関係が密である。工場労働者はというと、いっそう弱い社交性の点で他のグループから区別される。つまり友人が少ない、恋人がいない、労働関係が少ない、商店員や隣人との接触が少ない。彼らが他のグループとはとんど同じ程度に行う社交性の唯一の領域は、親族関係である。

以上の事実は、庶民層の社交性に関する流布された考えに合致しない。上層知的カテゴリーは就業男性人口の一〇%を占めるにすぎないが、この調査で把握された友人関係の三四%を占めており、労働関係の三五%、親族関係の二四%、近隣関係の二三%を占めている。工場労働者の場合と正反対である。こちらは一九八二―八三年の調査時で、最も多くの社会集団を占めていたが（男性就業者の三五%）、友人関係の一七%、労働関係の一五%、近隣関係の一五%を占めるにすぎない。社交性の様々な構成要素は相互に排除しあうのではなく重なり合う傾向があり、庶民的カテゴリーが知的管理職に比べて社会関係の不足に苦しんでいることが分かる。これはエミール・デュルケームが統合と名付けたものの今日的な指標の一つである。事実、この調査によって測定された社交性の社会的なヒエラルキーは、自殺の社会的ヒエラルキーと重なっている。

アソシエーションへの所属についても事は同様で、上述の調査によって明らかにされた通り、社会的ヒエラルキーとくに学歴序列の上に行くほど、何らかのアソシエーションに加入するチャンスがふえる。この領域では、教員とソーシャル・ワーカーが他のあらゆる社会的カテゴリーを上回る。文化やスポーツ、市民や集合的利益保護などのアソシエーションの大半が、そこに通ってそこでともに闘う諸個人に対してかつて教会や教区の様々な活動が与えていた心理学的道徳的な支えと同じものを今日もたらしている。他者との計画された出会いや集まり、有益であり認知されているという感情、そして他者の視線のもとであるがままの自分として存在しているという実感、関係的な社会的交わり、お祭り、共同で行われる無償の活動で遊ぶことの楽しさ、その目的は個人的な利害を超えており、学校や職業の中で得られたエネルギーやノウハウを超える。一つだけ例をあげるなら、フランスでこの三〇年間に増えたのがコーラスグループである。中流や上流階級の中から大量の人々がこの活動に参加しているが、コーラスという熱のこもった満足感をもたらす社交性にアクセスするには、経済的社会的諸条件が可能にする長い時間（毎週一―二回の練習）を要し、文化的資源（ソルフェージュの知識や個人での練習……）を必要とする。そうなるとこうしたアソシエーションが主として最も学歴の高い層からリクルートをおこなっているとしてもまったく驚くに当らない。

他方で同時に村や庶民的な地区の変化により、近隣関係に基づくアソシエーション的な実践全体が失われつつある。そこでは各家族がほとんどお金をかけずに相互扶助を呼びかけるいろいろな行事に参加できたのだが。村々では人口がごっそり消えてしまうか、その反対に、都市中心部に隣接するため都市で働く管理職が大挙して押し寄せるかしたのである。アンリ・マンドラはこのプロセスを「再都市化」と呼んだ。庶民的な地区の中の最もいい位置にある飛び地がブルジョワ化（ジェントリー化）して、都市郊外地区が周縁化した。コーラスグループが増えたとしても、市の組織するファンファーレ隊やブラスバンドは落ち込んだのである。宗教的実践について言うと、庶民階級よりも上流カテゴリーにおいていっそう頻繁になっている。

同じことだが、ＩＮＳＥＥによる二〇〇三年の調査は生活上の不満に関するもので、人間関係上の孤立が社会的ヒエラルキーの下方でかなり増えていることが明らかにされた[12]。収入が少なく、学歴をもたず、郊外団地に住むか「そこから出ていくのに不便を感じる」と述べることが、人間関係上の孤立に強く結び付いている。孤立はおもに貧しい人々を襲っている。それに加えて孤独や鬱といった感情が結びつく。孤立することは非常に稀であるにもかかわらず、若者たちは平均に比べて、憂鬱や孤独といった気持に冒されているといっそう述べる傾向にある。不満の感情を最ももちやすいのは社会的にかなり大きな不安定にさらされている人々で、働くことのできない失業者、障害者である。月末を何とかやりくりするのに問題があると述べる人々の三六・八％、および都市郊外団地に住む人々の二八・二％が不満感に苦しんでいる。

要するに、統合の良好な状態についてデュルケームが一世紀前に定式化した仮説全体が、今日でもまだ有効なのである。最も裕福で最も学歴をもったグループが他と比べて最も統合されており、自殺のリスクから最も保護されているということを証明するには、諸個人を結び合わせている社会的結合の領域を、彼らを取り囲む集合体すなわち社交性のすべての領域へと拡張し、その中の社会的環境を区別することで十分である。

人間関係上の孤立や不満感についてのＩＮＳＥＥによる調査のもたらす大きな関心事は、これらのことで苦しんでいる人々の状況が、他者との接触の不足や関係の欠如に還元されないということを証明している点にある。それは孤独感や憂鬱、より一般的にいえば不満感によって表明される。これらは心理的な苦しみだろうか？　おそらくそうだろう、しかしそれだけではない。既に見たように、自殺はおもに、余命が最も短い人々を襲っている。個人から集団への諸関係だけを強調するデュルケームは、自殺の社会的原因を、統合の欠如による自殺については個人的な相互作用の段階に位置付け、アノミー的自殺のケースでは、個人的な心理学の領域にこれを刻みつける。すなわち個人はこの時、自分の行動を自分の社会集団における厳密なルールに適合させることを可能にする基準や、自分の欲望を満足させる可能性に即してこの欲望を律することを可能にする基準を失うというのである。社会学の創設者デュルケームはこうすることで、有機的な基層の存在をあまりに低く見積もってしまった。その基層の大部分は経済的及び社会的制約によって生み出され、そうした諸関係を変質させたり、諸個人の方向付けを誤らせてしまったりするのであるが。もちろん彼は経済的な危機や物価の変動、破産などに言及してはいるのだが、しかし非常に一般的なレベルにとどまったままである。つまり諸個人の生存や労働の物質的諸条件を考慮に入れていない。結局デュルケームが精神衛生について語る場合、それは自殺と狂気の間、自殺と精神衰弱、自殺とアルコール依存の間にいかなる関係も存在しないと主張するためなのである。伝染病学者、医師、精神分析学者、人間工学者、あらゆる国の労働社会学者たちによって一世紀来蓄積されてきたデータは、この最後の仮説を否定する方向を示している。すなわち自殺と精神分析的問題との間、自殺とアルコール依存との間にはまさに関係があるのだ。しかしこうした状態や兆候が自殺の必要かつ十分な原因であることは決してない。なぜならそれはまさしく特定の経済的社会的コンテクストの中でのみ現れるからである。

第二の道——悪しき運命に対して、健気に立ち向かえ！

これらすべての新たなデータが、「社会的なもの」を個人の自殺へと結びつける因果性の連鎖の中に新しい環を挿入するよう促す。この新たな環とは、生存や労働の物質的諸条件から生み出される、個人の心理的および精神衛生状態へ及ぼされる諸効果のことであり、すなわち個人の身体に及ぼされる影響である。有機体の状態を自殺の原因とすることによって、生物学的な因果性の用語で説明するという立場に戻るつもりはない。それとは反対に、デュルケームが始めたような社会学的説明の枠内にとどまり続け、考慮すべき社会的諸変数のスペクトルをきわめて多様な病理学へと単に延長しよう。それは社会的職業的空間の中で個人が占める位置に応じて諸個人に影響を与えるような病理学である。今日では、身体を生物学的な諸法則だけに依存する自然の実体だと考える人はいない。私たちの身体は今、その寿命を左右するほどの社会生活によって成型され形作られている。すでにアルヴァクスが死を社会現象として扱ったのはこの意味であり、死が突然襲う年齢は多くの場合、労働と衛生の諸条件によって決まり、疲労や様々な病気への注意に基づき、要するに、社会的及び心理学的諸条件によって左右される。そして、哲学者で医学者であるジョルジュ・カンギレームはこうつけ加えている。

要するに、ある社会において生命に付与される価値に応じて、集団的衛生の諸技術が人間の生命を延ばす傾向にあるか、怠惰な習慣が結果として生を短くする結果をもたらすかであり、結局それは平均的な人生の長さというこの抽象的な数の中に表明される価値判断なのだ。(13)

さて「事務労働者/工場労働者」というグループは今日、他のグループに比べて人生の短さ、およびエイズを除くあらゆる疾病原因に対する死亡率の高さによって他から区別されている。高級管理職及び自由業のグループとの最も大きな違いは、アルコールに結び付いた死亡原因に関連しており(肝硬変および上部気管腫瘍が一〇倍の死亡率)、糖尿病、呼吸器系疾患(死亡率は五倍)、脳血管障害と胃がん(死亡率は三ないし四倍)、労働や交通の事故、心筋梗塞、内臓および膵臓のがん(死亡率は二ないし三倍)、そして……自殺にも関連しているのである。死亡の原因が何であれ、一九七九—八五年と八七—九三年の死亡率の減少は、この「事務労働者/工場労働者」というグループについて、それほどはっきりしなかったことは明らかである。(14) より大きなこの脆弱性というものはもちろん、生存や労働の好ましからざる諸条件に帰される。

私たちの関心にとって研究すべきとくに興味深い領域は、心臓血管系疾患の社会的分布という問題であり、この五〇年間のその変化についてである。自殺の変化と多くの点で共通した特徴をもつその変化は、最も教育の高い最も裕福な社会的カテゴリーの人々が二〇世紀後半に自殺のリスクに最もさらされなかったことについて説明をしてくれるカギとなるだろう。それは心臓病と同じように、最も教育を受けておらず最も貧しい階級に徐々に集積されていったのであり、彼らは生存や労働の劣悪な諸条件に対し最も脆弱である。

心臓血管系に起因する死亡が今日最も多いのは、最も庶民的なカテゴリーにおいてである。[15] だが、いつもこうだったというわけではない。二〇世紀初めには最も恵まれた環境にある人々が最も害をこうむっていた。逆転が起きたのは一九四〇―六〇年代である。自殺についても同じ時期に同じ条件のもとでであった。記録された死亡率の低下がここでも、社会的環境に応じて不均等なのである。工場労働者及び事務労働者においてはわずか一四%減であるのに対し、管理職ではずっとはっきり後退が見られる(マイナス四七%)。これらの疾病の罹患率や致死率が最も高いのも工場労働者においてである。かれらはこうした病に最もさらされていて、罹患した場合に他のカテゴリーよりも多く病に屈する。管理職は反対に、病にかかりにくいと同時に罹患した場合の死亡も少ない。事務労働者はこの領域では中間的なポジションを占める。罹患はしばしば見られるが死ぬことは少ない。これらの心臓血管系疾病により多くさらされているということと生存や労働の諸条件との間に関係を見出さずにいることは難しい[16]。労働ストレスに関する多くの研究がこの二〇年間になされた。ストレスを促進する以下の諸条件が、それによりはっきりと同定されている。過度のもしくは不十分な労働負担、労働を成し遂げるのに不十分な時間、首尾よく行われた労働に対する認知や見返りの欠落、協力的でない上司や同僚や部下、雇用の不安定、最終生産物への信頼感や知識の欠如、小さなミスからしばしば生じる重大な結果、短い休憩時間などである。これらの否定的で心痛をもたらす要因すべてが、この四半世紀に労働の世界を根底から変化させた三つの大きな力の結果なのだ。すなわち労働の強化、雇用の不安定化、労働時間の可変性である[17]。

アメリカの労働心理学者であるロバート・カラゼクとドイツの医療社会学教授ヨハネス・ジークリストが、心臓疾患を説明する二つの相補的なモデルを構成し、保健データを用いてこれをテストした。まず最初のモデルでは、強い心理的要求が意思決定の自由度の弱さに結び付くとストレスが発生し、これが労働における社会的孤立によって増幅される。こうした労働条件にさらされた人々にとって、冠状動脈に由来する疾病や死亡のリスクは一・三から四の間で変化する。つまり強力なリスク要因が存在することになる。第二のすなわちジークリストのモデルでは、払われた努力と期待される見返り（金銭的あるいは職業上の認知など）とのアンバランスが緊張状況を規定する。労働の諸条件はそれだけで原因とはならない。失業もまたそこで役割を果たしている。イギリスでは時系列的調査によって、最初の兆候が現れて五年以内の心臓循環器系の死亡リスクが、失業期間を経験した人々において、連続で雇用されてきた人々に比べ二倍高いということが示されている。

心臓循環器系疾病の罹患率と致死率との間に観察される隔たりは、治療手段の社会的不均等によってはっきりと説明できる。西欧諸国のほとんどで最も恵まれない社会集団のメンバーたちが、あまり良好でない健康状態と治療を受ける回数の少なさ、そしてその質の低さといったものを兼ね備えている[18]。健康経済学研究文献センター（CREDES）およびINSEE[19]によるフランスでの調査では、社会環境の不均等は治療全体におけるよりも予防的治療においていっそう顕著である（年齢及び性別に関して標準化した指標の平均に対しマイナス一八％からプラス一七％の開きがある）。庶民的カテゴリーはほかの人々に比べて治療を受けるのが遅くなる。心理学的および精神分析的な診療に訴えることに関しても社会的な隔たりがとても大きい。

苦しみやストレスを生む労働と生存上の困難な諸条件と、質の良くない治療に遅れて訴えることとが組み合わさり、工場労働者や事務労働者の多くが心臓循環器系疾患により早過ぎる死を迎える状況が加速される。このようにして、最も教育を受け最も裕福な社会カテゴリーの人々――労働や生存の不安定でストレスの多い諸条件にさらされるリスクがずっと少なく、またそれに対して警戒を怠らず、良質な治療へのアクセスを容易に利用できる――が、適切な食事の実践と生活上の衛生そして規則正しい医療検診によって徐々にこうしたリスクに対して備えるようになってきたのはどうしてかを、よりよく理解できる。この説明は自殺にも当てはまる。社会階級の頂点に位置する職業の人々は、生活する大都市において、不安定さすなわち解雇の脅威や、より一般的にいえば生活苦にさらされることが少なく、生活条件や、関係のネットワーク、衛生用品、陰鬱や絶望に陥る前に相談できる能力を有している。これらの人々はより確実でより快適な生活の諸条件を享受しており、それが将来や日常生活のより良い管理を彼らに確保してくれる。現代の様々な社会は、尽きることのない資源をそのエリートたちに与え、その生存の質と長さをたえず向上させてきた。彼らにとって最も大切なのは生である。労働に興味をもたせる職業、無限で多様な消費財へのアクセスを可能にする収入、文化的利益の多くの源泉となる学歴がそこにある。それほど運のよくない他の人々にとって、反対に、死が地獄の生活よりも好ましくなることがあるのだ。

貧困の現代的諸形態

貧困は今日もはや、かつてそうであったものではなくなっているのだからなおさらである。モーリス・アルヴァクス研究センターの社会学者であるセルジュ・ポーガムは、周縁化した貧困、とくに統合された貧困から、地位剥奪的貧困を区別し、今日、豊かな国々において自殺が貧困層の問題である理由を明らかにしている。[20]「統合された貧困」とはまさしくデュルケームが参照した社会的現実のことであり、彼は「貧困が人々を自殺から守ってくれる」と述べた。こうした様式に基づく貧困層は数が多いと同時に他の庶民的社会層とほとんど違わない。それは区別された一つの社会集団を形作ることがない。強くスティグマを受けているということはない。彼らの生活水準は低いが、家族や街角や村や地域をめぐって結ばれるさまざまな関係の強度によって、耐えうるものなっている。連帯は逆境に対する集合的かつ個人的な対応である。お互いに腕を組み助け合うから個人は孤立しない。貧困に対するこうしたタイプの関係が、伝統社会や産業化以前の国々を特徴づける「経済的遅れ」の段階に見られる。すでに見たとおり、これらの国は最も低い自殺率によって特徴づけられるのである。

豊かで発展した諸社会に最もよくみられる貧困の形態はこれとまったく別である。セルジュ・ポーガムはそれを「地位剥奪的」な貧困と呼ぶ。なぜならこの貧困に襲われた個人は経済的社会的生活への参入のあらゆる形態を徐々に奪われていくことで、価値を奪われスティグマを押されるからである。雇用から排除されるか、大いに不安定な状況の中に追い込まれることで、これらの人々は多くのハンディーを重ねていく。収入の低さ、住宅環境のみすぼらしさ、悪い健康状態、家族的社交性や相互扶助ネットワークのもろさである。富の社会的移転〔生活保護などの支給〕及び援助機関に頼りながら彼らは、社会的に大いに不要とされているという感情を抱く。「私はどちらかというとこの存在を終わらせる状態を探し求めているのです」と六一歳の元画家が述べている。「私は、もう用のない人々の一部なのです」と言うのは、経済的理由で解雇された四八歳の製鉄業労働者だ。[21] 社会的価値の喪失は自己の価値貶下をひきおこす。ロベール・カステル[22]に続いてセルジュ・ポーガムが示しているように、この新たな形態の貧困は一九七〇年代初めから先進諸国すべてで増えてきており、失業だけでなく不安定雇用及び非正規雇用（パートタイム）の増加を伴っている。それはまた、自殺とくに若者の自殺がフランスや他の国々で再び上昇し始めた時である。労働の強化と緊張を伴う流れ作業の一般化が、緊張を著しく増大させ、苦しみを生んだ。ここで貧困は、統合された貧困の枠内でかつてそうであったような安定した状態として現れるのではなく、転落そして階級の外へ追いやられることとして現れる。豊かな社会で貧困になることは、貧困の罠に落ちることであり、貧しい社会の中で貧困でいることよりずっと多くの苦しみを生み出す。社会的アイデンティティーと諸個人の地位が生産的活動および労働市場において占める位置への参加に大部分依拠しており、また労働から引き出される収入を消費財に変換する適性に依拠するような社会で生活する場合、経済的社会的諸価値の宿るこうした源泉からの排除は一つの悲劇として生きられることがある。豊かな諸社会が生み出す新たな形態の貧困は、それに襲われた人々を存在のあらゆる領域で壊れやすいものに変える。つまり健康、住居、収入、他者との接触という領域で。そこから生じるのはさまざまなリスク全体に対する大きな弱体化であり、自殺はそのひとつである。

自殺はある意味で啓示的だ。それは今日、社会階級の上と下とを隔てている健康、余命、福祉に関する深い亀裂を明らかにする。自殺はこの深い亀裂を考察させずにはおかない。こうして私たちはデュルケームの提案した様々な説明からとても遠くへ来たように思われる。彼の説明は本質的な部分で社会的統合に依拠したものだった。精神分析学者や伝染病学者たちが集めたデータすべては、自殺を抑鬱状態やアルコール依存症に近づける傾向がある。現代の諸社会において最も豊かな人々は、最も進んだ形態の医学に訴えることで、こうした状態を避けたりそれに対する癒しを見つける諸手段を発見したように思われる。貧困な人々は、こうした危険により多くさらされており、より一層そこから排除されている。しかしこの「唯物論的」説明は社会化による説明と矛盾するわけではない。こうした用語をただ考え直してみればいい。それはデュルケームにおいてはあまりに社会有機体論的であった。

個人はマクロ＝有機体の一部として統合されておらず周縁化される。社会への統合は、個人の奥深い包摂に基づいている。つまり問題となるのは存在の意味であり、主体の位置づけそのものである（アメリカの社会学者ジョージ・ミードの「セルフ」という意味で）[23]。社会のゲームの中に主体としての位置を見つけ出す者は統合され、他者たちから自己の存在の認知を受ける。統合されること、自己を統合することとは、ゲームをプレーすること（当時ラテン語主義者だったピエール・ブルデューは「イルージオ」と呼んだ）、社会の一部に入ることであり、そこでは究極的な期待は、貢献を利用して何らかの報酬を得ることにあるだけでなく、主体としての地位そのものの確認作業にある。多くの調査が示すように、雇用の不安定化と失業によって、どのようにして他の人々のところを訪れなくなるかがわかる。社会のある部分を立ち去ると、社交性は意味を失う。社会というゲームの中に存在し続けるために、新しい役割を即興で作り出す失業者たちがおり、そうやって新たな有意味的相互行為の中に入るということが分かる。最も若い人たちは「職業訓練」に登録し学生になる、もしくはもう一度学生をやり直す。人格的アイデンティティーを構築するために労働がいかに重要かを測定する悲＝喜劇だ。

近代産業社会はしばしば匿名で個人主義的だと言われてきて、主体のゲームに入るのにあまり向いていないように思われた。さまざまな組織が諸個人とは独立に地位や役割を規定する。近代の都市では近隣関係が必ずしも相互認知を意味しない。しかしこの匿名で人格を否定する空間は、同質的であるには程遠い。アルヴァクスが述べたように、労働の社会的ヒエラルキーを上昇すればするほど、個人による社会的機能の解釈が、日課となった手続きの単なる繰り返しから隔たる。匿名の複数の組織の接触面では、管理職がその関係のネットワークを大いに豊かにするために働いている。こうした特権的な地位を占める人々は、家族的社交性のがっちりした核をはるかに超えて、弱いが効果的で拡張された諸関係のネットワークを構築する。この連鎖の反対側には、「自分の仕事は、誰だって代わりにやれる」と思わないではいられない人々がおり、自分のおこなっている日常的な作業のわずかな役目を職業領域での最小の意味で取り繕っている。こうして彼らは自己実現と家族生活を一致させることだけがすべてになる。そうしたやり方が洗練されることで、内密な部分を享受できる人々は、人格的アイデンティティーが侵入から守られているような匿名的空間（バス、ビストロ、レストラン、待合室……）をも楽しむことが可能になる。

民族学者で精神分析学者のジョルジュ・ドヴローは[24]、われわれの文化のいくつかの特徴——人格の距離化、関係の抽象化、正確な空間的位置取りの欠落——の中に、支配的な臨床的所見の基礎となるものの一つを見出している。すなわち精神分裂症である。これに対し、草原のインディアンは、いったんイニシエーションを受けると、自分の文化を簡単に一巡りすることができ、自分を取り巻くすべての人々と個人的な関係を築き、社会的諸制度の中での自分の正確な役割を定義することができる。近代の社会的行為は距離を取って行われる。自分の行為が動かそうとするすべての人物に直接の関係をもつことは決してない。自分自身のイニシアティブで起きたことについて正確に知ろうと思うと専門家たちが必要であり、自分が代々受け継いできた物質的あるいは文化的財の伝達においてさえそうである。その結果、役割の部分的な消失が生じ、他者たちとの関係に偏った投資がなされ、いずれにしても広範な「人間喜劇」となる。そこでは未完の社会化が自己の断裂に扉を開き、究極的には精神分裂症へと至る。しかし開かれた幅のある資本を利用できる人々にとって、この状況はかなり有利になりうる。つねに深い関係を築いてきた人物たちだけを逆境の中で動員することは、安心であるかもしれないが効果的ではない。家族という固い核の中で私たちは同じような資源を分かち合う。これに対して、特定領域での能力をあてにでき、幅広い知り合いに呼びかけられることは、良い弁護士や医学の専門家を見つけるのに不可欠である。

アメリカの社会学者マーク・グラノヴェター[25]は、職探しや住宅を見つける際の下調べにおける弱いネットワークの力をこのように証明した。仕事で得られた社交性は、感情的に見て部分的なものであったり表面的な関与に基づくものであるとしても、管理職にとって一つの切り札であることは確かだ。また付け加えておくべきことは、遂行される任務と企業の資本と私的な家産との間に、重要だがあいまいな区別があることが、たとえ突発的な損失が生じても一つの鎧となるということである。破産に続いて自殺する銀行家というイメージは長い間生き続けてきた。Potius mori quam foedari——不名誉よりもむしろ死を、である。最近の事件（クレディ・リヨネ、大宇、メシエ&ヴィヴァンディ・ユニヴァーサル、フランス・テレコム、ギヨーム・サルコジとピカルディー織物）が、ゾンバルトのブルジョワやセザール・ビロトー〔バルザックの作中の香水商〕の時代から繰り返されてきた道を我々に思い起こさせる。いろいろな役割の分離（責任者対管理者、株式保有者対出資者……）が今日ではリスクや要求から保護しながら、個人のアイデンティティーを生み出すことを可能にする。そして知名度という利益を失わずにタックス・ヘヴンにある口座や秘密の庭……などを豊かにすることができるから、匿名性が魅力なしとしない。これらを利用できる者にとって、さまざまな社会的つながりの複雑さが、「創造的破壊」に依拠する文化のもたらす永続的なリスクに対して、強固な防御となる。社会階級の最も下にいる人々はこのような助けを利用することができない。

そして健康は、精神的なものであれそうでないものであれ、各自のもつ文化資本に応じてさまざまな程度にアクセス可能なこれら便益の一部なのである。身体的風采の維持は、ずっと昔から管理職たちの関心事となっている。体重の管理、ダイエット、代謝的身体運動、健康チェックなどなど、管理職の人々は自分の体を一つの資本として維持する。実際に他者とのつきあい生活の中で、魅惑するとまでは行かなくても、少なくとも——部分的な投資が要求されるのだが——誘惑を楽しむことは求められる。農民や工場労働者が医者を利用するのは、故障した機械を修理すること——ただし遅すぎる——だと長い間考えられてきた。予防的で洗練されたケアのいろいろな技術を用いたり、鬱状態に前もって対処したり、まわりの人々を心配させたり驚かせたりせずに治療を受ける可能性は、豊かな国々ですでにオープンなものとなっている。つまりそれをいつでも利用できる状態にありさえすればである。

文化的社会的なＳＭＩＣ（最低賃金保障）のために

近代社会は富裕な人々と貧しい人々の間に強固な障壁を築いている。物質的な財の分割だけではない。最も豊かな国々では財産の集中化は減少する傾向にある。それが息を吹き返すのは景気後退期だけである。しかし物質的な財の蓄積についてだけ隔たりを測定しているにすぎない。現代的な富の有効な利用が本当に可能になるのは、現代社会の生活のあらゆる資源を十分に利用できる文化的社会的資本を保持する人々にとってだけである。すなわち身体の維持、先端医療の最適な利用、心理学的サポートに訴えること、注意深い消費者としての態度、労働における喜び、事情に通じた権利行使、ゆとりある教育的な文化財に安くアクセスできること、といった資源である。

これに対して庶民階級は、物質的な財をもっている（ＩＮＳＥＥによると二〇〇四年には有資格工場労働者の五一・五％、無資格工場労働者の三一・四％が住居を所有）としても、現代生活のそれらの満足すべてから隔てられたままである。彼らが関係をもつ（所有する）物質的な財のためだけにしか意味をもたない、最も繰り返しの多い作業や、生活上の中心から遠い場所にある住居、子供たちの学業上の諸困難、解雇や失業のリスクなど……に向き合い、残るのは家族だけである。

ノーベル経済学賞のアマルティア・センはつねに、利用可能な富を用いるための最低限の「能力」を社会がすべての市民に与えるかどうか注意深く見守ってきた。すなわち彼の言う「潜在能力 capabilities」である。(26) 彼にとって貧困は、基本的と判断される諸欲求への満足感の欠如によってよりも、

「潜在能力のまずしさ」によっていっそううまく測定できる、つまり自分自身にとって良いと思えるものを選択するときに個人が不可能だと感じる度合いによってである。各自が尊厳あるそして十分な意味のある生を送ることができるために、平等なやり方で優先的に配分する必要があるのは、収入ではなく、こうした様々な達成（human functionings 人間的必要）を展開する諸能力である、ということがそこから導かれる。こうして彼は経済学者たちに、物質的な財だけを考慮するのではなく、表現の自由、尊厳、自己の尊重、社会生活全般への参加——言いかえれば、個人を、他者によって認められた一つの統合された社会的存在になすすべてのもの、を考慮するように求める。とても貧しい国々での彼の観察は、われわれの現代の諸社会にも当てはまる。富の目に見えない分割が経済的資本、文化的資本、社会的資本の間で行われ、基本的な安全性に関して奥深い亀裂が生み出されている。社会生活の日常的なあるいは非日常的な諸困難に対して利用できる解決策が、英語を話せる学卒者と世界全体を競争相手にしながら国土の上にとどまり続けるよう運命づけられた農民たちとでは、同じではないのである。

第９章　だがしかし、彼女たちはそこから出ていく……

この二世紀の間に自殺率が示してきた最も規則的な関連性の中でも、男性と女性を区別する関係——古典期の社会学者たちによってやはり無視されてきた——は重要である。一九九五年には、自殺率の分かっている七八の国々で、男性の平均が一〇万人につき一八・七人、女性は五・八人である。それゆえ平均でみると男性の自殺は女性の三・二倍多くなっている。デュルケームはもっと限られた統計を基礎に——六カ国で二つの時期に関し——こう結論づけている。「自殺する女性一人にたいし、男性は平均して四名が自殺する。それゆえそれぞれの性別は自殺に対しはっきり異なった傾向をもち、それぞれの社会環境に対し定常的でさえある[1]」。したがって、一九九五年の方が統計的な正確さが高まった点を除けば、一九世紀も二〇世紀末も同じ診断ということになろう。こうした安定性の原因を、女性及び男性の生得的な定常性に求めるべきだろうか？　少年を破壊の武器に結び付けようとし、少女を子供たちの保護者とみなす、両性のステレオタイプな含意にか？　勇気ある戦士の美徳と、それの対称である、自己の身体のナルシス的な尊重とが存続していることにか？　自殺方法の流行——男性では首つりや火器、女性では服毒や入水——もこうした方向性を助長する。

しかしこのような定常性はデュルケームが述べたほどに確かなのだろうか？　**図36**によると一九九五年の七八カ国において、男性の自殺率にたいする女性の自殺率はたいへん示唆に富んでいる。国ごとの自殺率を変化させる諸要因が、男性にも女性にもほぼ同じやり方で作用している。相関係数は例外的なほどに高い（〇・八六）。女性が恩恵にあずかっている保護の力は、中程度の定常性でしかない。身体的な定常性は問題ではない。この点に関して多くの事実が特筆される。男性の自殺率が上回って

図36　1995年の各国ごとの男女の自殺率の分布

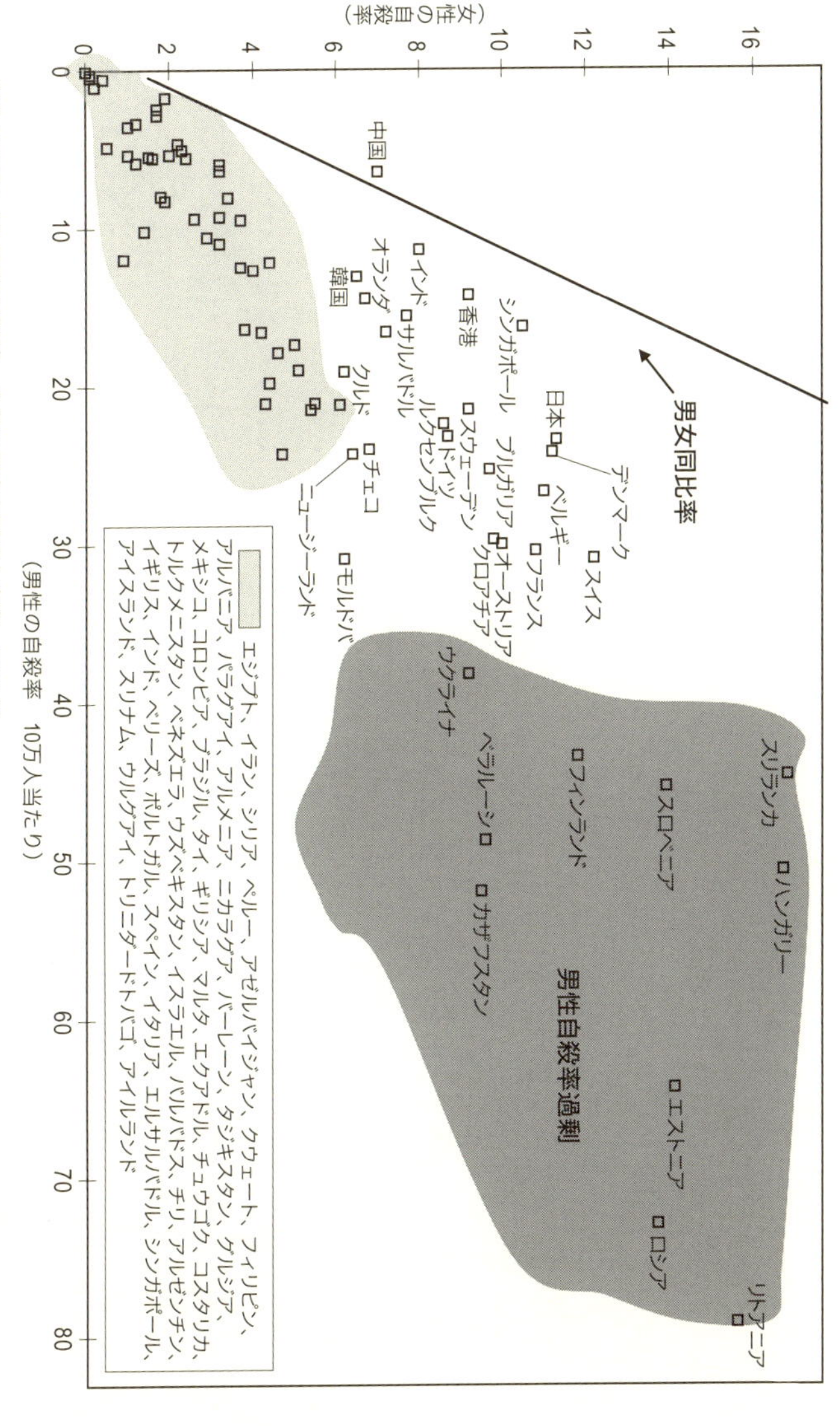

出典：WHO〔世界保健機構〕、自殺に関する図表と事実、1999年。

いることに対する例外は一つしかないが、それは突出した規模で中国である。これと反対に、旧ソヴィエト圏の自殺率の高さには男性の過剰な自殺率が伴っている（ウクライナ、エストニア、リトアニア、ロシア、ベラルーシ）。最後に南および東南アジア、つまりインド、韓国、シンガポールでは女性の自殺率が男性にとても近い。その極端な例として中国に近づいていく。

類似した社会的状況において、女性の自殺は男性に比べ三分の一ないし四分の一と少ない。社会的状況とはもちろん一つの骨格に還元される。年齢、婚姻、地域、国である。状況の類似性といっても家族生活に捧げられる時間の違いや家族関係の管理の違いについてはもちろん、社会生活の他の様々な側面に関する関心についてはいっそう何も物語ってはいない。どうであれ構わないのだ。一九世紀に証明されたことが二〇世紀末にも確かめられ、ほとんどの国で利用できる一連の資料の中で証明されるから、この一から四倍の関係が自然な定常性であるとの印象をもたらす。デュルケームが描きだしたのがまさにこれである。こうした大きな違いについて彼はほとんど何も語っていない。なぜなら彼はこれを自然の事実とみなし、それゆえ無関心であったからだ。一世紀たって女性の高学歴化が進み、ジェンダー研究の発展が数十年続いて、男性と女性の違いに関するデュルケームのいくつかのテキストは、知的な意味で別世界のものとなった。だが、この二一世紀初めにおいて男性が最もひどく自殺にさらされていること、あるいは女性が最もよく守られていることを、独立した一つの社会的事実とみなすことが求められる。ほとんど一般的といってよいほどの不変性のために、確かにそれはひとまとまりの社会的事実なのだ。

まず子供たちは……

こうした隔たりの定常性の理由を探し求める必要があるのは、性に結び付いた人格的アイデンティティーの構築が大陸を超え歴史を超えて普遍的である点である。デュルケームの導いたおもな結果、すなわち彼の基本的直観の中心にあるものが、われわれにとって導きの糸口を与えてくれるかもしれない。男女ともに結婚している諸個人が受ける保護の恩恵について述べながら、デュルケームは説得的な統計的分析に基づいてこう結論している。原因となるのは二人の結びつきではなく、子供たちの存在である、と。

さて子供たちに向けられる配慮はあらゆる社会において性別の人格的アイデンティティーを構築する最もはっきり区別された特徴の一つである。生産様式のいかなる変化も、両性が構築されるこのような所与を消し去りはしなかった。男性は遠く離れた場所で、自然と力で対峙し、武器を用いる。女性にとっては身の回りの世界があり、それは大きなあるいは小さな人間たちの「生産」に集約される。コートジボワールのグーロ族においては、象の狩猟、メタルの蓄積、納屋の管理が男性のみの活動であり、年長者の政治的特権に結び付いている。女性たちには台所と子どもたちの養育が結びついている。こうした対立関係は今日のフランスの「時間のやりくり」においても読み取ることができる。それは、あらゆる種類の社会的変化のあわただしさの中で、半世紀が流れる中でもほんの数分しか変化していない。女性たちはいつも家事労働の大半を引き受けており、男性が毎日それに使う時間は一九八六年から九九年に一一分増加したにすぎない[2]! ドイツでは家事の共同を宣言する現代風のカップルで、「平等主義」の夫が自分の時間を大きく二つに分けている。つまり仕事の時間と一日ないし二日に集約された家事労働への貢献とである。女性にはこういうはっきりした二重性はない。彼女は一週間のあいだずっと、クリスティーヌ・ガルブの比喩によれば、島々の間を航海するが[3]、それは子供たちの遊びや勉強といった活動、買物やいろいろな行事、そして自分の仕事などの島から成る。役割や身分におけるこうした対立関係は、少女と少年の最初の社会化を組織する。少女たちが行う遊びは人間関係をめぐるものである。少年たちは外での遊びへと誘われ、自然への活動、力の証明に向けられる。おもちゃの世界ほど性別の自然主義によって際立った世界はない。おもちゃを買う顧客は、誰のためのものか店員に年齢と性別を必ず質問され、同一の次元で考えることになる[4]。

少年が自分と同世代の者たちと自分を比べるのに対し、少女は子供時代から世代のサイクルにはめ込まれる。自分の子供たちに対しても、親の世代に対してもである。今日でもなお、自分自身の家族との関係を引き受けるのは女性であり、夫の家族との関係までも受けもつ。家族の集合的記憶を維持するのは彼女だ。名前、誕生日、いろいろな行事を。

こうして、戸籍上の地位はともかく、女性は統合的関係の中核に組み込まれている。量的には限られた社交性だが、男性に比べてより構造化されている。自分の親族についての気遣いからまさに解放されることで、男性は弱いつながりの広いネットワークの中で自らを打ち立てる。より豊かであるがより壊れやすい。さまざまな資源の動員や権力の征服において効率的であるが、競争に強くさらされる。ここでしばらく、デュルケーム理論のこうした現代的な拡張について考えてみよう。

中国という例外

しかし、「男性／女性」の関係についてほとんど自然ともいえる定常性に対するいくつかの例外は、女性と男性が自殺する場合のそれぞれの理由についても教えてくれる。まず興味深いのは東及び東南アジアにおける女性の自殺率の優位である。国ごとの調査で多くの研究者によってその原因が探求され、夫婦関係のとくに緊張をはらんだ性質が指摘された。中国から始めよう、つまり「中国という例外」と呼ばれるものについてである。中国は、男性より女性が多く自殺する世界で唯一の国だ。

中国文明の偉大な専門家、ダニエル・エリセーエフは、この現象を、そこで優勢な自殺の概念に結び付け、妻が自己を定義すると同時に従属することになる婚姻関係の性質に関連付けている。夫方居住の社会において、若い妻はとても強力な拘束に従属する、つまり男性的な家系を確保するという要請であり、義理の家族からの非常に強力な社会的コントロールである。それがうまく行かない場合に妻は大きなリスクを負う。婚資を失い、離縁され、権利上あるいは事実上の一夫多妻を受け入れる義務を負い、いくつかのケースでは生命がかかる。多くの観察者が、とくに女性の自殺を特徴づけるのに復讐的自殺のモデルを提案してきたのはこうしたアジア的な文脈においてである。

極東における自殺は悲しむべきものとか恥ずかしいものとは判断されない。それは証言をもたらす。ある高級官吏が自殺をおこなえば、彼の死は政府に泥を塗る。ある妻が自殺すれば、彼女は自分の義理の家族を辱め、彼女の父は裁判でけりをつける権利をもつ。そこにまで至るということは確かに長い苦しみを想起させる。しかし中国ではいかなる人格的宗教も自殺を禁じていない。中国の農民社会ではいつでも、首を吊るための良い革ひもをしまった貯蔵室を簡単に見つけることができた。溺死するための十分深い桶や洗濯槽もだ。しかし貧困によるこれらの哀れな自殺と並んで、中国の女性たちは演出された自殺も実践してきた。つまり人目を引き告発する自殺であり、暴力的な夫や姑を非難するものである。そうしたイメージは決して疑われたことがない。この自殺が時間をかけた、洗練された、残酷な復讐の一形態を可能にすることを女性たちもまた知っていた。彼女たちを痛めつけた者は、一生にわたって死者の亡霊に毎晩責め立てられ、その手足すべてを震え上がらせ、毎日恐怖とともにたそがれを迎える。……ほんのちょっとした事故や異常な出来事が、自殺した女性のせいだと信じさせるものになりかねず、その加害者は、ときには恐怖で死んでしまうこともある(5)。

ダニエル・エリセーエフによるこうした分析は、中国学者レオン・ヴァンデルメエルシュによって裏付けられており、デュルケームの分析にニュアンス以上のものを加える機会をそこに見てとっている。デュルケームの分析は教義的《ドグマ》な表象の力にあまりに無関心であったのだ。

多くの著作が何千という証拠をもたらしている。その最も有名なものはおそらくヤン・ジトゥイ（五三一―五九〇年）の『悪行への仕返しの要諦』で、正義の見えざる手、すなわち亡霊の手の働きの最も優れた多くの例が集められている。まさにこうやってあらゆるジャンルの不正の犠牲者たちが自殺によって超自然的世界の中に場所を占め、霊魂に帰属される報復の権力をそこでふるうことになるのだ。その中でデュルケームのテーゼが問題となっている。すなわち自殺へのそれらの影響に関して、「儀式や教義の細部は副次的であり、本質的なのはそれが集合的生命をはぐくむ性質であるかどうかである」。つまりデュルケームは自殺に関する著作の中にカトリック、プロテスタント、ユダヤ教の教えしか取り入れなかったのである。中国社会の研究をしていれば彼は、アニミズム的なタイプの宗教がさらに大きな統合力とともに、「その儀礼や教義の中に」非常に強い自殺的諸傾向を秘めていることを明らかにしたであろう[6]。

最近のデータは女性の自殺が男性より多いこと、とくに地方では若い年齢層で多くなっていることを示している。一九八七年から九五年の間に、男性と女性の自殺率は都市部で接近している。しかし地方では、この隔たりが変化していない（図37、38、39、40参照）。

現代中国における詳細なケーススタディーを通して、社会学者のシン・リーとアーサー・クライマンは、中国の地方の女性たちに見られる抵抗としての自殺の非常に強い現れに注目している。強いられた結婚に反対するものや、暴力的な夫や専横な義理の家族への復讐、あるいは、最初の子供が娘だっ

図 37　中国：都市部における男性と女性の自殺率の変化

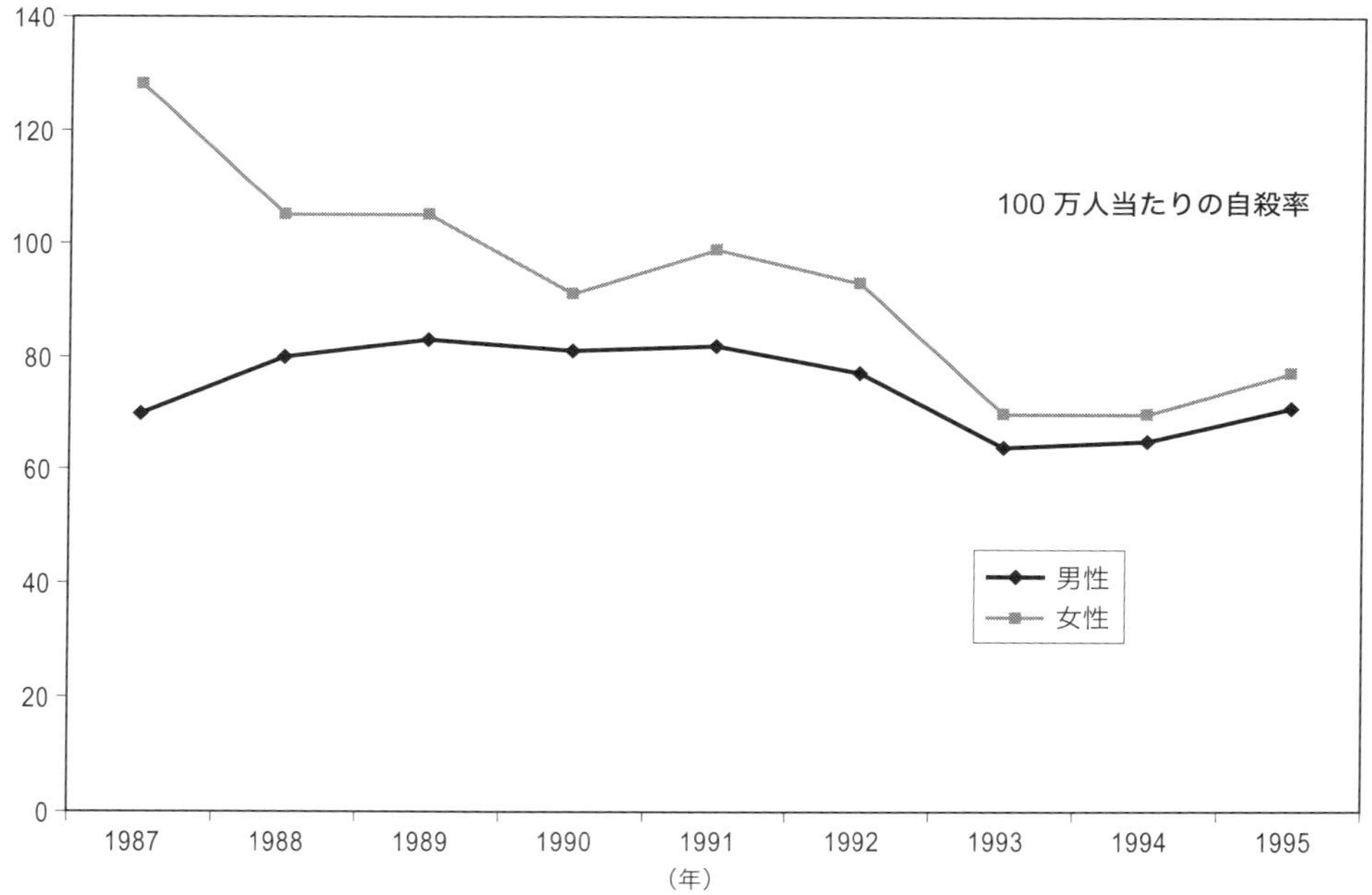

出典：WHO〔世界保健機構〕、1999 年。

図38　中国：地方における男性と女性の自殺率の変化

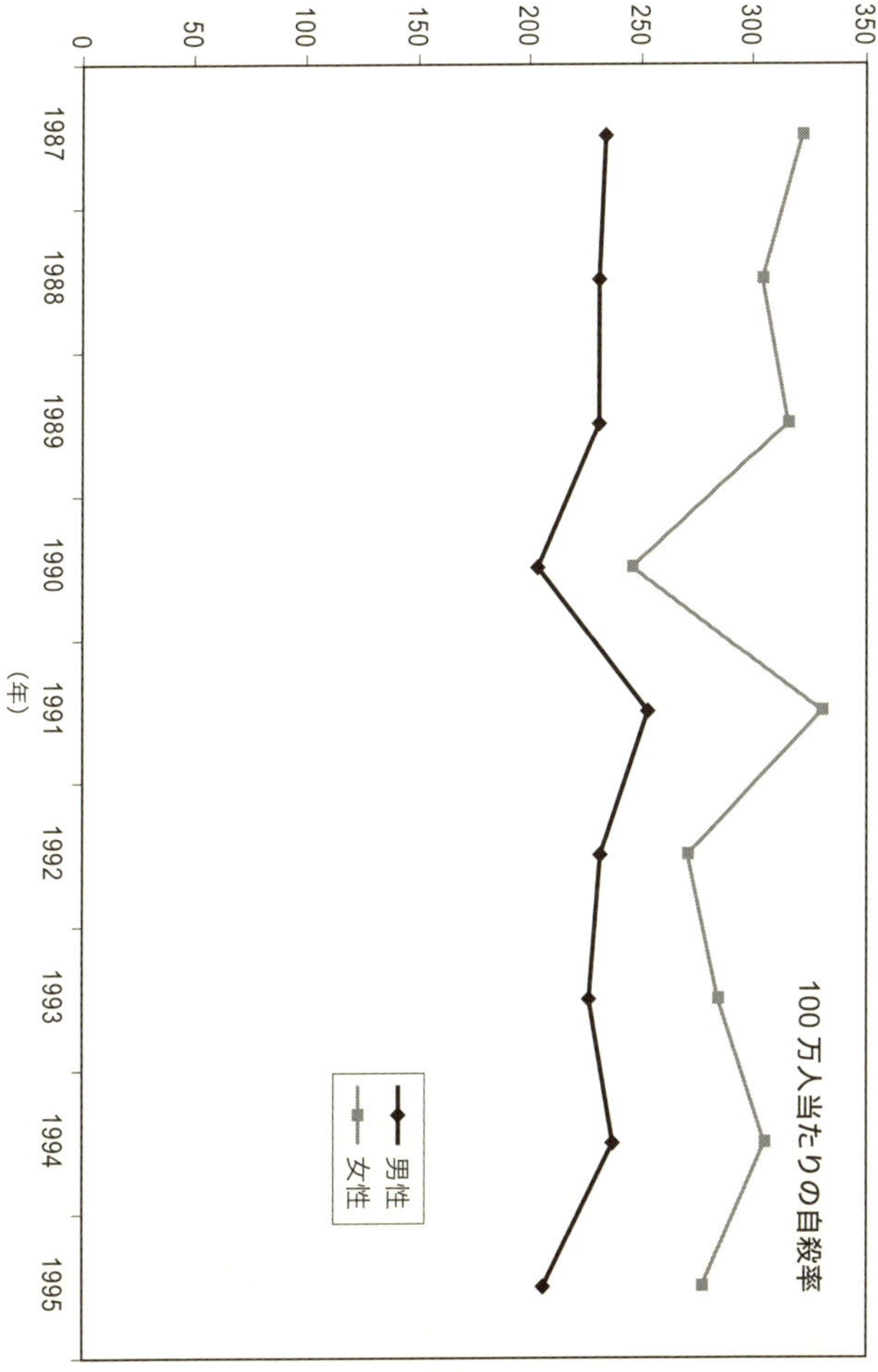

出典：WHO〔世界保健機構〕、1999年。

図 39　中国：都市部における年齢層別男性と女性の自殺率

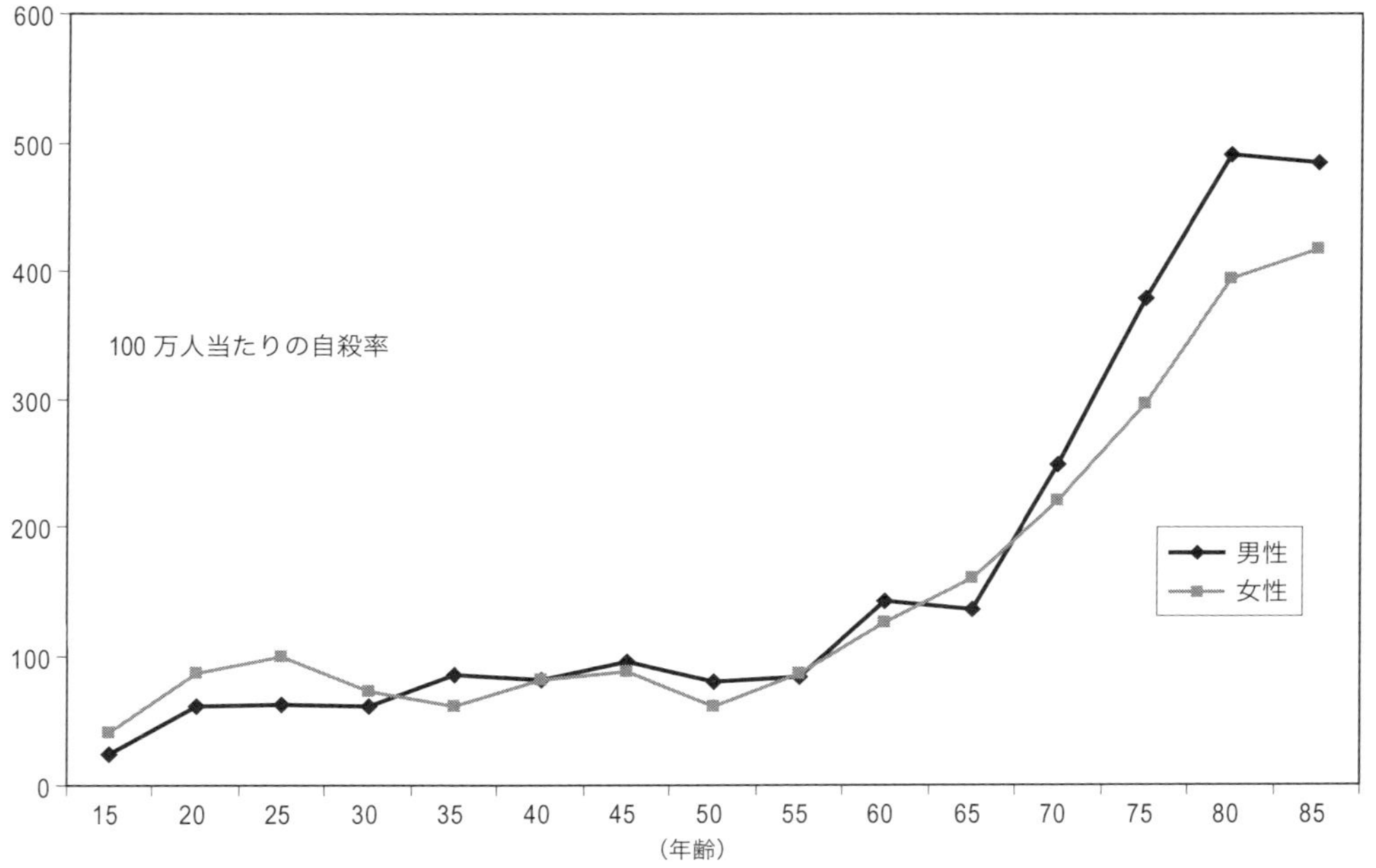

出典：WHO〔世界保健機構〕、1999 年。

図 40　中国：地方における年齢層別男性と女性の自殺率

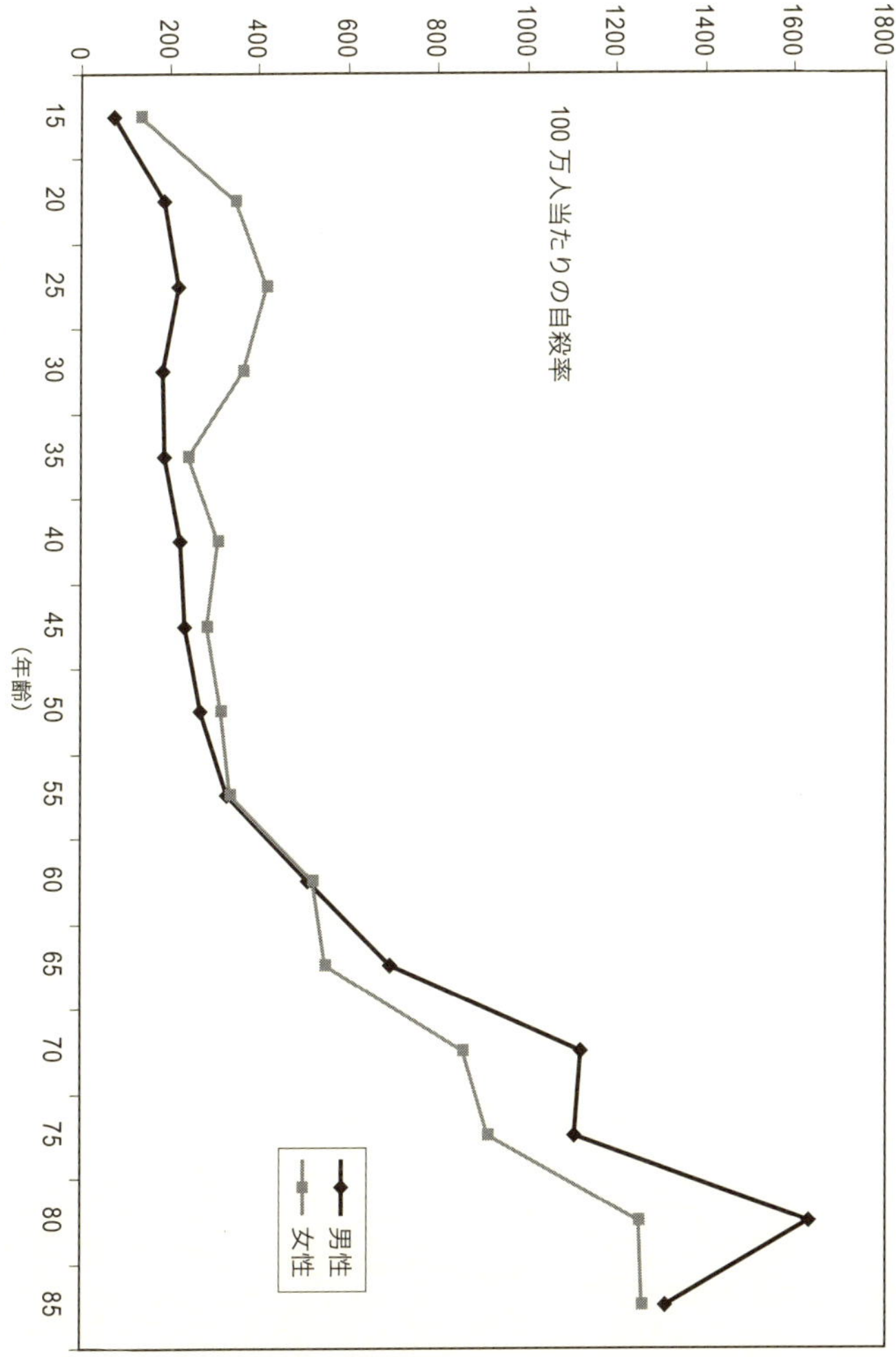

出典：WHO〔世界保健機構〕、1999 年。

たという不幸な場合の出産制限への反発によるものだ(7)。

アジア太平洋地域――困難な婚姻生活と女性の自殺

世界に類を見ない中国という顕著なケースは、より弱められた形でアジアの他の国々において見られる。そこでは女性の自殺率が男性を上回ってはいないものの、ずっと以前からかなりそれに近づいており、とくにインドではそうである。ロンドンで一八一六年に出版されたある著作の中でデュボワ師はすでにこの現象についてこう述べている。

殺人と自殺は、他のどの人々よりもインド人によって多くの恐怖をもって思い描かれようと、彼らのもとでしばしば起きている。前者つまり殺人が犯されるのは、最もよくあるのが毒を用いてである。自殺についてはこの罪を自ら犯すのはほとんどいつも女性たちである。暴力的な夫の仕打ちや口うるさい姑のいやがらせ、そして最後にインドの夫婦がよく陥るあらゆる不和によって絶望へと押しやられ、彼女たちは自分自身に犯罪の手を向ける。耐えられないものとなった存在から解放されたいために(8)。

デュボワは宣教師として性急に判断を下すが、インド人たちの表象に通じた民族学者でもあり、亡き夫の焚き木の上で行われる寡婦たちの犠牲（suttee）とここで物語っている自殺とを混同することはない。彼はこのいずれも激しく非難しているが、suttysが「インド人たちの特性」の中で、「こうした行為への不可侵の愛着」の対象であり、おもに上流階級やカーストに関わっている一方で、自殺はあらゆる階級において非難されつつ広がっていることを知っている(9)。

二〇〇〇年のインドでの自殺率は**表10**の通りである。

中国と同様にインドでも、女性の自殺率は若い妻の立場に対応する年齢で最大となっている。つまり一五―二九歳で、女性の自殺率は男性のそれを上回るほどである。四五歳からは女性の立場が変わり、女性の自殺率は低下し男性のそれとははっきり隔たっている。警察当局により推定されるインドでの自殺原因を考慮に入れることで、婚姻の諸問題の重みを確認することができよう。これらの諸原因から構成した表に基づくと、男性と女性とで非常に異なる原因帰属にたどりつく。

表10　年齢層別男女の自殺率（インド、2000年）

	男性	女性
15-29歳	13.9	14.6
30-44歳	22.2	13.9
45-59歳	24.9	10.6
60歳以上	16.3	6.4
全　体	12.8	8.8

インド警察は女性の自殺を家族的な事情にかなり頻繁に結びつけている。しかしそれが当てはまるのは、婚姻生活の最初の数十年間の危機的な時期（一五歳―四四歳）についてである。それゆえわれわれは、これらの年齢での女性の自殺が男性よりどの程度多いかが、婚姻生活の諸困難を考慮に入れることで説明できると考える。夫方居住の世界では、義理の家族がどうにもならない諸要求を掲げる、つまり男性の子孫を求め、それを押しつける力を有するのである。

表11　年齢層別及び性別に見た、自殺の推定される原因（インド、2000年[10]）

		おそらく家族的原因	おそらく経済的原因	病気	その他	
15-29歳	男性	28.5	14.9	18.4	38.2	100
	女性	42.8	7.8	14.7	30.4	100
30-44歳	男性	25.7	12.7	21.9	39.8	100
	女性	36.5	6.8	20.7	36.0	100
45-59歳	男性	22.2	16.2	28.7	36.3	100
	女性	24.7	7.6	29.5	38.2	100
60歳以上	男性	15.3	9.1	39.6	35.9	100
	女性	14.3	5.3	40.8	39.5	100

表12　シンガポールにおける年齢層別、性別の自殺原因

年齢	24歳以下	25-39歳	40-54歳	55-69歳	70歳以上
男性	精神病	精神病	身体疾患	身体疾患	身体疾患
	挫折	身体疾病	貧困	孤独	孤独
	身体疾病	挫折	孤独	貧困	貧困
	仕事の不満	貧困	精神病	精神病	精神病
女性	精神病	精神病	身体疾患	身体疾患	身体疾患
	身体疾病	身体疾病	貧困	孤独	孤独
	家族問題	挫折	精神病	貧困	貧困
	失恋	家族問題	孤独	精神病	家族問題

シンガポールについても類似の証言がリアッツ・ハサンによって、自殺に関する司法研究の中で行われている。[11] 一九七〇年のインド系あるいは中国系のカップルにおいて、女性の生存係数が三五歳からしか上昇していない。この年齢の手前では女性たちが男性と同じくらい自殺しており、一五—二四歳ではそのおよそ二倍となっていた。

イスラム教のマレー系原住民は非常に低い自殺率である。とくに女性についてそれが顕著だ。それゆえ五〇歳未満のインド系や中国系の女性たちが自殺から守られていないのは、出身である諸社会の婚姻関係の性質によるものである。

ここでもやはり、検察医により推定される自殺の諸原因を考慮することで婚姻諸問題の重みを証明できる。シンガポールにおいては社会学者リアッツ・ハサンが、年齢と性別ごとに検察医により自殺に結び付けられた原因の表をたどっている。

男性の自殺に結び付くのは、病気とともに公的生活上の問題（不満な労働、とりわけ貧困）である。女性の方では、四〇歳未満の場合、家族問題がつねに上位にある。リアッツ・ハサンの分析は一九七〇年のものである。しかし最近の統計でも女性たちがあまり自殺から保護されていないことが確かめられる。一九七〇—九五年に女性が自殺から守られたケースはほとんど変化がなく、一・五から一・六となったにとどまる。[12] 一方で、西洋諸国すべてにおいてこの数字は三ないしそれ以上である。

ニューギニアにおける復讐の自殺

ニューギニアのルジ族の女性に関するドロシー・アイヤーズ・カウンツの研究[13]で中心となるのもこの復讐的自殺というテーマである。夫による、あるいは義理の家族による虐待に対する抵抗という自殺は、女性たちにとって利用可能な、文化的に認められた抵抗の諸手段（男性の親族への訴えかけ、個人的な反抗、他の女性たちに助けを求めること、忍耐）の中に含まれていて、自殺はその最後の手段である。一般的に女性たちがそうするのは、自殺とそのいろいろな理由をみんなに知ってもらうためである。よく問題となるのは公的な行いだということである。復讐という意図がはっきり主張されている。その標的となる人々ははっきり示される。女性たちは目的を達するのである。この民族学者が集めた、村の男性や女性たちの反応は、おおむね自殺者に対して好意的である。彼女はこうやって権力あるいは対抗権力の一形態を行使する。

婚姻男性支配の暴力と女性の自殺との関係は、バルヤとアンカヴェというニューギニアの二つの社会に関する事実によってたいへんはっきりと証明されている[14]。男性支配はこの両社会ではっきりと確立されているが、その形態は異なっている。バルヤ族では思春期の性の分離がイニシエーションの際に非常に強調される。子孫としての女性の役割は否定されているため、その制裁はほとんどの場合暴力的である。女性たちはしばしば自殺に訴える。一〇件中九件で直接のきっかけとなるのが夫婦間の言い争いである。一般的にそれは、復讐の意図を表す記号を伴っている。

［女性の自殺に］かかわりがある集団は、このように不幸な結末を迎えた母系的な姻戚関係を更新することに躊躇することがある（バルヤ族は限定交換を行っている）。結局、日常の中ではいわば女性の自殺がこの夫から、畑仕事をし水をやり子供を産み育てるのに不可欠の人物を即座に奪い去る。しかし男性の自殺もまた女性の抵抗という行いの結果となることがある。あるバルヤ族の男性は、妻が彼に料理をすることを拒否したため、あるいは妻が家事をおこなうことに嫌な気持ちを抱いたため、さらに悪いことには、妻が彼を公衆の前で侮辱したがゆえに、自らの日々に別れを告げることになる。

アンカヴェ族では、母系の子孫の役割がよりはっきり認められており、男性にも女性にも自殺はみられない。

若い少女たちに男性に従うことを学ばせるための集団的な習得はまったく組織されていない。男性の強い連帯感を生みだす諸条件がまとまっておらず、少年たちは女性的世界について完全に否定的なイメージをもつわけではない。両性間の不均衡はそれほどはっきりとしておらず、夫婦間諸関係がより平等である。とくに作業の分担が相対的に柔軟である。例えば女性たちが木のてっぺんによじ登りびんろうの実を取ったり、男性が赤ちゃんを腕に抱える光景が見られる。アンカヴェ族の女性が行う抵抗の形態は、両性間の対立がたいへん弱いことに対応すると思われる。

日本の標準化

一九六〇年代の日本はこれらとかなりよく似たイメージを提供した。つまり女性が自殺からあまり守られていない状況（平均で一・六）であると同時に、年齢とともにますます自殺から保護されるようになる（二五歳で一・五、三五歳で一・六、四五歳で一・七、五五歳以上で一・九）。男性の自殺が定常的で女性の自殺がはっきりと減少するという一般的傾向の中で、一九七〇年代から女性たちは全ての年齢とくに最も若い層でますます自殺から保護されるようになった。日本の経済成長が、夫婦関係に伝統的に結びついていた諸問題を徐々に消し去るという結果を伴ったと思われる。

自殺と夫婦との関係についてのデータはアジアの諸社会に関する研究から引用しているが、デュルケームの注意深い読者にとってエキゾチックと思われるものはないはずである。自殺と離婚との関係について分析したデュルケームは以下の三つの基本的な発見をした。一方で自殺率は離婚率とともに上昇する——戸籍に関する統計と結婚に結びついた保護力からかなり詳細に引き出された結果である。次に、デュルケームの統計学的巧みさによって、いっそう重要な発見があった。つまり離婚に結び付いた自殺の増加は離婚した人々の自殺だけによるものではない。離婚率が高まると、結婚している人々の自殺に影響を与える。そして最後に彼は、離婚の増加が、結婚している男女に反対のやり方で影響することを発見した。夫への保護は低下し、妻の方が上昇するのである。

夫婦関係とくに男性支配の最も粗暴な形態をもう一度考えてみると、自殺の分析において一つの人類学的側面を考慮するよう導かれる。それはデュルケームにも、そしてフロイトにすら欠けていたもの、復讐という方向性である。おそらくそれは産業諸社会の自殺にも欠けていることはないだろう。とくに若者たちの自殺を考えてみよう。彼らは労働市場や自己形成の途上でアノミーだけでなく不安（もっと資格を得たい、十分な給与がもらえない）にもさいなまれるのだ。

なぜ西洋の女性たちはもう自殺しないのか?

最も豊かな西洋諸国に関する一つの問題が残っている。周知のようにそこでは、資格や雇用へのアクセスという最も重要な局面で、女性を取り巻く状況がこの半世紀間にずいぶん改善された。伝統的な思想家たちは、ユニセックスな社会の方向へ働きかけてきたのだ！　たとえわれわれがそこまで行くにはまだずっと遠いとしても、スカンジナヴィア諸国も含めてのことだが、ある程度までは、男性と女性の地位が近づいたことになる。それゆえ自殺率も接近することが期待される。ところがそういうことはまったくないのだ。一九七〇年から一九九五年までに男性と女性の隔たりはアメリカ、カナダ、オーストラリア、ニュージーランド、スペイン、イタリア、ノルウェー、オーストリア、ハンガリー、日本、イギリス、ドイツで増大している。スウェーデン、スイス、フランスでは変化がなく、アイルランドだけが、この開きが減少した唯一の国で、例外的に強かった女性への保護（六・〇）が、世界的な平均に近い値になった（三・九）。

しかし最も特異な現象は若者たちに関するものだ。この半世紀間に、若者の自殺の増加はどこでも顕著な事実で、一四歳から二九歳までの男女の自殺率の隔たりはほとんどどこでも増加したが、例外はオランダとベルギーでこれらの期間を通じてずっと安定している。男性と女性の隔たりは、アルゼンチン、オーストラリア、オーストリア、ブラジル、カナダ、チリ、チェコ共和国、フィンランド、フランス、ギリシア、イスラエル、ルクセンブルグ、メキシコ、ニュージランド、パラグアイ、ポーランド、シンガポール、スロヴェニア、スペイン、スウェーデン、スイス、ウルグアイ、ヴェネズエラで増加した[15]。

われわれは以上の観察結果をより総合的な見地から裏付けることができる。その際に、一九九五年以来、世界銀行の研究者たちによって計算されてきた女性の経済的および社会的生活への参加の二つの指標と、男女の自殺率の隔たりとの相関関係が全くないことに注目しよう[16]。女性の社会参加率が男性のそれに近いとしても、自殺率の隔たりは変化しない。この指標を、収入、学歴、余命の違いを含む人類発展の性別特定指標に置きかえてみると、隔たりはわずかに増加するが有意なほどではない。それゆえ最も豊かな国々での女性の条件の最近の諸変化は、性による自殺率の隔たりに影響を与えていない。しかも、自殺そのものが総じて増加している若者たちにおいては、男性がこの現象に最も被害を受けているから、この隔たりはむしろ強まる傾向にある。

ヴァンクーヴァー大学の経済学者ジョン・F・ヘリウェルの研究は、一一七の国際的な観察結果から、以下の対比に光を当てている。自殺を促す社会的文化的な諸要素(離婚が重要)あるいは自殺を抑制する社会的文化的な諸要素（社交性、制度への信頼、宗教的信仰）は、男性にも女性にも同じ方向に働きかけるが、その強さはたいへん異なっている。男性よりも女性を強く抑制する神への信仰は例外として、本質的に社会経済的組織に結び付いているほかの諸要因は男性の方にはるかに強く自殺へのインパクトを与える[17]。

すでに何回も注目したように、女性の自殺率が男性のそれに比べて、どれほど景気の変動や失業や不就労に影響を受けないかが重要である。社会的諸条件の隔たりや年齢にすらも影響を受けないのである。自殺の最も多い層と少ない層の割合の変化は、男性より女性においていつも少ない。女性の就学が進んだにもかかわらず、そして労働市場においてポストを得たいという女性たちの明白に掲げる意思にもかかわらず、社会の危機に影響を受けにくいことを示している。データの不足では理由にならないが、決定的な説明をもたらそうというわけではないものの、次のいくつかの道を提起できる。危機があろうとなかろうと、女性たちはつねに労働市場において男性より不利である。彼女たちはいつでも自分たちの本当の資格を評価してもらうのに不利な立場にいる。学歴および職歴を構築する上で、彼女たちはいつも労働市場の中で厳密な収益性以外のいくつかのパラメーターを招き入れる傾向にある。例えば逆境、多様な責任ある地位への準備が、世界の厳しさに対して彼女たちを慣れさせる。「地位の悲惨さが保護の役割を果たす」とはデュルケームなら叫びそうだが、それは彼がブルデューを読んでいたとしたらの話だ！

未来または現在の家族生活へ力を入れていても、若い男性はまず「糧を得る *breadwinner*」（gagne-pain、家族を支える）という伝統的な役割に備えてきた。まず勉学がとくに彼らを資格を伴う職業生活へと開く。雇用の危機が突然起こり、当初の期待が危機に瀕し、社会的投資の意味が崩れ……そして男性としてのアイデンティティーに疑問符が付くのが分かる。それゆえ若者たちの自殺の傾向がここ三〇年来なによりも雇用の期待の危機に結び付いているのだ。実際に男性と女性の労働との関係およびその内容についてそれぞれがもつ判断は、伝統的な両性への分割によって、およびそれがどのように内面化されるかによって、強く特徴づけられている。それゆえ、労働の評価基準において一つの分割ラインが残存していることと、それらの平等化とが共存しあう。

女性が就労することは男性の場合の特徴をはっきりと消し去る。後者は権力、金銭、自分の仕事によって永続的な痕跡を残したいという意図をめぐって組織化されている。彼女たちは、一つの個人的な様式に基づいて自分が生きている職業活動の日常的な諸側面にずっと敏感である。まず考慮するのは仕事の内容の直接的な興味であり（「私がこの仕事をするのは見込みがあるからなの」）、人間としてそれに向ける注目（「みんなに聞いてもらえる気がするの、だからそれが大事なのよ」）である。人間的接触、自分がほかのだれかの役に立つと感じる喜びがまず、女性の労働概念に属しているようだ。「良い仕事」かどうか評価するとき男性はまず給与を問題にするが、女性は勤務時間を考える。こうした判断の違いは大部分、家事労働に女性が関与していることと結びついた客観的で構造的な不平等の産物であることは明らかだ(18)。

経済競争と職業生活の変転に巻き込まれ、いまだに家事労働とその管理の責任を負う女性たちは、男性たちの行動と肩を並べるに至っていない。彼女たちをまだ自殺から守ってくれているあらゆる不平等が、男性と女性の社会的地位の根本的な違いをそれなりのやり方で証拠立てている。二〇世紀の静かなる革命はまだ未完であるが、さまざまな価値や何に力を注ぐかについて、もっと違った形で分かち合う日が来ることを約束している。

結論

自殺——一般社会学の一つの教訓

自殺に対する社会のインパクトはおそらく、デュルケーム以来社会学者たちが直面してきた大きな謎である。なぜ男性は女性より多く自殺するのか？　なぜ高齢者は若者たちより多く自殺するのか？　なぜ都会の人々は田舎の人たちより多く自殺するのか？　なぜプロテスタントはカトリックより多く自殺するのか？　なぜ日曜には月曜より少ないか？　そしてなぜ夏は冬より多く自殺するのか？　なぜ戦争時より平和時に多く自殺するのか？　社会学と民族学の進歩により今日、これらの疑問すべてについて、地球規模のしっかりしたさまざまな情報を利用できる。

ほぼ二世紀にわたるこの地球一周の中から、一般社会学のある強力な教訓を引き出そう。自殺全体があらゆる場所で長期的及び短期的に、社会のさまざまな動きに従っている。もし社会が最も個人的な行為の一つにその刻印を押すことができるとしたら、社会は人生のほかの諸側面の上にもっとはっきりとそうするだろう。

自殺はあらゆる経済的不況期に増加するが、あらゆる戦争の中で減少する。一九世紀の経済発展と同じ位相にあったが、二〇世紀の経済発展とは傾向的に逆になっている。このように、戦争は「他の諸手段を用いた政治の継続」であるだけでなく、経済的危機も単なる「構造的調整」ではない、ということを自殺がわれわれに示している。これらの激変によってひっくり返るのは全ての人々の、そして各自の情動である。社会があらゆる社会階級の人々に提案する客観的未来は、何の不都合もなく転倒するものではない。それは最も個人的な期待や計画の基礎を成している。

ゆったりとした諸傾向に注意を払いながら、この調査はいろいろな「例外」にそれなりの重みを与えている。中国は女性の方が男性より多く自殺する世界で唯一の国である。インド、中国そしてロシアは二〇世紀に、一九世紀資本主義に匹敵する自殺率の上昇という変化を知った例のない国々であり、ロシアについてはそれよりもっと悪い。


自殺率の統計的分析により、いくつものステレオタイプに対し誠実な訂正をもたらすことができた。学歴競争という烙印を押された男性支配の社会といえば、それはまさに日本である。ところがもしここ数年の時期を除いてみると、われわれが目にする日本は二〇世紀後半を通じてすべての年齢で自殺が減少しており、男性と女性の隔たりがかなりひどく拡大している。そういうわけでおそらく日本では、経済や家族関係を近代化しながら統合的な社交性の諸形式を生み出すことができたのである。いかなる原因があるにせよ、フランスの状況はこれよりずっと心配をいだかせる。

以上とは反対に、一見すると最も衝撃的な諸変化が、受け継がれてきた社会的諸構造を矯正するのに困難を感じるのはいかなる点であるのかを理解させてくれる。「天の半分」を支えているとした女性に関する毛沢東の華々しい宣言を人々は鳴り物入りで評価した。おそらくそれは彼のいろいろな目標の中にある天の半分だったろうが、少女と少年が生まれつき平等であるという天ではなかった。かつてと同じく今日でも、自殺は中国の女性たちが利用する抵抗の武器であり続けており、彼女たちの性に結び付けられる伝統的な軽蔑と義理の家族の暴力に対して闘うためのものである。中国とまったく異なる政治的方向性をもつインドも、この禍を克服するには至っておらず、女性の自殺の例外的な多さと生まれる少女の割合の少なさとが同時に示す通りである。

ロシアの社会主義建設が自殺に対して及ぼしたのは、一九世紀の西欧諸国における資本主義建設がもたらしたのと同じ効果である。ここでもあちらでもそれはおおいに上昇した。ウィリアム・ピットとヨシフ・スターリン、穀物法[1]と五カ年計画は同じ戦いだった。強いられた速度での産業化は社会の政治的方向性を等閑に付すものだ。

変化に流されていく人々の目には小手先の改革と映るかもしれないいくつかの発展が、人々の生活の奥深くに何をもたらすのかを、自殺の社会学によって垣間見ることができる。二〇世紀前半まで、ヨーロッパ諸国では、自殺が八月に最も多く、季節ごとの違いがかなり大きかった。有給休暇の制度化がこの様子を変える。それ以降、七月と八月が自殺の季節変化カーブの底辺となり、〔季節ごとの〕隔たりは都市化とともにやはり大きく減少したのである。夏期のこの見事な低下はすべての家族を寄せ集めることによる重要さを示しており、あらゆる社会階級の文化的および社会的最低賃金保障とでも言うべきものの中に、この「余暇文明」の小さな切れ端を含めることの重要さを示している。私たちの社会生活にはっきりした節目を与えるのは農業活動のリズムではもはやなく、ヴァカンスと新学期を繰り返す学校制度のリズムなのである。一九七二年の新学期から生徒の休日を木曜から水曜に変更するという省令が、女性の自殺に顕著な効果をおよぼした。一九七二年以前は、男性と女性の自殺数が、月曜日を頂点に日曜日へと低下するというように規則的に減少していた。一九七二年以降、女性の自殺は日、火、木、金曜日より水曜日の方が減少したのである！[2] そう、デュルケームは正しかった、子供の面倒を見ることが自殺から身を守る……。

要するに社会全体規模で介入する経済的社会的諸変化がわれわれの日常生活の最も感情的な諸側面にもたらす効果を探し求めるには、社会学はいろいろな著作に事欠かない。まさにデュルケームがそのことを考えたのもこうしてであり、この航海の中へわれわれについて来てくれた同僚すべてが、絶えず彼のことを参照してきたのである。

社会学がすべてを説明するわけではない

経済的社会的諸条件、文化的宗教的諸価値が自殺率の変化に影響する。こうした事情は説明済みだ。だがこの旅行記を、多少物知りの単純な繰り言で終わらせるのは正しくなかろう。「ピレネー山脈のこちら側は真実、向こうは間違い」というような。というのも、訪れたどの街角でも男性と女性は基本的に自殺を同じやり方で解釈しているからだ。それは重大で常軌を逸した行為であり、その動機を鬱、狂気、耐えがたい病気、社会生活の極端な困難さに探し求めるよう促す。パラワンからブルターニュまで、サンクトペテルブルクからマレー半島まで人間は一つなのだ。自殺の行為はどのような場所においても同じやり方で人間を告発し同様の麻痺状態に陥れる。どこにいてもいつでも社会生活の諸要請と個人的運命との重大な矛盾が問題なのだ。

ウガンダのギズ族における自殺の諸形態を研究したジャン・ラ・フォンテーヌがたどりついた結論もそうだ。(3) 自給自足のこの農業社会では、生きる糧を生産し配分する責任を負った男性たちの自殺の上昇に凶作が影響する。それは女性の自殺には影響しない。女性の自殺のケースの大半は、夫婦間の暴力、とくに女性が自分の出身リネージに戻ろうと、成功のあてもなく試みる時だ。男たちにとって自殺は、割礼に続く若い時にその頂点に達し、この人生を始める年齢に、権力と富の配分とが年長者たちによって独占されていることに彼らは我慢できなくなる。へそくりを貯めて逃げ出そうと試みる者たちは、ヨーロッパ人たちの農場へ移り住んだりするが、自分たちの権利を認めさせようと我が家に戻るときに、より一層の緊張を知ることになる。若い成人男性の自殺はほとんどつねに、若者たちが親族関係の中に入ろうとして出会ういろいろな困難と結びついている。結論のところでポール・ボハナンが強調するように、伝統的なアフリカ社会は夫婦関係や幾世代もの共存という問題を平和に解決するのに十分堅固である。しかしわれわれの社会よりずいぶん脆弱であるとしても、自殺はこれらの領域での解決できない葛藤から生じており、それが社会生活の根幹をなす。

私たちのような発展した国々でもこれと事情が異なっているわけではない。二〇〇二年に発表された調査では自殺のリスクが若い同性愛者の間でとても上昇している。この調査はアメリカ、カナダ、オーストラリアで集められた結果を裏付けている。この調査の責任者たちは、学校や家族の間で同性愛の価値を認めないスティグマ化に直面して、これら同性愛の若者たちが自尊心を激しく貶められるという点を指摘している。そこでは人格の構築に対する破壊的な効果が生み出されている。[4]

一九世紀フランスの憲兵隊は自殺の動機を、倒産、嫉妬、病気、失恋に求めた。二〇〇〇年のインドの警察はこれとよく似た動機を数え上げている。パラワンの住人たちにとって精神的健康は仕事の熱心さ、社交性、ユーモアに結び付けられており、自殺した人々についてとても豊かでニュアンスに富んだ語彙をもち、鬱によく似た様子を描きだしている。悲嘆、自暴自棄、孤独、さみしさ、不安、未来への恐怖である。[5] この人類学者によるコメントは、シンガポールで起きている自殺の社会的諸条件を解明する手がかりとなる。しかしフランスの読者でも、いったん解明されると、中国人、インド人、マレーシア人が死に際に残したメッセージの意味を直観的に理解する。中国での自殺のいくつかの決定要因に関する統計的研究で、[6] 性別、年齢、居住地の調整後、自殺を予測する次の八つの重要な要素が同定された。鬱の高いレベルの兆候、過去の自殺未遂、自殺の時期にみられる鋭いストレス、質の低い生活レベル、高レベルの慢性的ストレス、過去二日間の個人的ないさかい、家族のメンバーに過去に自殺的行動を示した者がいること、友人や同僚に自殺的行動を示した者がいること。自殺の確率は、これらのリスク要因が積み重なることで強く上昇する。要するに、中国と西洋とで自殺する人々の特徴に実質的ないくつかの違いがあるにもかかわらず、自殺リスクの諸要因は個人レベルでとても近いということである。

このように社会学は、いくつかの矛盾した要請に直面している。

――自殺率の変化が示すように、各社会の構造が各自のアイデンティティー構築においていかなる点で重要かということである。しかし自殺の危機はどの国もよく似ている。ほぼすべての社会において自殺は社会的非難の対象である。西洋カトリックの伝統では、自殺した者に対し宗教的儀礼が剥奪されてきた。ポール・ボハナンが研究したアフリカの人々では、だれかが首をつった木を引き抜かなければならない。

――自殺のリスクはあるグループと別のグループとで異なっており、最も物質的なものも含めた歴史の変化に従う。それゆえ正当な社会学的調査の対象とみなされるが、ある社会の中で各人物を自殺に促す諸原因は社会学を逃れている。なぜなら、あらゆる環境や社会的諸条件において、自殺は個人的な例外事項であり続けるからである。

したがって、心理学と社会学の諸関係を見直す必要がある。デュルケームがいささか性急にたどったように。個人心理学がパリと地方、イギリスとフランス、カトリックとプロテスタントの自殺率の違いをまったく説明できないのは確かなことだ。「ある社会現象について心理学的説明をおこなうときに、この説明が間違っていると確信することがある」とデュルケームは書いていて、彼の言うことはその通りだ。しかし彼は心理学の撃退をさらにずっと遠くまで推し進める。心理学に依拠すると思われる何らかの変数に自殺を関連づけることが、彼の眼にまったく疑わしくなるのである。このようにして彼は精神病やアルコール依存症との関係を拒否する。しかしながら現在のロシアは、自殺率とアルコール消費との間に平行した変動がみられる生きた例である。二年間にわたるゴルバチョフによる思い切った措置が自殺率を顕著に押し下げた。たとえそれがまだ西洋諸国に比べ随分高いままであるとしてもだ。科学的疫学の発展は精神分析学者、相談所や救助センターを動員し、詳細なケーススタディーに基づいて以下の確信を得るにいたった。すなわち自殺はほとんどの場合、抑鬱状態に結び付いていると。今日こうした個人的諸要因の重要性を否定することはもはやできない。

もしデュルケームが心理学に対する軽視をこれほど推し進めたとするなら、自殺率のさまざまな変化のみならず自殺そのものの全体を説明しようというひそかな期待をもっていたということであろう。そういうわけで、自殺がアノミーか愛他主義あるいは利己主義によって「決定される」にしたがって取りうる諸形態に関する、あの夢想の産物ともいえる章がどう構成されたかを解釈する必要がある。心理学に対するコンプレックスを払拭した、ある種の帝国主義に動かされて彼は書いている。

現実に、自殺者にはとても多くの種類があり、これらの違いは自殺がなされた方法においてははっきり感じ取れる。われわれはその行為や当事者たちをいくつかの種類に分類できる。さてこれらの種類はその本質的な特徴において、われわれが既に構成した自殺の諸タイプに対応する。つまりそれらが依拠している社会的諸原因に従って構成したタイプである。それらはいわば社会的原因の、諸個人の内面への延長である。(7)

社会学はすべてとは言わないが少なくとも本質的なものを説明するだろう。デュルケームはデータの選択およびそれらの評価においてたいへん鋭敏であり、いろいろな情報を文学から時に借用しながら、大枠でさまざまな自殺の理念型を構築した。現代の精神分析学者なら、心理学的検死や個人的家族的な病歴の研究、神経心理分析などを利用することで、リスクの個人的な諸要因に関して豊富なデータ集積を得ることができる。それゆえ社会統計と疫学的データとを一つずつ突き合せようと試みることも魅力的である。以下で述べるような説明図式（**図41**を参照）を提案することでピエール・スュロー(8)が示唆しているのがまさにこれである。

この説明モデルは魅力的だ。感情のいろいろな動きを、社会における生活の最も物質的な諸側面につなげるよう促すことで、とくに発見的価値がある。実際に、各自の社会的諸条件が、ストレスや孤独や抑鬱や嫌悪などに対し、あらかじめ不均等に条件づけられていることを考えさせる。同様に、効果的な予防措置に訴えることも不平等に分布している。これこそまさに、社交性についてのフランソワ・エランの研究や、今日的な貧困の諸効果についてのセルジュ・ポーガムの研究、失業体験に関するドミニク・シュナッペーの研究(9)の意味だ。自殺の諸原因に関する研究はそれゆえ、社会学者にとって強力な刺激である。しかしピエール・スュローによって提案されたモデルが現在のさまざまな知見をまとめ上げるには、まだまだ多くを要するであろう。

社会学者によってますます精緻に組み立てられる統計と精神分析学者の観察との間には、スケールの違いが存在する。OMS（WHO）によれば、世界中で毎年一〇〇万もの人が自殺し、そのうちおよそ一万一〇〇〇人がフランスにおいて自殺している。このように何年にもわたりますます多くの

図 41　諸変数の相互作用

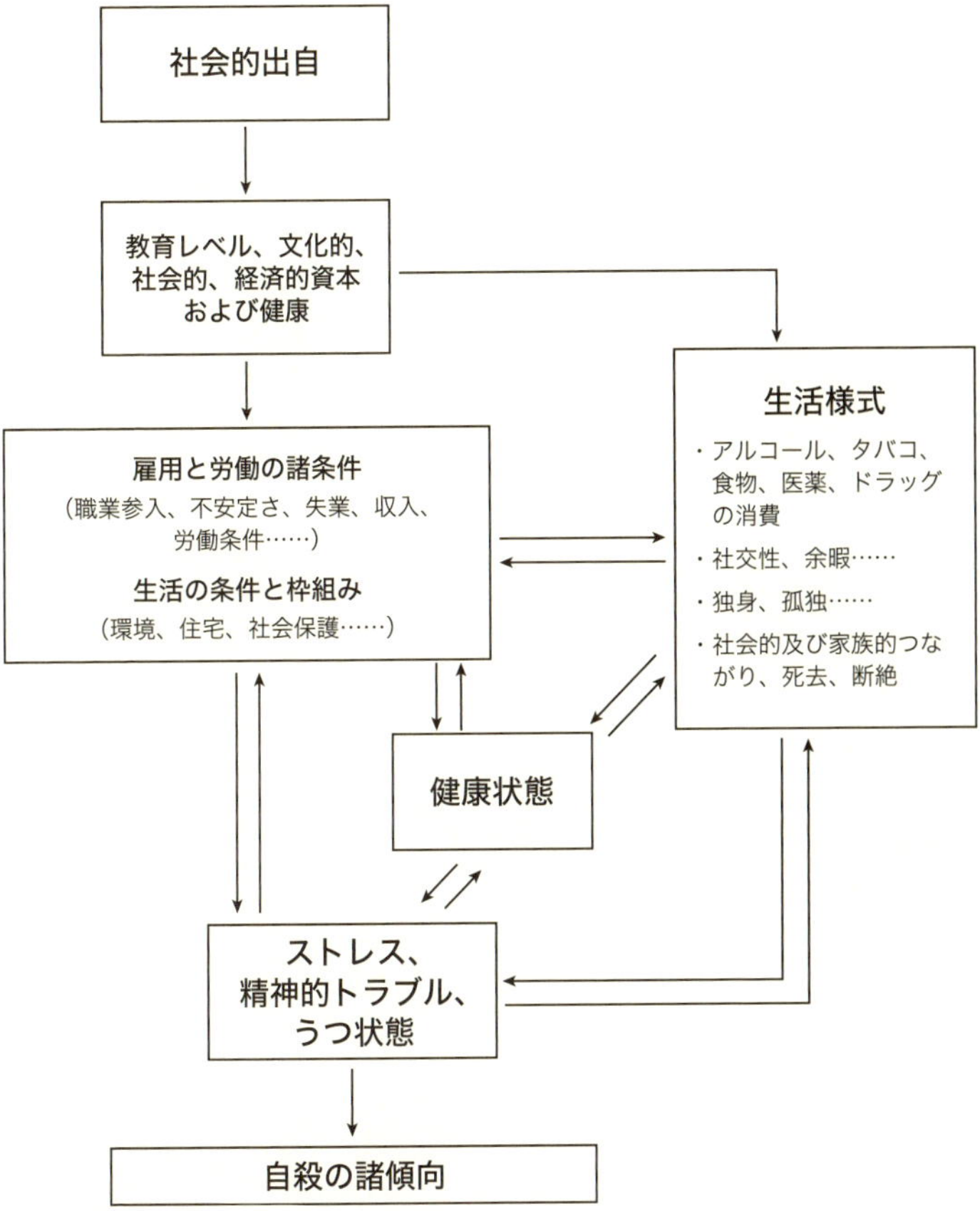

出典：Pierre Surault, 2003.

国々に広がった社会学者の観察場所がある。これと反対に、精神分析学者が自分たちのデータを照合するばあい、せいぜい数百の観察記録にあたることになる。データの細やかさはその規模に反比例する。つまり精神分析学は心理学的検死、生活史、医療記録や人間的家族的前歴に関する報告を利用する。社会学者は以下のようないくつかの変数から成るステレオタイプな骨格に限定される。性別、年齢、職業、婚姻状態、居住地である。これらから生まれる両者の視点はほとんど正反対といってよい。

これらの研究の一覧を作るに当り、疫学者のジャン＝ピエール・カーン(10)は三種類のリスク要因を区別している。第一のリスク要因（精神分析学的トラブル、自殺や未遂の家族内あるいは個人的な既往症、自殺の意図に関する他者とのコミュニケーション、行動に走るリスクを容易にするような衝動性）、第二のリスク要因、その説明的価値は第一要因がなければ弱い。「生活上の過酷で否定的な諸事件」とよばれるもので、早期に親をなくすことや社会的孤立、別離、離婚、配偶者の死去、失業や深刻な経済状況の存在である。第三のリスク要因は第一及び第二の要因がなければまったく説明的価値をもたないもので、男性であること、年齢（とくに思春期か老齢期）、女性の月経前段階やすべての人にとっての夏期のような弱っているいくつかの時期。このように医療疫学にとって自殺の主要な社会的「諸原因」（経済的状況、年齢、性別……）は、二次的な諸要因、あるいはそれ自体に説明的価値がない三次的なものとなって現れる。このことに驚いてはいけない。診断を下し、可能であれば予防的措置を取る第一の緊急性の段階では、精神分析学者がまず個人的な諸要因を検討する。自殺は、最も危険のある人々の中でさえつねに例外であり、最も保護されているはずの人々の間でさえ、決して排除されることはない。心理学と個人史は異なる。社会学者の望遠鏡と心理学者の顕微鏡をうまく一致させる難しさは驚くべきものであってはならない。スケールの変更が知覚の変更を生む。

ブドウの木の植相に関する歴史学者ロベール・ディオンと地理学者ダニエル・フォシェを対立させる争いは、その好例である。この歴史家にとってブドウの木とくに有名なワイン畑は大都市の近くや交通機関の大きな軸の周りに位置する。それはまず海運であり、河川、そして鉄道である。一〇〇万分の一縮尺のフランスのワイン用ブドウの分布図は、歴史的研究が主張する分布原則を完全に示している。これに対し、地理学者として土地を八万分の一の地形図に基づいて研究するなら、ある特定の地域の中でワイン畑がつねに最も適した土地か、最も不適当でない所に位置することが観察できる。水はけのよい土壌に小石の斜面、渓谷の地下水による霧の広がる範囲の外にある南向きの土地だ(モーゼル川岸、ジュラ山脈丘陵)。「それゆえ、生態学的決定論も、都市的で商業的な決定論と同じように明白である[11]」。

この歴史家と地理学者はワイン用ブドウの木に関してそれぞれ正しい。自殺に関する社会学者と精神分析学者も同様である。彼らの知識は、相互に実際にコミュニケートすることなく補完し合う。なぜなら彼らは同じ規模で説明しているのではないからだ。社会学者の研究と人口学者の研究とが、疫学者、精神分析学者、心理学者の間で大きな興味を引くのはこういう理由である。デュルケームはつねに彼らの参考文献の中で上位を占めている。しかし個人個人のケースに向かい合った時、彼らは自分自身の知識から出発して説明する。それが彼らの患者たちにとってはずっとよいのだ。

一つの例外に関する社会学を作ることはできるのか？

しかし自殺は社会学者自身に特別の問題を投げかける。自殺の社会的諸原因や意味作用を探し求めるために統計の道を利用することで社会学者は自殺率の比較を行う。ところでここには、分子（自殺者数）と分母（対象となる人口）との間に著しい不釣り合いがあるので、このような社会学的企てが単なる賭けではないのかと自問することになる。なぜならこの場合統計学は一つの例外を測定するために用いられるからだ。

自殺と就学は共通の特徴をもっている。つまり統計だけがその社会的側面を明らかにすることに成功したのである。一九世紀末以来、自殺に対してはデュルケームとその先駆者たちの研究があった。一九六〇年代初頭に学校での社会的不平等に対してはＩＮＥＤ〔国立人口学研究所〕による最初の調査があった。いずれの場合も同じ歩みが見られる。まず諸個人――生徒あるいは自殺者――を大きなカテゴリー（性別、年齢、両親あるいは本人の職業、居住地など）にしたがって分類し、これらのカテゴリーの異なる様態の間で、学業上の成功や自発的な死の隔たりを測定する。統計的な取り扱いの諸結果は同じ言葉で表明される。すなわち男性は女性より三倍自殺する、庶民階級の子供がグランド・エコル〔フランスのエリート教育機関〕に入学するチャンスは他の階級の子供たちに比べて二三倍少ない、大都市に比べて田舎の方が自殺が多い、少女たちは少年たちより学校成績が良いなどである。

これら二つのリアリティー――自殺と就学――はしかし、厳密に統計的な観点から見ると相互に対極にある。一九世紀末以降、初等学校があらゆる子供たちを受け入れており、対象人口のすべてが就学している。二〇世紀になると学校はしばしば一つの企業に比較され、大企業よりずっと上位の面をもつ。大量の規則的な入学と卒業とにより、学校は自《おのず》からに人口統計学にむいている。就学期待年数や学業的死亡率といった諸概念が輸入され成功を収めた。就学状況の展開について最初の測定を打ち立てたのが人口統計学である。(12) 年ごとの入学と卒業との繰り返しはレオンチェフ風の経済的損得勘定のメタファーを示唆した。統計学によって測定された諸現象、成功と挫折、あれやこれやの専攻への進路づけ、雇用へのアクセスもやはり、生徒たちによってそのようなものとして生きられた現実なのである。

反対に自殺は社会学者のペンと計算機によってしか、つまり、かなり議論の余地のある算術的操作によってしか社会学的にならない。それぞれがかなり異なった個人的なケースの加算、得られた合計と主たる社会の規模との関係、戸籍上の諸要素ごとの人口などといった問題がある。社会学者の対象、すなわち社会的な自殺率はこのように組み立てられていて、いかなる生きられた現実にも対応していない。それは純粋かつ単純な人工物である。ある社会的カテゴリーあるいはいずれかの性別あるいは一つの年齢層の生徒が学校システムの所与の段階で学業的成功あるいは失敗をする率は、すべての生徒たちによく知られた現実であり、成績に基づく分類に似通っている。

時系列的な調査のおかげで現実の豊かないくつかの軌跡を研究することで、社会学者は学校に関する観察地点を増やしたり、アンケートをおこなったり、徐々に現実の動きに近づいていくことができる。これと反対に、それぞれの自殺は一つの点であり、社会学者はそれがたどる軌跡を知らない。自殺率の計算によってこれを統計的に人口学的データに結びつけることで、非常に離れた地点の間の想像上の関係をたどる。一方で個人のドラマがあり、他方に、居住地や職業や性別や年齢や婚姻上の状況によって概括的に記述される集団がある。

さらにもっと大切なことがある。一年ごとに生徒たちの年齢層の行程をたどっていく分析により、経歴上のしかじかの段階への到達に成功するか挫折するかを導く社会的諸要因を明らかにするとき、成功できない社会的諸要因（性別、社会的出自、国籍、親の文化資本、居住区域、就学前学習期間）すべてを重ねた諸個人が失敗する確率は、成功する確率よりかなり高いということを確認できる。例えばある少年が非熟練労働者の息子で、両親のいずれも学位をもたない場合、コレージュ（ほぼ日本の中学校に相当）で通常のコースを歩むチャンスは一〇〇分の二一にすぎない。すなわち第六学年（日本の小学校六年に相当）に入って四年後に第二学年（日本の高校一年に相当）にあがるチャンスである。(13) 反対に有利さすべてを集めた諸個人はほとんど成功を約束されている。管理職の娘で、両親がともにバカロレアを取得していると、コレージュを通常どおり過ごし第六学年入学後の四年間で第二学年に到達するチャンスは一〇〇分の八八である。この二つの個人カテゴリーの間の隔たりはとても大きい。現在のケースでは一〇〇分の六七にもなる！　社会的決定要因の力はこのように直接に把握される。

確かに何ものも個人的諸要因を排除するわけではない。有利な子供たちが失敗したり、不利な子供たちが成功することだってある。これらの矛盾した軌跡を研究することはとても有益だ。それらがそういうものだと知っていれば。それはしばしば社会的分析をさらに洗練させ、マクロ社会学的差異の手前に、以下のような有意なミクロ社会学的差異を発見する機会である。社会的及び文化的資本の不協和、複合された家族内での伝達の齟齬、ある施設や教師に結び付いた補償、庶民的環境での書物の利用における微妙な差異化。おそらく社会学者が手を貸す時が来るだろう。失敗ノイローゼ、例外的なモチベーション、個人的な潜在能力、これらすべてが直接に社会学に依拠するわけではない。生徒の社会的文化的環境について真摯に研究した心理学が、そのとき、説明の連鎖の一端に介入をおこなう。

反対に自殺はすべての社会において両性ともに、いかなる環境や年齢においても、例外的な現象である。それを引き起こし遂行させる力、衝動、危機はまず何よりも個人的なものだ。学校で起きていることと反対に、自殺に結び付いたすべての社会的要因を兼ね備えた人々のほとんどすべてが自殺しない。モルビアンの田舎の村に生活する六〇歳以上の独身者やブルトン人の寡夫のほとんどが首をつったりしない。自殺から守られている諸要因すべてを兼ね備えている人々について言うと、それにもかかわらず自殺者が出ている。女性で、夫がおり、カトリックで二人の子供の母親、地方の小さな都市に住み、見かけ上自殺から保護されるすべての特徴を備えているが、リーズ・ドラマールはボヴァリー夫人をモデルにして、その生涯を終わらせた。

一九世紀以来自殺に関しては、性別と年齢が最も決定的な社会学的要因で、隔たりが最も大きくなる。じじつ今日フランスで、七五歳以上の男性と二〇歳の女性では自殺の確率が非常に違う。前者では一〇万分の一五一で、後者では二・六である。しかし自殺しない確率も考慮に入れることを忘れてはいけない。七五歳以上の男性では一〇〇〇分の九九八・五であり、二〇歳の若い娘では九九九・九である。最も危険なカテゴリーと最も守られているカテゴリーの隔たりは一〇〇〇分の一・五にすぎない。自殺とは例外であり続ける。ここで明らかなように、学校での結果とは反対に、心理学がレースの最後にではなく、その最初に介入するということだ。自殺の説明、理解、解釈はまず個人の心理学に依拠している。自殺の疫学は、自殺にさらされる人々を請け負う担当医たちに警告を与えるためにそのリスク要因すべてを測定することを目指しており、多くの遺伝的、心理学的、衛生的決定要因の中で、次の環境的変数を考慮に入れる。その人物がさらされている孤独と孤立である。しかしさまざまな疫学的モデルは主として社会学的なものではない[14]。

経済、統合、自尊心

一九世紀と二〇世紀の比較統計学によってわれわれは近代社会の社交性の諸形式について考察するよう促される。それらがいやおうなく困難であること、しかしそれらが壊れやすく、また高くつくことも。二〇世紀を通じた自殺率の低下傾向と、豊かな国々すべてでの高いレベルの維持は、われわれを二重の運動へと直面させる。一方で近代社会は伝統的な連帯を破壊し、「世界を脱魔術化し」、個人を自分自身に向かい合わせる傾向をもつ。つまりそのことで自殺を助長している。他方でそれは個人が生き延びるための日々の戦いから個人を解放し、各自に個人化された地平を開く。それによって自殺を減少させている。こうした客観的な矛盾はグローバルな富裕化と不可分で、以下の二つの極端な態度の根拠を問いただす。

――破滅主義や悲惨主義の見解によると、資本主義の発展は個人主義の極端な諸形態にしか行きつかず、各自をその運命の前に一人で置き去りにする。予想できるあらゆる変化は後退であり、すべてが悪化し、神聖なるレベルは低下する、などとなる。しかし、現実を直視しよう。自殺は一九世紀に比べて今日いっそう弱まり、高齢化を考慮に入れるなら見かけ以上に弱っている。また他方で、ロナルド・イングルハートの調査が示すように、もしお金が幸せにしてくれるのではないとしても、それが大きく寄与していることを思い起こすことが必要だ。

――リベラルな協調神学的見解では、すべての悪は、見えざる手による不可避の調整に過ぎず、すべての人々に後に訪れる最も素晴らしい善のためである。

もっと謙虚にいえば自殺に関する現代の社会学は、その起源から社会的世界を横断しているいくつかの古き良き矛盾を明らかにする。すなわちそれはまず老人と若者の対立である。二度の石油危機は、その時までに裕福になっていた人々にとってはそれほどひどいものではなかったのである。貧しい人々と裕福な人々との対立でもある。利益の分かち合いに参加するには入場料がいるが、それは物質的な豊かさによるよりもブルデューが言う意味での社会的文化的資本による。豊かな国々と貧しい国々の対立もある。貧しい国々は今日なお、サバイバルや搾取へと人々を束縛する貧困によって自殺から保護されている。

自殺に関する世界的な統計はまた、デュルケームがすでに示した四つの力の大筋での一致を明らかにしている。宗教、家族、年齢、ジェンダーである。しかし今日それは異なるやり方で分節化されている。

まず宗教は消滅したというには程遠い状況にある。デュルケームはユダヤ教とカトリックをプロテスタントより自殺が少ないとして対立させた。今日、宗教はいまだ自殺に対して強力な保護効果を及ぼしているが、両者を分かつのは信仰告白というより、実践するかどうかの問題であり、信じているかどうかである。カトリックの国であるアイルランドとポーランドでの男性の自殺率はオランダよりも高く、プロテスタントであるノルウェーやスウェーデンとほぼ等しい。残る謎はイスラム教であるが、それは隠された神とコントロールされた実践と個人的な倫理的義務とを同時に結び合わせている。ロナルド・イングルハートの言葉を借りるなら、イスラム教とは自己の鍛練と創造的個人主義の両方に余地を与える宗教であり、しかしそれはまた、ほとんどが生存のための闘いに支配された国々において伝統的な枠組みに余地を与えてもいる。

家族の効果について言うと、われわれの世界一周によって、何度も繰り返されてきたテーマである「家族の危機」が煙のカーテンにすぎないと考える人々の主張を裏付ける結果になった。統合を説明の中心に置くモデルを提案したデュルケームは、考察にとって豊かな道を示した。彼の証明の一つは、家族によって行われる、自殺への保護力に関わっている。他の様々な責任に比べて劣ってはいるものの、家族を扶養する者は他の者より自殺が少ない。一九世紀にデュルケームが示した表は説得力がある(15)。われわれはそれを現代のフランスに関して更新することができる。

かつてと同じく今日でも、あらゆる年齢において、結婚していることは自殺から保護してくれる。離婚者と独身者の違いははっきりしないとしても、両者の自殺率は男女を問わずつねに、結婚している人々より高い。やもめについては、性別によって非常に異なる効果を生み出す。男性ではたいへん重大な要因であり、三五歳以上の女性では独身や離婚ほどの効果を持たない。イギリスの統計でもまったく同様の結果が見られる。さまざまな国での自殺率と出生率との強いつながりを考え合わせることで、この結果を世界全体の規模に一般化することが可能である。

しかしわれわれが観察したマクロ経済的事象にデュルケームの直観を拡張しようとして、その射程をひろげるなら、多少機械論的なその概念を豊かなものとすることが求められる。ある社会が統合的であるのは、他者たちとの相互作用の中で各自が自尊心を打ち立てることのできるような何かを社会が提供できる場合である。アメリカの社会学者ジョージ・H・ミードとアーヴィング・ゴフマンはこの点でわれわれにとって説得力をもつ(16)。一九世紀から二〇世紀にかけての自殺率の変化が示すのは、産業的で都市的な社会が徐々に、これまでにない形で、存在すること、つまり自己を未来に投影することの社会的理由を提供できるようになったことである。それは、少し前までは家族や村の共同体が保証していたような、効果的で満足をもたらす相互作用の諸形態をも提供できるようになった。最も豊かな諸社会の最も幸運な諸個人が、今後は地球村の規模で存在し自己を確立することができる、彼らの関与を徐々に強めながら、匿名的な社会のさまざまな利益を得ることで。経済的発展がこうした新たな形での社交性に刺激を与え、現実のであれバーチャルであれコミュニケーションと旅行のおかげで、地球の住民すべてとの相互作用を可能にする。しかしそうした新たな形での自己構築へのアクセスは非常に不均等に分布する。それには十分なレベルの教育、ネットワークへの参画などが含まれる。当初の教育や職業的状況のためにたいへん弱体なものしか授かっていない人々は、現代の都市的文化のさまざまな恩恵にたいへんわずかにしか近づくことができない。そして失業の増加が彼らを危険の最前線にさらす。

自殺は経済成長とともに減少するということを、われわれは観察した。しかし近代社会は、成長段階にあるとしても、ジョセフ・シュンペーターが「創造的破壊」と呼んだものに取りつかれており(17)、最も脆弱な人々を絶えず不安定にする。豊かさや安全や購買力の上昇を生み出した戦後の栄光の三〇年間に、経済生活のいくつかのセクターは成長の対価を払った。とりわけ周辺的な農業生産及び製鉄業である。こんにちでは完全雇用の時期だったとされるこの時代に、当時行われた調査が示す通り、工場労働者たちはいつも失業の不安にさいなまれていたのである。経済成長は全体として自殺の低下を促すのだが、経済の絶えざる再組織化が反対の方向を生み出す。それゆえ成長の時期においてさえ、自殺率は非常に高いレベルにとどまり続けるのである。

さて、新しいさまざまな社会的亀裂において失業は最も重要な役割を演じる。栄光の三〇年が加速を付けたとはいえ、この一世紀に最も豊かな国々では雇用の新しい概念が作り出されてきた。学業の成功への個人的投資は社会的に認められた資格の中で達成される必要があり、それ自体が、相対的に安定した雇用によって承認を受けることになる。ここで問題となるのは個人的なアイデンティティーおよび自尊心の形成の中心となる一つの形式である。そこから生じるのが失業の試練であり、若者たちに見られる自殺率と失業とのとても強い関係である。

現代のアイデンティティー形成において就学は中心的な場所を占めており、世代間の諸関係をそれが更新する。家族というものの中心的な目的は、子供たちに自分よりも上の経済的社会的立場を確保してやることとなった。石油危機以降の失業や不安定雇用の上昇が、社会のあらゆる階層でこの目標をいっそう強めている。ところで雇用の不安定化はまず若者たちを襲い、上の世代の人々は、過去の時期から生じる地位と財産という特権を享受する。統計的研究によって明らかとなった最も劇的な現象は、世代間での自殺率の転倒である。年齢に応じた自殺率の指数関数的な上昇に一九七〇年代以降とって代わったのが、若者たちの自殺の増加と年長者たちの自殺の低下が組み合わさった自殺の画一化である。若者たちの自殺の上昇は自己の確立における危機の言い替えである。若者たちの失業、無資格、不安定化は、資源という言葉で考えたときの欠損というだけではなく、個人的な諸価値が認知されていないことの現れである。このように自殺は、各年齢層間の諸関係が、本当の社会的関係であるということをわれわれに教える。年齢とともに自殺率が上昇するということは自然の事実とみなされることができた。老いが心配の定めであり、人々の視野を狭める。ところがもうこういう考えにとどまってはいられない。石油危機以降、若者たちの自殺が増加したからであり、高齢者の方は一定もしくは減少したからである。若者たちと高齢者とが用いる最後の切り札は、各国の経済的歴史に依存している。福祉国家のネオリベラリズム的な終焉が高齢者を持てる者に、若者たちを不安定雇用に変える傾向がある。まさしくそこで、一世紀以上にわたって教育的諸価値を支えてきた社会的諸規範の転倒が起きる。おそらくそれこそ、われわれの調査が明らかにした最も深刻な事実である。

いくつかの仮説を提案しただけで、われわれが放置した疑問はやはり戦略的に重要である。男女の自殺率の不平等はいくつかの社会、とりわけ南および東南アジアの社会を指し示している。そこでは夫婦間の暴力がとくに激しい。それはまたわれわれに、現代の諸社会に生きる男女に結び付いた自己の構築に関する疑問を抱かせる。男性と女性の地位が最も豊か社会において近づくときに、どうして自殺率はこれほど異なったままで居続けるのか？　すなわち同じ社会の男性と女性は、同じ基盤の上で個人的アイデンティティーを構築するとは思われないのか？　まさにこのことが、現代の諸社会におけるジェンダーの構築に関する様々な研究をたどるよう促している。

二世紀にわたる自殺率の世界規模の統計的分析は、観察領域を地球全体から各県レベルへと変化させ、個人的なデータと地域レベルのデータを結び合わせ、われわれの諸社会の経済的発展と文化的発展を関連付けるように導いてきた。それ自体の統計的な重みと重大さをもつ自殺という例外的な現象に関する以上の指標を通して、この研究は、世界の社会に内在するいくつかのリスク要因を明確にする。一方でそれはわれわれに、生きる理由、われわれがともに市民であることを望む理由をも理解させてくれる。おそらく社会学は、リスクのこれら諸要因を規定する上で、疫学者にわずかなものしかもたらさないかもしれない。たとえこのわずかばかりのものが無ではないとしても。しかし社会学の貢献の本質は、自殺が示唆する社会への視線の革新にこそある。

訳者あとがき　自殺と貧困――社会学の誕生

本書は凡例にもある通り、Christian Baudelot et Roger Establet, *Suicide: l'envers de notre monde*, Paris, Éd. du Seuil, 2006の全訳である。序論から第三章までを都村が、第四章から第六章を石井が、残りを山下が担当し、全体の監修を山下が行った。原書名を直訳すると『自殺――われわれの世界の裏側』となるが、編集部からの提案により『豊かさのなかの自殺』とした。

クリスチャン・ボードロは一九六〇年にエコール・ノルマル入学、三年後に古典文学教授資格を取得した。この資格を取った者はふつう、文学博士号取得のためテーマ登録をするが、彼はそのつもりがなく、ピエール・ブルデューの門下になって社会学に転向した。ギリシア語を学んだことがIT情報処理をマスターするのに役立ったとのこと。ボードロ家はフランスでも著名な法曹一家で、彼もその方面に進むとの期待を裏切って文学を選んだ。長らくナント大学教授をつとめ、エコール・ノルマル社会科学科主任教授になってから、停滞していた同学科を再興したと評価されており、その後に定年退職した。

ロジェ・エスタブレは、エコール・ノルマルに一九五九年に入学。ルイ・アルチュセールの『資本論を読む』のメンバーであったが、アルチュセールと別れて社会学に転向した。エチエンヌ・バリバール（ボードロとおなじくエコール・ノルマルに一九六〇年入学）を、共産党に入党させた人物でもある。

以後、ボードロとエスタブレは、多くの共著を発表しており、本書もその一冊である。

社会学の創始者というとフランスのオーギュスト・コント、第二世代とも言うべきなのがエミール・デュルケーム、ドイツのマックス・ウェーバー、ゲオルグ・ジンメル、イギリスのハーバート・スペンサーと名前があがる。マルクスも入れるべきかもしれないし、ほかにテンニースやシェフレ、タルドなど数え上げればきりがない。コントは一九世紀前半であるが、ほかの社会学者たちは一九世紀後半から二〇世紀初頭にかけての世代である。なぜこの時期に社会学が生まれ、制度化されていったのか？　コントとデュルケームのつながりに関して、かつてソルボンヌで論文を書いたことがあるが、そんな思い出の一端は、ソルボンヌ礼拝堂前の広場にあるコントの銅像と、ソルボンヌ構内にあるアンフィ・デュルケームつまりデュルケームの名を冠した講義室であった。市井の人として社会学を論じたコントとはちがい、デュルケームはボルドー大学を皮切りに活躍し、ソルボンヌで教鞭をとった。おそらくこの講義室で彼の授業があったのかもしれないと考えたのだが、ソルボンヌにはほかに、デュルケームとも関係する当時の高等教育局長ルイ・リアールの名を冠した絢爛豪華な講義室、壁画に飾られた図書館など、贅を尽くした造りの部屋がいくつもある。そんなソルボンヌの一室で論文の公開試問を受けたのも思い出となった。図書館前の中庭には、たしかパストゥールとユーゴーの銅像もある。デュルケームやウェーバーの時代はちょうど日本の大学の創世期で、当時最新の社会学が多く輸入されていた。

さて社会学とは何であるか? いまだにその答えが見つからないのは私の個人的な至らなさによるものだが、この点でまことにすっきりするのはエミール・デュルケームである。彼が社会学を確立したと言われる二つの著作が一八九五年の『社会学的方法の規準』と二年後の *Le suicide*（邦題は『自殺論』）である。前者が理論的骨格を成し、後者がその応用・実践編といえばよいだろう。本書 *Suicide* の起点となっているものだ。

「社会的事実を物として扱う」ことがデュルケーム社会学の第一のテーゼとなる。そして社会的なものの現れの一例として、人を自殺に至らしめる社会的要因が見出され、彼はこれを「自殺の潮流」と呼んだのである。社会というものが科学の対象となる、それは人間の行動に強い影響を及ぼし、独自の存在として把握することが可能であり、固有の作用をもつとデュルケームはとらえた。「社会」は認識されるべき対象となったのだが、中世・近世と社会はいつでもそこにあって、しかし、取り立てて考察されることはあまりなかったのである。一九世紀までほとんどの人は生まれついた村や町、自分が所属する身分や地位や家族関係に埋め込まれており、食べ物から服装や職業、結婚相手や親の世話など、自分が埋め込まれた社会によって、つまり自分を取り巻く人々によって明確に規定され、ほぼ決まった道を通って生き、そして死んでいったと考えられる。個人とはつまり社会そのものであった。だから社会をとらえる学問自体、必要がなかった。

社会学が誕生したのは、個人というものが社会の強い規定力を受けなくなり始め、独自の力で道を切り開けるようになった時期からであると考えられる。では社会はもう意味をもたないのか、社会は人々が利用する手段や、手に入れる目標であり、人生そのものではなくなったのか？

この点をいわば裏返しにして見せたのがデュルケームである、と考えられよう（原書の副題「われわれの世界の裏側」にもそのことが示されている）。人間は新しい形式のもとであれ、やはり社会に規定されている。なぜ、どのようにしてか？ 自殺とは最も個人的で、ひとりひとりの内面に起きる最も隠された孤独なものではないだろうか？ それが社会にどう影響されているのか？ 社会が自殺を引き起こすのか？ たとえてみれば、まるで何かの感染症のようにこの社会的影響力に触れることが自殺へと人を向かわせるのか？ そのような意味での社会とは何か？

これらの問いにこたえるため、デュルケームが駆使した方法が統計学である。その伝統は本書においても見事に受け継がれているが、自殺者のさまざまな社会的属性を比較することで多くの知見が得られる。もともとこのような方法はデュルケームが一人で考案したものというより、ベルティヨン父子に代表されるフランス犯罪統計学の伝統を受け継いだもので、たいへん詳細かつ徹底した姿勢が特徴的である。たとえばデュルケームでは、フランスの県ごとの家族平均人数の分布地図があり、これが各県ごとの自殺率をしめす全国地図と並べられている。家族の人数が平均的に少ない県の方が自殺率が高いことが一目でわかる。

デュルケームが自殺に関係する社会的要因として指摘したものに以下がある。

宗教的要因――プロテスタントではカトリックにくらべて自殺率が高い。プロテスタントの方が、教義内容や信仰実践の面で個人主義的であり、個人の内面への問いかけがより厳しいことが、その理由である。

家族的要因——家族の人数が少ないほど自殺率が高く、独身者、子供のいない離婚者とやもめで自殺率が高くなる。逆に、家族のきずなが強いほど自殺は抑えられる。

社会経済的要因——経済活動が活発であるほど個人の欲望が抑制されにくくなり、自殺が増加するとされる。

このほかにも、曜日ごとあるいは季節ごとによる自殺の多寡や、警察と軍隊などの組織での自殺率、男女による違い、ヨーロッパ各国の比較など、様々な資料が豊富に用いられている。一言でまとめるなら、自殺を抑止するのは社会的諸関係であり、それは宗教、家族、経済活動などの伝統的あるいは近代的な形式に基づいた集団である、ということになろう。個人主義的で家族のつながりが薄く、経済活動に没頭することは自殺を増加させるのである。

緊密な社会的諸関係には自殺を抑える力がある。そして貧困は自殺から人を保護する。伝統的な宗教を信じ大家族で貧しく暮らせば自殺は抑制される。一九世紀末のフランス社会における自殺という社会現象を、デュルケームはそうとらえたのであった。

ところでフランスは伝統的に統計学に関心が高く、学問の世界にとどまらず世間一般にフランス人が数字好きという面をもっている。テレビのニュースなどでも何が何%といった言葉をよく耳にする。先日はちょうどフランスで大統領選挙があり、政権交代があったが、選挙前から世論調査は熱心に行われるし、選挙後にはすぐに、投票行動の分析が細かく新聞に掲載される。日本ではせいぜい地域ごとの政党の得票率などであるが、フランスでは社会党に投票した地域と右派の得票が多かった地域、さらに極右政党の躍進を支えた地域はどこかなど、一目でわかる地図が掲載される。年齢層、性別、職業などによる分析も行われ、どこに住む何歳の農民ならこういう投票をしているといったことが示される。フランスで社会的な公式統計を主としてになっているのが、国立統計経済研究所（INSEE）であるが、ここから『社会的データ』と題する分厚い資料集が毎年出版され、いわゆる経済的な指標や健康、犯罪などの社会的データと並んで、生活にかかわるような細かなデータまでが発表されている。たとえば世帯主の職業ごとに分類された家庭の支出項目では、無資格工場労働者層では家計支出のうち食費の割合がいくら、レジャーにいくら、交通費にいくらなどが並ぶ。社会的な階層（上流、中流など）や所得の分布、移民や民族問題などに関する統計も日常的に提示されて、それぞれに固有の特徴を有するいろいろな層が、フランスという全体を形作るモザイク状になっているというイメージが、根底にあると思われるほどだ。たとえば移民の子供が多い大都市郊外地区では大学に進学する子供の割合が低いなどのデータも公表され、学校の不平等が大きな社会問題となる。

こうした伝統もあり、デュルケームの研究を踏まえた本書は、デュルケームの考えた社会的要因が百年後にどのような姿になったのかを的確に明らかにしているといえよう。その中で最も重要な変化は、貧困をめぐる問題である。デュルケームでは、貧しいことがあたかも社会的なつながりを強めるかのような指摘がなされていたのだが、本書では近年むしろ貧困が自殺を増加させることを明らかにしている。

デュルケームが研究した自殺、ジンメルが指摘した貧困という一九世紀末の社会現象が、新しい科学として生まれた社会学に、科学としての対象と資格を与えたことは、ここで確認しておきたい。二一世紀の社会学がこれらに改めて向き合い、社会といわれるものの新しい形をすこしでも明らかにすることに貢献できれば、本書はいっそう有意義なものとなるだろう。社会とは自殺を抑止するような人間関係の深さに特徴をもつとすると、二〇世紀に到来した社会はそういう力を失っていったと解釈できるだろう。ボードロとエスタブレはこのような問題に、ヨーロッパ各国のみならず、アメリカ、インド、中国、旧ソ連/ロシア、東欧などからの幅広いデータを適用し、社会の在り方と自殺とのかかわりを比較検討している。フランス社会学の伝統をしっかりと踏まえ、新たな資料を駆使したたいへん読みごたえのある内容となっており、ぜひ日本で多くの方々にお読み頂きたい。

豊かになったはずの二一世紀の(先進)社会において、自殺と貧困が再び問題化している。社会はヴァーチャルな次元のソーシャルとして局在化し、個人の能力と資格に基づくリベラルな活動が、国家規模でのプロヴィデンス(社会福祉制度)に支えられながらグローバルレベルでの資本主義社会を展開しつづけるのか、それとも……

先のフランス大統領選でも言われていたが、サルコジ前大統領が先頭に立ったリベラルな構造改革は、雇用の柔軟化のもとで活力あるフランスを目指そうとするダイナミックな志向だった。父権的なイメージをもったかつてのミッテランを模したオランド新大統領の前に敗北したが、そこでは能力ある個人が積極的に社会を支え変えていくという斬新でエネルギッシュなスタイルを特徴としていた。こうした個人主義的なスタイルは二〇世紀を通じて発展したものといえよう。日本でもバブル崩壊以降、終身雇用制度が崩れて個人が自己責任の下に道を切り開いていくというつらく厳しい時代が続いている。

個人主義的な価値観、自己責任という生き方は今にして思えば、近代社会での人間の当然のありかたで、だれでも普遍的にそれに従ってきたように見える。縁故主義をやめて試験の成績に基づいた業績主義は日本の受験制度を見ればしっかり根付いている。だがそれはどこまで普遍的なのだろう？　自立した能力ある個人としてやっていけるというのは、じつは中流以上の社会階層に当てはまる価値観であり、そこにのりきれなかった子供たちや大人は、独自の共同的な集団を作ったり、会社という名の面倒見のいい組織を作ってやってきたというのが本音ではなかろうか。近代において、農村共同体社会から個人主義的な契約社会に全面的に移行したというのは、リベラル派経済学者や社会学者あるいは自立を促す心理カウンセラーたちがふりまいた幻想ではないだろうか？

個人は他者に依存しており、助け合いながら、自分の位置を確かめつつ、どうにかやっていくのである。デュルケームそしてボードロとエスタブレが、そんな近代の限界を裏側から教えてくれる気がする。

本書が日本で翻訳されることになった経緯について触れておくと、私がお話を頂いたのは加藤晴久先生（東京大学・恵泉女学園大学名誉教授）からであり、藤原書店をご紹介いただいた。藤原書店はかつて『社会学の新生』を翻訳した際にお世話になっていたため、たいへんありがたいお話であった。加藤先生は一九六一年にエコール・ノルマルに外国人学生として留学し、二年間、ボードロとおなじ授業に列席したとのことである。

ボードロ先生ご夫妻には三年ほど前に京都に来られた際にお会いし、百万遍の居酒屋でお話をうかがった思い出がある。また石井は、かなり以前にフランス北西部のボードロ先生のお宅を訪れたとのことである。

ボードロ先生ご夫妻は、奥様のご病気にご自身の臓器を移植して二人で闘病され、それに関する共著も出しておられる。たいへん仲睦まじいご様子であった。またお二人とも若者たちの自殺の問題に心を痛めておられる様子で、本書に対する熱意はたいへん真摯なものであった。ぜひ日本で多くの方々にお読み頂きたいと考えている。

二〇一二年六月

訳者を代表して
山下雅之

en psychiatrie〔精神医学研究者を対象とする国立研修校での講義〕, CHU angers, 2005.

(11) Georges Bertrand, *Histoire de la France rurale*〔フランスの田舎の歴史〕, t. I, p. 49-50, Paris, Seuil, 1975, et « Points Histoire », no 166.

(12) Alain Girard, Henri Bastide, Paul Clerc et Alfred Sauvy, *Population et l'enseignement*〔人口と教育〕, Paris, PUF, 1970.

(13) 以下の研究に基づき計算した。Louis-Andre Vallet et Jean-Paul Caille, « Les élèves étrangers ou issus de l'immigration dans l'école et le collège français: une ètude d'ensemble〔フランスの小中学校における外国籍もしくは移民出身の生徒たち――全体についての研究〕», dossier d'*Education et formations*, n° 67, avril 1996, tableau VI 2, p. 109.

(14) Mocrane Abbar, « Approche de pharmacologique des conduites suicidaires〔自殺的行動への薬理学的アプローチ〕»、Service de psychiatrie du CHU de Nîmes, 2000.

(15) Émile Durkheim, *Le Suicide, op. cit.*, chap. III.

(16) Erving Goffman, *Les Rites d'interaction*, Paris, Minuit, coll. « Le Sens commun », 1967〔アーヴィング・ゴッフマン『儀礼としての相互行為――対面行動の社会学』広瀬英彦・安江孝司訳、法政大学出版局、1986年〕.

(17) Joseph Schumpeter, *Capitalise, socialisme et démocratie* (1942), Paris, Pyot, 1961〔J. A. シュムペーター『資本主義・社会主義・民主主義』中山伊知郎・東畑精一訳、東洋経済新報社、新装版1995年〕.

利と社会資本——自殺は謎をもたらすか？〕», art. cit.

(18) Christian Baudelot, Michel Gollac *et al., Faut-il travailler pour être heureux?*〔幸せになるために働く必要があるか？〕, *op. cit.*

結　論

(1) 1846年イギリスにおける穀物輸入に関する保護主義的法のコブデンによる廃止。

(2) Francois Aveline, Christian Baudelot, Marc Beveraggi, Saadi Lahlou, « La saisonnalité du suicide〔自殺の季節変化〕», *Economie et statistique*, INSEE, n° 168, aout 1984.

(3) Jean La Fontaine, « Homicide and suicide among the Gisu〔ギズ族における殺人と自殺〕», in Paul Bohannan, *African Homicide and Suicide*〔アフリカの殺人と自殺〕, *op. cit.*

(4) INSERM の協力のもと AREMEDIA 協会によって実施された疫学的調査、Marc Shelly, *British Medical Journal*, Juillet 2002, cite par *Le Monde*, 9 septembre 2005.

(5) Charles Macdonald, « An anthropological investigation on suicide in Palawan, Philippines〔フィリピンのパラワンにおける自殺の人類学的調査〕», art. cit., p. 434-435.

(6) Michael R. Phillips, Mianyun Li et Yanping Zhang, « Suicide rates in China, 1995-1999〔1995-99年の中国の自殺率〕», art. cit.

(7) Émile Durkheim, *Le Suicide*〔自殺論〕, *op. cit.*, chap. VI, « Formes individuelles des differents types de suicide〔自殺のさまざまなタイプの個人的諸形態〕».

(8) « Approche socio-demographique de la santé mentale〔精神的健康に関する社会人口学的アプローチ〕», Poitiers, Actes de la journée de réstitution régionale ARPCIMEP-ORSPEC, 1er octobre 2003, p. 64.

(9) Dominique Schnapper, *L'Epreuve du chomage*〔失業体験〕, Paris, Gallimard, 1991, réed. 1994.

(10)「心理学的検死は1960年代アメリカで生まれた方法で、自殺が疑われるが明確に確認できないような死亡の原状を解明することがその当初の目的であった。それは事後的な調査に基づいており、近親者たちへの聞き取り、医学的情報の分析、家族や個人的な病歴に関する情報収集、死亡者の心理状態の分析、そのライフスタイル、人間関係、死亡時期の諸事件に基づく。これらのデータは自殺の存在を結論づける——もしくはそうしない——ために、この行為への移行に関わる客観的なデータとつきあわされる。精神分析学的あるいは身体的トラブルの存在と当事者たちが受けていたケアの性質を知らせるのに、心理学的検死が興味深い一つの方法であることがすぐに明らかになった。」Jean-Pierre Kahn, cours du Collège national des univarsitaires

p. 53-63.

(7) Sing Lee et Arthur Kleiman, « Suicide as resistance in Chinese society〔中国社会における抵抗としての自殺〕», in Elizabeth J. Perry et Mark Selden (dir.), *Chinese Society, Change, Conflict and Resistance*, Londres, Routledge, 2000, p. 221-240.

(8) Abbé Jean Antoine Dubois, *Mœurs, institutions et cérémonies des peuples de l'Inde*〔インド人の慣習、制度、儀礼〕, Pondichéry, Alliance française, et Paris, A. -M. Métailié, 1985, seconde parite, chap. IV, p. 273.

(9) *Ibid.* p. 317. 第2部の第19章全体が suttee の分析に当てられており、デュボワはこれを sâti と書きうつしている。

(10) 国立犯罪調査局（NCRB）、表28、119-120頁。

(11) Riaz Hassan, *A Way of Dying: Suicide in Singapore*〔死の一つの方法――シンガポールにおける自殺〕, *op. cit.*

(12) OMS〔WHO〕.

(13) Dorothy Ayers Counts, « Revenge Suicide by Lusi Women〔ルジ女性の復讐自殺〕», in Denise O'Brien et Sharon W. Tiffany, *Rethinking Womens Roles*, 1984, Berkeley, University of California Press, p. 71-83.

(14) Pascale Bonnemère, « Suicide et homicide: deux modalités vindicatoires en Nouvelle-Guinée〔自殺と殺人――ニューギニアにおける復讐の二つの様式〕», art. cit., p. 19-43。社会学の一つの流行――いわゆる計量的――のため、限られたケースの観察は「民族誌的」と呼ばれるが、この民族学者の論文はバルヤ族の1500名とアンカヴェ族の400名の死亡の分析の基づいたものである。バルヤ族のファイルはモーリス・ゴドリエが作成したものである。

(15) « Figures and facts about suicide〔自殺に関する図表と事実〕», WHO, Genève, 1999.

(16) 女性の経済社会生活への参加の指標は各国で計算されている。そこには以下の三つの構成要素が含まれる。まず GNP の女性労働に帰属する部分であるが、女性賃金と男性賃金との比率から、そして女性の労働力率から計算される。次に技術職、管理職、自由業に占める女性就業者の割合、最後に各種議会に選ばれるまたは指名される女性の割合である。人類発展の性別限定指標（IDSH）もやはり三つの構成要素から成る。給与収入に占める女性の収入の割合、女性の余命、女性の教育レベルである。これら二つの指標は国連開発計画（PNUD）によって1995年以来毎年算定されている。それらの計算様式および世界での分布の詳細を深めるには以下を参照。« Comment mesurer l'inégalité sociologique entre les sexes »〔両性間の社会学的不平等をいかに測定するか〕, PNUD, *Rapport mondial sur le developpement humain*〔人間開発報告書〕, chap. III, Paris, Economica, 1995, p. 77-92.

(17) John F. Helliwell, « Well-being and social capital: does suicide pose a puzzle?〔福

（15）Thierry Lang et Celine Ribet, « Les maladies crdio-vasculaires〔心臓循環器系疾病〕», in Annette Leclerc, Didier Fassin *et al.*, *Les Inégalités sociales de santé*, *op. cit.*, p. 223-238.

（16）Hans Bosma, Richard Peter, Johannes Siegrist et Michael Marmot, « Two alternative job stress models and the risk of coronary heart disease〔二択労働ストレスモデルと冠状動脈系心臓疾患のリスク〕», *Americaln Journal of Public Health*, n° 88, 1998, p. 68-74.

（17）Christian Baudelot, Michel Gollac *et al.*, *Faut-il travailler pour être heureux?*〔幸せになるために働く必要があるか？〕, *op. cit.*

（18）Pierre Lombrail, « Accès aux soins〔治療アクセス〕», in Annette Leclerc, Didier Fassin *et al.*, *Les inégalités sociales de santé, op. cit.*, p. 403 *sq.*

（19）〔CREDES と INSEE の名称記載のため省略。〕

（20）Serges Paugam, *Les formes élémentaires de la pauvreté, op. cit.*, p. 88-93.

（21）ディディエ・ファサンによる引用、Didier Fassin, « Qualifier les inégalités〔不平等を形容すること〕», in Annette Leclerc, Didier Fassin *et al.*, *Les inégalités sociales de santé, op. cit.*, p. 131.

（22）Robert Castel, *Les métamorphoses de la question sociale, op. cit.*

（23）George H. Mead, *L'Esprit, le Soi et la Société*, Paris, PUF, 1963.（G・H・ミード『精神・自我・社会』河村望訳、人間の科学社、1995年）。

（24）Georges Devereux, *Psychothérapie d'un Indien des Plaines*〔草原のインディアンの精神療法〕（1951）, Paris, Fayard, 1998.

（25）Mark Granovetter, *Le Marché autrement*〔市場かさもなくば〕, Paris, Desclée de Brouwer, 2000.

（26）Amartya Sen, *Repenser l'inégalité*〔不平等を考え直す〕, Paris, Seuil, 2000.

第 9 章

（1）Émile Durkheim, *Le Suicide*〔自殺論〕, *op. cit.*

（2）INSEE の1999年「時間利用」に関する調査からの引用データ、Alain Bihr et Roland Pfefferkorn, *Hommes, femmes, quelle égalité?*〔男性、女性、どこが平等？〕, Paris, Editions de l'Atelier/Editions ouvrières, 2002, p. 130-131.

（3）Christine Garbe, « Les femmes et la lecture〔女性と読書〕», in *Identité, lecture, écriture*, Paris, BPI/Centre Pompidou, coll. « Etudes et recherches », 1993.

（4）Sandrine Vincent, *Le Jouet et ses usages sociaux*〔おもちゃとその社会的使用〕, Paris, La Dispute/SNEDIT, 2001.

（5）Danielle Elisseeff, *La Femme au temps des empereurs de Chine*〔中国皇帝時代の女性〕, Paris, Payot, p. 57-58.

（6）Léon Vandermeersch, « Le suicide en Chine〔中国における自殺〕», in Geneviève Morel（dir.）*et al.*, *Clinique du suicide*, Ramonville, Editions ERES, 2002,

き、成功の高価な代償をどう克服するか〕, New York, Bantam Press, 1980.
（21） Nicolas Bougoin, « Suicide et activité professionnelle », art. cit.

第８章

（1） Jean-Claude Chesnais, *Histoire de la violence*〔暴力の歴史〕, *op. cit.*
（2） Louis Sebastien Mercier, *Le Tableau de Paris*〔タブロー・ド・パリ〕, 1788.
（3） Olive Anderson, *Suicide in Victorian and Edwaudian England*〔ヴィクトリア朝およびエドワード朝イングランドの自殺〕, *op. cit.*
（4） 1961年の自殺令が出されるまで、イギリスで自殺は、先祖および子孫にとって訴追を受ける犯罪とみなされていた（*felonia de se*）。ヴィクトリア女王下のロンドンでは、少なくとも30-35名の以下の関係者が各ケースに関わっている。警察官、戸籍調査官、検死官、裁判官などである。
（5） 自殺についての庶民的な考え方は、若い伝染病学者でコレラの専門家であり、*Journal of Psychological Medicine*〔医療心理学ジャーナル〕の編集補佐でもあったジョン・ネッテン・ラドクリフがクリミア戦争当時に述べたような考えと結びついている。1852-56年のイギリスの自殺に関する研究の中で彼は、「思考のとくに悪性のあるいは陰鬱なトーンに」自殺を帰している。
（6） Louis Doublin et Bessie Bunzel, *To Be or Not to Be: a Study of Suicide*〔生きるべきか死ぬべきか——自殺の研究〕, New York, Harrison Smith & Robert Haas, 1933.
（7）〔この部分の仏語訳のため省略。〕
（8） Elwin H. Powell, « Occupation, status and suicide: toward a redefinition of anomie〔職業、地位そして自殺——アノミーの再定義に向けて〕», *American Sociological Review*, vol. 23, avril 1958.
（9） Ronald W. Maris, *Social Forces in Urban Suicid*e〔都市部の自殺における社会的諸力〕, Homewood, Illinois, The Dorsey Press, 1969.
（10） Frances Drever et Julia Bunging, « Patterns and trends in male mortality〔男性死亡のパターンとトレンド〕», in F. Drever et M. Whiehead（dir.）, *Health Inequalities*, Londres, Office for National Statistics, 1996.
（11） Francois Heran, « Un monde sélectif: les associations〔選択的世界——アソシエーション〕», *Economie et statistique*, n° 208, mars 1988, et « La sociabilité, une pratique culturelle〔社交性、文化的実践〕», *Economie et statistique*, n° 216, décembre 1988.
（12） Jean-Louis Pan Ké Shon, « Isolement relationnel et mal-étre〔人間関係上の孤立と不満感〕», INSEE Première, n° 931, novembre 2003.
（13） George Canguilhem, *Le Normal et le Pathologique*〔正常なものと病理的なもの〕, Paris, PUF, 1966.
（14） Eric Jougla *et al.*, « La mortalité〔死亡率〕», art. cit. , p. 152.

照性〕», INSEE Première, n° 943, janvier 2004.

（6）Maurice Halbwachs, *Les Causes du suicide*〔自殺の諸原因〕, *op. cit.*, p. 289.

（7）*deprivation* 剥奪という概念が生み出されたのは以下においてである。Peter Townsend in The *Concept of Poverty*, London, Heinemann, 1970.（ピーター・タウンゼント編著『貧困の概念』三浦文夫監訳、国際社会福祉協議会日本国委員会、1974年）。

（8）Sue Kelly et Julia Bunting, « Trend in suicide in England and Wales, 1982-1996〔イングランドとウェールズにおける自殺のトレンド1982-1996〕», *Statistical News*, n° 119, Londres, printemps 1998.

（9）Nicolas Bourgoin, « Suicide et activité professionnelle〔自殺と職業活動〕», *Population*, n° 54（1）, 1999, 73-102.

（10）Serge Pauam, *Les formes élémentaires de la pauvreté*〔貧困の基本的諸形態〕, Paris, PUF, 2005.

（11）Nicolas Bougoin, « Suicide et activité professionnelle », art. cit.

（12）Henri Mendras, *La Fin des paysans*〔農民たちの終焉〕, Paris, SEDEIS, 1967; réed. Babel, 1991.

（13）Stephane Beaud et Michel Pialoux, *Retour sur la condition ouvrière*〔労働者の生活条件に立ち返る〕, Paris, Fayard, 1999.

（14）両端の開きは女性に比べて男性の方が強い。

（15）Jean-Claude Chesnais, « L'évolution de la mortalité par suicide dans différents pays industrialisés〔いくつかの産業化された国々での自殺による死亡率の変化〕», art. cit.

（16）Pierre Surault, « Post-modernité et inégalités sociales devant la mort〔ポストモダンと死を前にした社会的不平等〕», *Cahiers de sociologie et de démographie médicales*, no2, 1991, p. 121-143. また同じ著者による以下も参照 « Suicide et milieu social: éléments d'analyse〔自殺と社会環境――分析の諸要素〕», in Jean-Jacques Chavagnat, R. Franc（dir.）, *Suicide et vie professionnelle: les risques du métier*〔自殺と職業生活――職業の様々なリスク〕, XXVIIIe Journees du Groupement d'études et prévention du suicide, Toulouse, STARSUP Editions, mars-avril 1997, p. 57-82.

（17）Nicolas Bourgoin, « Le suicide dans la Police nationale〔国家警察における自殺〕», *Population*, no52（2）, p. 429-440.

（18）Alain Chenu, *L'Archipel des employés*〔事務労働者たちの列島〕, Paris, INSEE, coll. « Etudes », 1990.

（19）Christian Baudelot et Roger Establet, « Classes en tous genres〔あらゆるジェンダーにおける階級〕», *in* Margaret Maruani（dir.）, *Femmes, genre et société*〔女性、ジェンダー、社会〕, Paris, La Decouverte, 2005.

（20）Herbert J. Freudenberger, *Burnout, How to Beat the High Cost of Success*〔燃え尽

(9) Luc Boltanski, « Les usages sociaux du corps〔身体の社会的使用〕», Paris, *Les Annales ESC*, n° 1, 1971, p. 205-233.

(10) 1990年の国際ゲアリー＝ケイミスドルによる——フランス5271ドル、イギリス6939ドル、アメリカ9561ドル。Angus Maddison, *L'Economie mondiale: une perspective millénaire*〔世界経済——千年の展望〕, OCDE, 2005.

(11) Maurice Pinguet, *La mort volontaire au Japon*〔日本における自死〕, *op. cit.* この本の序章 « L'apport des ethnologues〔人類学者の貢献〕» も参照のこと。

(12) Michio Morishima, *Le Capitalisme et le Confucianisme*〔資本主義と儒教〕, Paris, Flammarion, 1987, et Marc Maurice et Hiroatsu Nohara (dir.), *Les mutations du « modèle » japonais de l'entreprise*〔企業の日本的「モデル」の急激な変化〕, Paris, La Documentation française, série « Problèmes politiques et sociaux », n° 820, mars 1999. 以下も参照。Caroline Lanciano, Marc Maurice, Jean-Jacques Silvestre et Hiroatsu Nohara (dir.), *Les Acteurs de l'innovation et l'Entreprise: France-Europe-Japon*〔イノベーションの立役者と企業——フランス—ヨーロッパ—日本〕, Paris, L'Harmattan, 1998.

(13) この計算は、人口の高齢化と年齢別自殺率の変化それぞれの効果を切り離すことを可能にする偏微分係数の計算から導きだされたものである。

第7章

(1) Gyu Desplanques, "L'inégalité sociale devant la mort〔死を前にした社会的不平等〕", *Donnees socailes: la société française*, Paris, INSEE, 1993; Pierre Surault, « Inégalités sociales devant la santé et la vie dans les pays du Nord〔北欧諸国における健康と生を前にした社会的不平等〕», in Hubert Gerard et Victor Piche, *Sociologie des populations*, Montreal, PUM/AUPELF-UREF, 1995, p. 235-255; Annie Mesrine, « Les différences de mortalité par milieu social restent fortes〔社会環境による死亡率の違いは大きいままである〕», *Données sociales*, Paris, La Documentation française/INSEE, 1999; Eric Jougla et al., « La mortalité〔死亡率〕», in Annette Leclerc, Didier Fassin et al., *Les Inégalités sociales de santé*, Paris, LaDecouverte/INSERM, 2000.

(2) David M. Cutler, Edward L. Glaeser et Karen E. Norberg, « Explaining the rise in youth suicide〔若者の自殺の増加を説明する〕», NBER, *Working Paper*, n° 7713, 2004.

(3) われわれは以下の四つのカテゴリーを、2000-01年の男性の自殺率をもとに組み立てた。この自殺率は女性のものに比べて高く、より分散している。しかし男女の自殺率の間の相関はほとんど完全なものである。

(4) Émile Durkheim, *Le Suicide*〔自殺論〕, *op. cit.*, p. 211.

(5) Christian Hilico et Didier Poulos, « Les départements métropolitains: similitudes et opposition socio-économiques〔首都圏の諸県——社会経済的な類似性と対

（dir.）, *Tisser le lien social*, Nantes, Editions de la MSH, 2004.
（9）NEP: 新経済政策。1921年にレーニンによって実施された改革。
（10）N. B. Ledina, *La Vie quotidienne d'une ville soviétique. Saint-Pétersbourg entre 1920 et 1920*, *op. cit.*; Gabor T. Rittersporn, « Le message des données introuvables: l'Etat et les statistiques du suicide en Russie et en URSS », art. cit.
（11）Gabor T. Rittersporn, *ibid.*
（12）France Meslé *et al.*, *La Crise sanitaire dans les pays de l'ex-URSS, op. cit.*
（13）Lado T. Ruzicka, « A note on suicide in Russia, 1965-1993〔ロシアの自殺についての覚え書、1965-1993〕», *Journal of the Australian Population Association*, vol. 13, n° 2, novembre 1996.
（14）Alexandre Avdeev et Alain Monnier, *Mouvement de la population de la Russie*〔ロシアの人口動向〕*, 1959-1994, Tableaux démographiques*, INED, Paris, Données statistiques, n° 1, 1996.

第6章

（1）Émile Durkheim, *Le Suicide*〔自殺論〕, *op. cit.*, p. 78-81.
（2）P. 367-368.
（3）Anne-Marie Guillemard, *La Retraite, une mort sociale*〔退職――社会的な死〕, Paris, PUF, 1972. 1970年代初頭に刊行された、1960年代末に退職者した人々を扱った本のタイトルはこのようなものであった。
（4）Daniel S. Hamermesh et Neal M. Soss, « An economic theory of suicide〔自殺の経済理論〕», *Journal of Political Economy*, University of Chicago Press, n° 82（1）, p. 83-98, 1974.
（5）Jean-Claude Chesnais, « L'évolution de la mortalité par suicide dans différents pays industrialisés〔先進国における自殺による死亡率の変化〕», *Population*, n° 2, 1973, p. 419-422.
（6）Pierre Surault, « Variations sur les variations du suicide en France〔フランスにおける自殺の変化についての変奏〕», *Population*, n° 4-5, 1995, p. 983-1012; Louis Chauvel, « L'uniformisation du taux de suicide masculin selon l'âge: effet de génération, ou recomposition du cycle de vie〔男性の年齢別自殺率の画一化――世代の効果、ライフスタイルの再構成〕», *Revue française de sociologie*, n° XXXVIII, 1997, p. 681-733; Marie Anguis, Chantal Cases et Pierre Surault, « L'évolution des suicides sur longue période: le rôle des effets d'âge, de date et de génération〔長期的な自殺の変化――年齢、時代、世代の効果の果たす役割〕», *Études et résultats*, n° 185, Drees, août 2002.
（7）Louis Chauvel, *ibid.*
（8）Karl Mannheim, *Le Problème des générations*〔世代の問題〕（1928）, Paris, Nathan, 1990.

るために働く必要はあるか？〕, Paris, Fayard, 2003.

(3) John F. Helliwell, « Well-being and social capital: does suicide pose a puzzle?〔福祉と社会資本——自殺は謎をもたらすか？〕», NBER (National Bureau of Economic Research), *Working Paper*, n° 10896, novembre 2004.

(4) Christian Baudelot, Michel Gollac *et al.*, *Travailler pour être heureux?*, *op. cit.*

(5) 図19の横座標は、図17において示された因子分析からイングルハートが抽出した諸国の位置づけに対応している。それは、この図の横軸上の様々な国の位置を表す。

第5章

(1) Jean-Claude Chesnais, *Histoire de la violence*〔暴力の歴史〕, Paris, Robert Laffont, 1981.

(2) France Meslé、Vladimir M. Shkolnikov, Véronique Hertrich et Jacques Vallin, *La Crise sanitaire dans les pays de l'ex-URSS, Tendances récentes de la mortalité par cause en Russie*〔旧ソビエト諸国における衛生危機、ロシアにおける原因別死亡率の最近の傾向〕, Données statistiques, 1965-1994, INED, Paris, Centre de démographie et d'écologie humaine (Moscou), 2 vol., 1992 et 1996.

(3) N. B. Ledina, *La Vie quotidienne d'une ville soviétique. Saint-Pétersbourg entre 1920 et 1930*〔ソビエトの一都市における日常生活——1920年から1930年のサンクトペテルブルク〕, Letnii Sad, 1999; Kenneth M. Pinnow, « Cutting and counting: Forensic medicine as a science of society in Bolshevik Russia, 1920-29〔切断と計算——ボルシェビキのロシアにおける社会科学としての法医学〕», *in* David L. Hoffmann et Yanni Kotsonis, *Russian Modernity, Politics, Knowledge and Practices*, Macmillan Press/St. Martin's Press, 2000.

(4) Gabor T. Rittersporn, « Le message des données introuvables: l'Etat et les statistiques du suicide en Russie et en URSS〔発見できないデータからのメッセージ——ロシアとソ連における国家と自殺データ〕», *Cahiers du monde russe*, n° 4, 1997, p. 511-523.

(5) Maurice Halbwachs, *Les causes du suicide*, chap. VIII, « Le suicide et la famille, l'influence du nombre des enfants: l'expérience russe »,〔自殺の諸原因、第8章「自殺と家族、子供の数の影響——ロシアの経験」〕*op. cit.*, p. 220.

(6) « Suicides en URSS, 1922-1925〔ソ連における自殺、1922-1925〕», Section de la statistique morale, vol. XXXV, Livraison 1. Moscou, 1927, p. 14.

(7) Kenneth M. Pinnow, « Cutting and counting: Forensic medicine as a science of society in Bolshevik Russia, 1920-29 », art. cit (レイボヴィッチの引用は、この論文による).

(8) Robert Tartarin, « Transfusion sanguine et immortalité chez Alexandr Bogdanov〔アレクサンドル・ボグダーノフにおける輸血と不死〕», in Alain Supiot

た共同研究の著作（*Histoire de la vie privée*〔私的生活の歴史〕）は、非常に具体的な方法により、個人主義化の過程の歴史を跡づけている。特にミシェル・ペロー編の第4巻 *De la Révolution à la Grande Guerre*〔フランス革命から大戦まで〕（Seuil, 1987, et « Points Histoire », n° 263）とアントワーヌ・プロスト編の第5巻 *De la Première Guerre mondiale à nos jours*〔第1次世界大戦から現代まで〕（Seuil, 1987, et « Points Histoire », n° 264）を参照されたい。

（11）*Le Suicide*〔自殺論〕, *op. cit.*（本章で後述する引用も同様である）。

第 3 章

（1）Maurice Halbwachs, *Les Causes du suicide*〔自殺の原因〕, *op. cit.*

（2）Olive Anderson, *Suicide in Victorian and Edwardian England*〔ヴィクトリア時代・エドワード7世時代のイングランドにおける自殺〕, Oxford, Clarendon Press, 1987.

（3）*Le Suicide*〔自殺論〕, *op. cit.*, p. 222.

（4）Maurice Halbwachs, *Les Causes du suicide*, *op. cit.*

（5）Thomas Piketty, *Les Hauts Revenus en France au XXe siècle, Inégalités et redistributions, 1901-1998*〔20世紀フランスにおける高所得——不平等と再分配、1901-1998年〕, Paris, Grasset, 2001, p. 70 *sq.* et annexes.

（6）Thomas Piketty, *op. cit.*

（7）自殺率は、17.3（1957年）、16.4（1958年）、16.5（1959年）、16.7（1960年）と上昇した。1960年以降、自殺率は10万人あたりおよそ15人という1957年以前の割合に下落した。これは、自殺率が経済生活の変動に非常に影響を受けていることを示している。

（8）Thomas Piketty, *Les Hauts Revenus en France au XXe siècle, Inégalités et redistributions, 1901-1998*, *op. cit.*, p. 75.

（9）Robert Castel, *Les Métamorphoses de la question sociale*〔社会的問題の変容〕, Paris, Fayard, 1995.

（10）Angus Maddison, *L'Économie mondiale: statistiques historiques*〔世界経済——歴史的統計〕, OCDE, 2001.

第 4 章

（1）Ronald Inglehart et Wayne E. Baker, « Modernization, cultural change and the persistence of traditional values〔近代化、文化変容、伝統的諸価値の持続〕», *American Sociological Review*, 2000, vol. 65, p. 19-51; Ronald Inglehart, « Globalization and postmodern values〔グローバリゼーションとポストモダンの諸価値〕», *The Washington Quarterly*, hiver 2000, p. 215-228.

（2）Christian Baudelot, Michel Gollac et Céline Bessière, Isabelle Coutant, Olivier Godechot, Delphine Serre, Frédéric Viguier, *Travailler pour être heureux?*〔幸せにな

第2章

(1) エミール・デュルケームの弟子であり、協力者であるモーリス・アルヴァクスは、1877年生まれで、1945年にブッヘンバルトで亡くなっている。1930年に、*Les Causes du suicide*〔自殺の諸原因〕(Librairie Félix Alcan) を出版した。これは、デュルケームの仕事を継続するものであるが、いくつかの点でデュルケームに反論している。

(2) Émile Durkheim, « L'individualisme et les intellectuels〔個人主義と知識人〕», *Revue bleue*〔ルヴュ・ブル〕, 4ᵉ série, t. X, p. 7-13, 1898(『社会科学と行動』佐々木交賢・中嶋明勲訳、恒星社厚生閣、1988年所収).

(3) この点は、Daniel Panzac, *Le Docteur Adrien Proust, père méconnu, précurseur oublié*〔アドリアン・プルースト医師——正しく評価されていない父親・忘れられた先駆者〕, Paris, L'Harmattan, 2003, p. 90-91において、レオン・ブルームによるきわめて明晰な証言により、非常にわかりやすく想起することができる。

(4) K. Anil Kumar, « Suicide in Kerala from a mental health perspective〔メンタルヘルスという観点からみたケララの自殺〕», in George Joseph (dir.) *et al.*, *Suicide in Perspective: With Special Reference to Kerala*〔自殺の全体像——ケララに関して〕, Rajagiri, CHCRE-HAFA, 1995; Peter Mayer et Tahereh Ziaian, « Indian suicide and marriage: a research note〔インドにおける自殺と結婚——研究ノート〕», *Journal of Comparative Family Studies*〔比較家族研究〕, vol. XXXIII, no2, printemps 2002, p. 297-305.

(5) V. シュリダールはマドラス発展研究機構 (MIDS) のシニアエコノミストである。同じような指摘と論証は、マーフィー・ハリバートン (Murphy Halliburton) の1998年の論文 « Suicide: a paradox of development in Kerala〔自殺——ケララにおける発展のパラドックス〕», *Economic and Political Weekly*〔週刊政治経済〕, vol. 33, No. 36-37. によってなされている。

(6) « Suicide deaths and quality of Indian cotton〔自殺による死とインド綿の質〕», *Economic and Political Weekly*〔週刊政治経済〕, n° 33, 1999; « Suicide of cotton farmers in Audhra Pradesh: an exploratory study〔アンドラ・プラデシュにおける綿花農民の自殺——予備的研究〕», *ibid.*

(7) « Indian suicide and marriage: a research note », art. cit.

(8) Michael R. Phillips, Xianyun Li et Yanping Zhang, « Suicides rates in China, 1995-99〔中国における自殺率——1995-99年〕», *The Lancet*, vol. 359, 9 mars 2002, p. 835-840.

(9) *La Société des individus*〔諸個人の社会〕, Paris, Fayard, 1991 (『諸個人の社会——文明化と関係構造』宇京早苗訳、法政大学出版局、2000年).

(10) フィリップ・アリエスとジョルジュ・デュビィの監修のもと出版され

邦訳は『自殺論』宮島喬訳、中央公論社、1985年がある〕.

第1章

（1） *Les Merveilles de l'Europe*〔ヨーロッパの驚異〕, Paris, Hachette, coll. « Réalités », 1963, p. 174.

（2） 出典：*Figures and Facts about Suicide*〔自殺に関するデータブック〕, Genève, OMS, 1999, et *Rapport mondial sur le développement humain*〔人類発展に関する世界レポート〕（1997). 自殺と「ジェンダー」の関係については、第9章において分析する。

（3） Paul Bohannan, *African Homicide and Suicide*〔アフリカの殺人と自殺〕, *op. cit.*

（4） Franco Savorgnan, « Di alcuni metodi per misurare la distribuzione des redditi in Austria（1903-1910）〔オーストリアにおける所得分配の測定に関するいくつかの方法（1903-1910)〕», 東京における国際統計協会会議の発表, 1930, *Bulletin de l'Institute international de la statistique*〔国際統計協会雑誌〕, t. xxv, p. 331-353.

（5） このように資産の不平等が小さいことは、一方ではこれらの国々の社会主義的な相続に由来し、他方では平均的な豊かさが純粋に市場経済的用語で算出されていることに由来する。

（6） *Accumulation et répartition des patrimonies*〔資産の蓄積と分配〕, colloque international du CNRS 1978, publié par Denis Kessler, André Masson, Dominique Strauss-Kahn, preface d'André Babeau, Paris, Economica/Éditions du CNRS, 1982.

（7） Corrado Gini, « Intorno alle curve di concentrazione〔集中曲線について〕», *Bulletin de l'Institut international de la statistique*〔国際統計協会雑誌〕, t. xxvi, p. 423-475.

（8） Stéfan Lollivier et Daniel Verger, « Le patrimoine aujourd'hui: beaucoup entre les mains de quelques-uns〔今日の資産——何人かの手中に多くがある〕», *Données sociales 1990*〔社会データ1990〕, Paris, INSEE, 1990, p. 167-174. のデータにより算出。

（9） François Guillaumat-Taillet, Jean Jacques Malpot et Véronique Paquel, « Le patrimoine des ménages: repartition et concentration〔世帯資産——配分と集中〕», *Données sociales 1996*〔社会データ1996〕, Paris, INSEE, 1996, p. 354-361. のデータにより算出。

（10） 1900年と1998年の平均所得の違いは、給与所得者に占める管理職の割合が高まったことにより、大部分が説明できる。

（11） Tony Atkinson, Michel Glaude, Lucile Olier et Thomas Piketty, *Inégalités économiques*〔経済的不平等〕, rapport du CAE（Conseil d'analyses économiques), Paris, La Documentation française, 2001.

（12） 資料 : PNUD〔国連開発計画〕の年次報告書。

原　注

序　論

（1）フランスにおける交通事故死亡者数は1972年の1万8000人をピークとして、徐々に減少している。行政当局は交通事故死亡者数を年間5000人以下に減らす目標を設定している。

（2）ある世代について、15歳から74歳のコーホートの年間自殺率を加算することによってこの数値を算出している。

（3）Michel Hanus, *Le Deuil après suicide*〔自殺がもたらす悲嘆〕, Paris, Maloine, 2004.

（4）Charles J. H. Macdonald, « An anthropological investigation on suicide in Palawan, Philippines〔フィリピン・パラワン島の自殺に関する人類学的研究〕», *South East Asian Studies*〔東南アジア研究〕, vol. 40, no. 4, mars 2003; Pascale Bonnemère, « Suicide et homicide: deux modalitiés vindicatoires en Nouvelle-Guinée〔自殺と殺人——ニューギニアにおける二つの復讐の様式〕», *Stanford French Review*, no. 16, 1992, p. 19-43; Paul Bohannan, *African Homicide and Suicide*〔アフリカの殺人と自殺〕, New York, Atheneum, 1967.

（5）Bronislaw Malinowski, *Crime and Custom in Savage Society*〔未開社会における犯罪と慣習〕, London, Routledge and Kegan Paul, 1926, reed. 1966.（『未開社会における犯罪と慣習』青山道夫訳、新泉社、2002年）。

（6）Riaz Hassan, *A Way of Dying, Suicide in Singapore*〔死に至る一つの方法——シンガポールにおける自殺〕, Kuala Lumpur, Oxford University Press, 1983.

（7）Charles J. H. Macdonald, « An anthropological investigation on suicide in Palawan, Philippines », art. cit.

（8）Ayanori Okasaki, *Le Pays du suicide*〔自殺の国〕, Tokyo, 1960（岡崎文規『自殺の国——日本の記録』東洋経済新報社、1958年）。この著作が、René Duchac, in « Suicide au Japon, suicide à la japonaise〔日本における自殺、日本的な自殺〕», *Revue française de sociologie*〔フランス社会学評論〕, V, 1964, p. 402-415. において引用されている。

（9）Maurice Pinguet, *La Mort volontaire au Japon*〔日本における自死〕, Paris, Gallimard, 1984.（『自死の日本史』竹内信夫訳、筑摩書房、1986年）。「日本における自死」は、著者であるモーリス・パンゲが「切腹、心中、神風」というさまざまな制度の起源を解明する目的で著した歴史的研究に、意図的に付けた中立的なタイトルである。

（10）René Duchac, « Suicide au Japon, suicide à la japonaise », art. cit.

（11）『自殺論』は、1897年に刊行された。本書の引用は、PUFから出版されたフランス語版からなされている。coll. « Quadrige », Paris, 1960〔なお、

図表一覧

著者紹介

クリスチャン・ボードロ（Christian Baudelot）

1938年パリ生まれ。パリ高等師範学校の社会科学科名誉教授、モーリス・アルヴァクスセンター（国立科学研究センター）研究員。古典文学教授資格と社会学博士号をもつ。1968-89年にかけて国立統計経済行政学校（ENSAE）の[redacted]めた。

[redacted]スタブレとの共著が多く、『フランスの資本主義的学校』（マスペロ社、1971年）『レベルアップ』（スイユ社、1989年）『行け！ 少女たちよ』（スイユ社、1992年）など多数。妻オルガに自身の臓器を提供し、その闘病生活をつづった共著『健康散歩』（ストック社、2008年）もある。

ロジェ・エスタブレ（Roger Establet）

1938年生まれ。プロヴァンス大学名誉教授。ニースのマッセナ高校を了え、1959年にパリ高等師範学校合格、ルイ・アルチュセールの生徒となる。哲学教授資格取得（1962年）後、『資本論を読む』の共著者となる。その後、統計的方法を学び、ジョルジュ・ギュルヴィッチの助手となる。1984年ナント大学のミッシェル・ヴェレの指導により社会学博士号を取得。クリスチャン・ボードロとの共著多数。

訳者紹介

山下雅之（やました・まさゆき）
パリ第4大学社会学博士。近畿大学文芸学部教授。著書に『コントとデュルケームの間』（木鐸社、1996年）、『フランスのマンガ』（論創社、2009年）、訳書に、アンサール『社会学の新生』（監訳、藤原書店、2004年）、ブルデュー他『美術愛好』（木鐸社、1994年）他。
翻訳担当／日本の読者へ、謝辞、第7章～結論

都村聞人（つむら・もんど）
京都大学大学院教育学研究科博士後期課程単位取得退学（教育社会学）。東京福祉大学教育学部専任講師。著書に『現代の階層社会 1　格差と多様性』（共著、東京大学出版会、2011年）他、訳書にアンサール『社会学の新生』（共訳、藤原書店、2004年）。翻訳担当／序論～第3章

石井素子（いしい・もとこ）
京都大学大学院教育学研究科博士後期課程単位取得退学（教育社会学）。龍谷大学非常勤講師。訳書にアンサール『社会学の新生』（共訳、藤原書店、2004年）。
翻訳担当／第4～6章

豊《ゆた》かさのなかの自殺《じさつ》

2012年6月30日　初版第1刷発行©

訳　者　山下雅之 他
発行者　藤原良雄
発行所　株式会社 藤原書店

〒162-0041　東京都新宿区早稲田鶴巻町523
電　話　03（5272）0301
FAX　03（5272）0450
振　替　00160－4－17013
info@fujiwara-shoten.co.jp

印刷・製本　音羽印刷

落丁本・乱丁本はお取替えいたします
定価はカバーに表示してあります

Printed in Japan
ISBN978-4-89434-860-8

危機に瀕する「科学」と「真理」

科学の科学

（コレージュ・ド・フランス最終講義）

P・ブルデュー
加藤晴久訳

トーマス・クーンの『科学革命の構造』以降、その相対性、複数性が強調され、人文科学、社会科学、自然科学を問わず、軽視され、否定されてきた「真理」の唯一性。今日の学問的潮流に抗して、「科学」と「真理」を真正面から論じる渾身の講義！

四六上製　二九六頁　三六〇〇円
（二〇一〇年一〇月刊）
◇978-4-89434-762-5
SIENCE DE LA SIENCE ET RÉFLEXIVITÉ
Pierre BOURDIEU

「これは自伝ではない」

自己分析

P・ブルデュー
加藤晴久訳

父母や故郷など自らの出自から、一九五〇年代のフランスの知的状況、学問遍歴、アルジェリア経験、そして「取り返しのつかない不幸」まで。危険を省みず、自己自身を容赦なく科学の対象としたブルデューの絶筆。『パスカル的省察』『科学の科学』に続く晩年三部作、ついに完結！

四六上製　二〇〇頁　二八〇〇円
（二〇一一年一月刊）
◇978-4-89434-781-6
ESQUISSE POUR UNE AUTO-ANALYSE
Pierre BOURDIEU

ブルデューの〝資本論〟

国家貴族 I・II

（エリート教育と支配階級の再生産）

P・ブルデュー
立花英裕訳＝解説

膨大な文献資料・統計データを渉猟し、一九六〇―八〇年代フランスにおける支配階級再生産の社会的基盤を分析、「権力維持に文化・教育が果たす役割」についての一般理論を展開。

A5上製　I四八〇頁　II三五二頁　各五五〇〇円
（I二〇一二年二月刊　II二〇一二年三月刊）
I◇978-4-89434-841-7
II◇978-4-89434-842-4
LA NOBLESSE D'ÉTAT
Pierre BOURDIEU

いま、社会学の争点を問う

社会学の新生

P・アンサール
山下雅之監訳

ブルデュー、トゥレーヌ、ブードン、バランディエ、クロジエら、二十世紀を代表する社会学者の理論的争点を明快に図式化しえた待望の新しい入門書。従来の社会学を超える新たな展望を示す野心作。

A5上製　三五二頁　二七〇〇円
（二〇〇四年四月刊）
◇978-4-89434-385-6
LES SOCIOLOGIES CONTEMPORAINES
Pierre ANSART